DAXUE TIYU
YU JIANKANG

大学体育与健康

主编◎陈俊　王江　柴仲学

"互联网＋教育"新形态教材

以二维码的形式加以呈现

传统与创新的融合，理论与实践的统一

人民体育出版社

图书在版编目（CIP）数据

大学体育与健康 / 陈俊，王江，柴仲学主编. -- 北京：人民体育出版社，2021（2021.9重印）
ISBN 978-7-5009-5941-0

Ⅰ. ①大… Ⅱ. ①陈… ②王… ③柴… Ⅲ. ①体育－高等学校－教材②健康教育－高等学校－教材
Ⅳ. ①G807.4②G647.9

中国版本图书馆CIP数据核字(2021)第015042号

*
人民体育出版社出版发行
国铁印务有限公司印刷
新 华 书 店 经 销
*
787×1092 16开本 15.5印张 364千字
2021年4月第1版 2021年9月第2次印刷
印数：6,001—10,165册
*
ISBN 978-7-5009-5941-0
定价：45.00元

社址：北京市东城区体育馆路8号（天坛公园东门）
电话：67151482（发行部） 邮编：100061
传真：67151483 邮购：67118491
网址：www.sportspublish.cn
（购买本社图书，如遇有缺损页可与邮购部联系）

编委会

前　言

“体育是教育的载体”，是大学教育的重要组成部分，对促进大学生的身心健康、培养健全的心理素质、培养团队意识和拼搏精神，以及促进人的全面发展，具有其他课程无法替代的作用。

为贯彻《国家中长期教育改革和发展规划纲要（2010—2020年）》精神，体现素质教育、以人为本、健康第一和终身体育的指导思想，实现学校体育向终身体育的完美过渡，编者结合多年大学体育教学和科学研究的实践经验编写了本书。

全书共九章，以增强大学生体质、促进其身心全面发展为目标，将理论知识与体育运动实践相结合、新兴体育与传统体育相结合、学校体育与终身体育相结合，注重教材的实用性和新颖性，突出趣味性和可读性，追求教学内容的实用性和学术前沿性。基础理论部分重点突出最新的理论观点，以体育基本理论为框架，加大了健康理论的分量，注重对体育文化内涵的把握，充分利用体育多功能的特征与健康多元化内涵的一致性，努力构建以健康为导向的体育理论体系，使体育教育与健康教育有机结合。运动实践部分针对当前我国高校教学现状和大学生身心发育的特点，增加了大学生喜闻乐见的运动项目，旨在增强大学生的体育参与意识，提高体育技能，最终养成良好的锻炼习惯和健康的行为方式。本教材概括起来有以下特点。

一，指导思想明确。本教材以《“健康中国2030”规划纲要》为出发点和落脚点，“以人为本、健康第一、终身体育”的理念贯穿于始终。

二，概念新颖。本教材遵循“健康第一”的新理念，在理论上，紧紧围绕体育锻炼与健康关系进行阐述；在实践上，重点介绍学生经常选修的运动项目，使学生掌握运动技能，充分认识到体育锻炼的重要性。本教材图文并茂，尽量减少了语言文字的描述，用大量的图片配合文字介绍，力争增加学生的学习乐趣。本教材以大量科研成果为依据，理论力求严谨、科学，学练方法实用性、合理性。本教材还利用互联网新技术与立体教学相结合，通过扫描二维码，直接观看练习视频、战术视频，有助于学生理解和掌握运动各项目的动作要领。

在编写过程中，编者得到了许多同人、专家和朋友的关心与支持。同时，也参考了有关学者大量的研究成果和相关专业书籍、电子文献等资料，在此，向有关作者致以诚挚的谢意。限于编写人员的水平，不妥之处在所难免，恳请读者批评指正，以便我们进一步修订和完善。

编者

目　录

微课堂

教育部关于印发《高等学校体育工作基本标准》的通知

第一章　体育锻炼与健康

人类运用体育运动手段防治疾病的历史非常悠久，我国是运用体育疗法最早的国家之一。现代科学早已证明，科学地参加体育运动对机体各器官系统有积极影响，能有效地增强体质。

影响体质的因素有遗传、环境、生活方式、医疗卫生和体育活动等，其中科学的体育锻炼是增强体质最积极、有效的途径。因此，随着人类的进步和社会的不断发展，体育在整个教育体系中的地位和作用也越来越重要，不仅是教育的组成部分，而且与德育、智育有机结合，构成了现代学校教育的基础。

第一节　体育概述

体育（Physical Education，PE 或 P.E.），是一种复杂的社会文化现象，它是以身体与智力活动为基本手段，根据人体生长发育、技能形成和机能提高等规律，以期促进全面发育、提高身体素质与全面教育水平、增强体质与提高运动能力、改善生活方式与提高生活质量的一种有意识、有目的、有组织的社会活动。随着国际交往的扩大，体育事业发展的规模和水平已是衡量一个国家、社会发展进步的一项重要标志，也成为国家间外交及文化交流的重要手段。

一、体育的概念

在古希腊时期，体育活动往往用“体操”表示，但含义不同于现在的体操，它包括当时进行的所有身体操练，如拳击、跳跃、奔跑、投掷和角力等。在我国古代，类似体育的活动用养生、导引、武术等名词标记。

1760 年，法国一些报刊上首次出现“体育”(Education Physical）和“肉体教育”(Education Corporelle）的字样。1762 年，卢梭的《爱弥尔》一书中使用“体育”一词来描述对爱弥尔的身体教育过程，由于这本书激烈地批判了当时的教会教育，引起了很大反响，“体育”一词随之在世界各国流传开来。因此，“体育”最初源自“教育”一词，指教育过程中一个专门领域。到 19 世纪，世界上教育发达的国家普遍使用了“体育”一词。19 世纪中叶以后，德国和瑞典体操传入我国，随后在“洋学堂”中设置了“体操科”。1902 年左右，一些在日留学生从日本带回“体育”这一术语。1923 年，《新学制课程标准》正式把“体操科”改为“体育科”。从此，“体育”一词成了标记学校中身体教育的专门术语。

20 世纪 50 年代以后，随着世界各国经济文化、科学技术的迅速发展和人民生活水平的日益提高，体育也得到了很大发展，而且逐渐深入到社会的各个角落，成为人们日常生活不可缺少的组成部分。体育的内容、形式及它的影响和作用已远远超出了原来作为学校教育中的身体教育的范畴。

世界上许多知名学者都试图在体育的“育人机制”上来探求其概念。日本学者前川峰雄认为，体育“是通过可视为手段和媒介的身体活动而进行的教育”。阿布忍认为：“体育是以身体活动作为媒介，并同时以培养健康的身体和良好的社会性格为目标的一种教育。”美国学者布切尔认为：“体育是完整的教育过程中不可缺少的部分，这个领域的发展目的是以身体活动作为媒介去培养在身体、精神、情操等方面与社会相适应的公民。”纳西认为：“体育是整个教育过程的一个方面，它是通过一定的活动，使身体器官的适应能力、神经肌肉的支配能力和情绪的控制能力得到发展。”苏联教育科学研究所出版的《教育科学辞典》中，对体育一词作如下定义：“体育是以增进人体健康和达到身体正常发育为目的的一种教育。”《不列颠百科全书》关于“体育”一词的解释：“体育是关于人体构造、身体发展的教育。它包括人体生理功能、力学原理及其运用的研究。”

从以上对体育所下的定义中，可以看出几点共同之处。首先，体育是培养和完善人的一种有意识的活动或过程；其次，体育所借助的手段一般被称为身体活动或运动；最后，体育不仅是通过身体，而且还必须是针对身体所进行的教育。“身体”一词在这里已远远超出了生物学的限定，其含义用辩证唯物主义的“身心一元论”来解释，应该是灵魂和肉体相互作用、相互依赖和交互影响的统一整体。

依据上述分析，我们对“体育”这一概念作如下定义：“体育是以身体活动为媒介，以谋求个体身心健康、全面发展为直接目的，并以培养完善的社会公民为终极目标的一种社会文化现象或教育过程。”

二、体育的产生与发展

（一）体育的产生

任何事物的产生和发展都是社会发展的产物。几个世纪以来，世界上许多专家、学者对体育起源问题的研究提供了许多宝贵资料，因此也产生了不同的认识和观点。我国体育界对于体育起源的认识尚未一致。本书将就其中两种主要观点作简要介绍。

第一种观点：生产劳动是体育产生的唯一源泉。持这种观点的学者认为，劳动是人类全部生活和活动的基础，所以体育也应该以劳动为基础，劳动是体育产生的唯一源泉。我国体育界长期以来接受这一观点，在我国最早的《体育理论》一书中就明确写道：“恩格斯第一次科学地阐述了劳动创造人类、劳动创造世界的原理……这些事实都说明体育产生于劳动。”持这种观点的学者认为，体育产生的源泉是唯一的，即生产劳动。军事、宗教、卫生、教育等对体育的产生发展起着“催化剂”作用。

第二种观点：体育的产生是多源的。持这种观点者认为，体育的产生不是一源，而是多源。体育产生于人类社会生活的两种需要：一种是社会生产活动的需要，另一种是人类生理、心理活动的需要。

《毛诗序》中有这样一段话：“情动于中而形于言，言之不足，故嗟叹之，嗟叹之不足，故咏歌之，咏歌之不足，不知手之舞之，足之蹈之也。”这说明古人已经发现，当人的感情达到某种程度时，需要有一种表达来代替语言和感叹，这就是舞蹈和游戏等身体活动。人的这种对身体活动的需要不是来自生产劳动的需要，而是来自一种心理情感的需要。从这种意义上说，心理需要也是体育产生的源泉之一。

人除了在心理上需要体育来宣泄感情外，从人的生物本能上看，对体育也有一定程度的需要。动物除了捕食、逃避敌害等身体运动形式外，还有其他各种身体运动，如动物间要戏、追逐等，这对保持发展动物的机能具有重要的生物学意义。人尽管脱离了低等动物，却仍然保留了部分动物的生物本能。人对运动的需求乃是一种生物本能的延续。观察所有的儿童，几乎无一例外地都喜爱运动。在学校里，越是年级低，学生对体育活动的积极性越高。儿童运动不一定有什么明确的目的性，往往是他们的生物本能驱使所为。随着年龄的增长，不断增加社会交往和接受学校的教育，人的社会性日益加强，人的生物本能就会受到抑制或减弱。因此，体育的产生也是人类生物本能需要的一种发展和升华。

就体育产生的动因而言，除了劳动需要以外，还有适应环境的需要、对付同类袭扰的防卫需要、同疾病作斗争的生存需要、表达和抒发内心各种感情的需要等。

综上所述，体育作为人类有目的、有意识的一种社会活动，是为了适应社会的需要（其中包括社会生产和生活需要）和人本身生理和心理的需要而产生的。

（二）体育的发展

随着人类社会产生而萌发的体育，同样也随着社会进步而发展和完善。

1. 萌芽时期的体育

原始社会是人类社会的初级阶段，也是体育的萌芽时期。原始社会人的生活条件非常穷苦，生产工具非常简陋。他们的劳动主要靠身体活动，靠快跑或长途跋涉去追捕野兽，靠攀登和爬越去采集野果，靠游水去捕鱼等。原始社会人类这些活动，其根本目的是生存，严格地说，这些活动还不能称为体育，只能称为生活和劳动。原始社会人在生产力水平十分低下的情况下，不可能有明确分工，许多社会活动之间还没有清晰界线。体育在这一时期的主要特征为：平等性、非独立性和直接功利性（更直接地为人类的生存和延续服务）。

2. 形成独立形态的体育

原始社会的瓦解是随私有制的出现而开始的。国家的出现，使培养统治阶级人才成为急需，教育（包括体育）成了统治阶级培养人才的工具，具有明显的阶级性。自从教育形成独立形态之后，体育始终是教育的重要内容，但这时的体育已不再是过去那种简单地为生存服务的生活技能教育了。例如，我国西周时期，奴隶主为培养统治阶级人才，实施礼、乐、射为主的教育内容。在西方的古希腊，无论是斯巴达教育体系，还是雅典教育体系，体育都是其中的基本内容。在欧洲中世纪，“骑士七技”，即骑马、游泳、投枪、击剑、狩猎、吟诗、弈棋，其中体育占了相当大的比重。体育在逐渐形成独立形态的发展过程中，不仅与教育的发展紧密联系在一起，同时与军事、医学、艺术、宗教、休闲娱乐等活动的发展也有密切关系。体育正是在与教育、军事、医疗卫生、艺术、文化娱乐、宗教等活动相互影响和相互作用的过程中，才形成了具有自身体系的独立形态。然而体育在东西方各自发展的历史过程中，又各具特色。总之，与萌芽时期的体育相比，形成独立形态的体育体现了较强的教育性和阶级性，它的竞技性、健身性和娱乐性也大大强于萌芽时期的体育。

3. 渐成科学体系的体育

19 世纪，西欧由于资本主义发展不平衡和民族主义倾向，各国之间接连发生战争，刺激着各国重建军备，认清了对民众施以身体训练使之适于服兵役的重要性。正是由于这些强国强民的需要，迫使各国对体育给予重视，因而相继出现了“德国体操”和“瑞典体操”。

正当欧洲各国纷纷推广德国和瑞典体操之时，英国由于其独特的社会自然条件，兴起了户外运动，即娱乐和竞技运动，其方式丰富多彩，有保龄球、橄榄球、足球、游泳、高尔夫球、滑冰、滑雪等。随着英国殖民主义的扩张，英国的户外运动也逐渐传播到美国和欧亚的许多国家。通常人们习惯上把具备了一定科学体系的体育称为现代体育，所以德国体操、瑞典体操和英国的户外运动又被称为现代体育的“三大基石”。为现代体育的产生和发展提供重要的理论与实践基础的还有欧洲 14 世纪到 16 世纪的文艺复兴运动和法国著名教育家顾拜旦所倡导的现代奥林匹克运动。美国现代体育的兴起稍晚于英国，但发展迅速，对现代体育的发展和完善起到了良好的影响作用。

4. 现代体育的发展趋势

现代体育从形成、发展到今天，已经经历了漫长的历史。下面将从宏观的视角出发，对体育发展的未来趋势进行阐述。

（1）体育进一步国际化

早在 1898 年，第 1 届现代奥林匹克运动会的奠基人顾拜旦就提出“体育运动国际化”的主张。这一主张对现代体育的迅速发展起到了较大的推动作用，体育的国际化趋势因素更为明显。近年来，国际奥林匹克委员会成员的不断增多，国际性体育学术研讨会的频繁举办，以及国与国之间、国家与地区之间的体育交往的加强等都证明了这一点。

（2）体育进一步社会化

物质生活条件的改善，余暇时间的增多，人们“自我完善”意识的增强，将促进体育人口的增加。更多的人将会意识到：没有体育的生活是残缺的生活。体育将遍及社会的各个角落，而社会的进步，必将为体育功能的拓展和延伸提供更为广阔的前景和优良的环境。可以说，体育将会“无处不在”。

（3）体育更加科学化

新的科学技术和理论的产生，为体育特性的充分展现提供了广阔的前景；场地设备的更新和教学方法的改进，将为体育教学效率的提高提供保证；电脑进入运动场，将会使竞技赛中某些项目的评分更为公正和客观；而新型健身器械的发明和使用，也会使身体锻炼更加有效。不断发展的体育科学理论，必将为体育功能的充分发挥提供更大的可能。

（4）体育手段和内容多样化

社会生活与科学发展的多维性，必将导致体育手段和内容的多样化，而这种多样化也正符合人们的观念、生活方式和兴趣爱好等多样化发展趋势。奥林匹克运动会的正式比赛项目和表演项目日趋增多，体育教学的内容和手段也有了更大的灵活性，身体锻炼和娱乐活动的形式和内容越来越丰富多彩。非奥运会项目的民族、地域、民俗性的大众体育活动更是千姿百态。

（5）体育终身化

体育不仅无处不在，而且也将会“无时不有”。每个人都希望自己幸福而快乐地度过一生，幸福和快乐离不开健康，而健康既包括心智，更离不开身体。对人的健康和幸福生活来说，活到老，就要锻炼身体到老。生命在于运动，健康快乐的一生离不开体育。

第二节　体育与人的身心健康

在现代文明的生活方式之中，健康备受关注，对健康的认识也发生了较大的改观，它的概念、本质、内容、形式被注入新鲜的血液，体现了它的与时俱进，体现了人们对生命的本质认识。“机体功能活动正常”就是健康，这是早期对健康的一种认识。尽管这一健康概念较客观地反映了健康在生理学方面的本质，但是它只是注意到人的生物属性，忽视了人的社会属性，未能涉及人的心理和社会状态。较确切的健康观念应是世界卫生组织提出的把人的健康与机体的生理、心理状态和对社会的适应三者紧密统一在一起的三位一体的健康观念，因此本节主要从体育对人的身体、心理以及社会适应三方面的作用展开论述。

一、体育有助于促进人体健康

体育作为一种社会文化，是人类总文化的组成部分。体育既是教育的一部分，又是生活的一部分，属于人的社会生活条件，因此，它对人的身心发展起着重要作用。

（一）体育能促进大脑清醒、思维敏捷

大脑是人体的指挥部，人体的一切活动信息、指令都是由大脑发出来的，大脑的重量虽然只占人体重量的2%，但它的需氧量却要心脏总血流量的20%才能满足，可见脑力劳动消耗从某种意义上说不小于体力劳动。脑力劳动的特点是呼吸表浅、血液循环慢、新陈代谢低下、腹腔器官及下肢部分血流滞缓。长时间进行脑力劳动，会使人感到头昏脑涨，这是由于大脑供血不足和缺氧所致。而进行体育锻炼，尤其是在大自然新鲜空气中锻炼，可使疲劳的大脑获得积极休息，改善大脑的供血情况，使大脑保持正常工作能力。另外，随着人的年龄增长，脑细胞会逐渐衰亡，大脑功能下降，致使大脑变得迟钝，但从事体育运动可以减缓这种衰老过程。

体育活动能促使中枢神经系统及其主导部分大脑皮层的兴奋性增强，抑制加深，从而改善神经过程的均衡性和灵活性，提高大脑的综合分析能力。

（二）体育能促进血液循环，提高心脏功能

人体的心血管系统好像一个运输网，心脏是这个运输网的动力器官，血液通过运输网将

养料、氧气运送全身，因此，心血管系统机能对人体健康有着举足轻重的影响。进行身体活动能加速血液循环，以适应肌肉活动的需要，这样就能从结构上和功能上改善心血管系统。经常从事体育运动，会使心脏工作性肥大、心肌增厚、收缩有力、心搏徐缓、血容量增大，这就大大减轻了心脏的负担，而且经常运动的人心率和血压的变化比一般人小，表现出心脏工作的“节省化”现象。

（三）体育能改善呼吸系统功能

呼吸是重要的生命现象，肺是呼吸系统的重要器官，具有气体交换的功能，经常运动能使呼吸肌发达，呼吸慢而深，每次吸进氧气较多，每分钟只要呼吸 8~12 次，就能满足机体需要。体育运动可使人体更多肺泡参与工作，使肺更富有弹性，增加肺活量。

（四）体育能促进骨骼肌肉的生长发育

适当的体育活动能为骨骼和肌肉提供足够的营养物质，促进肌纤维变粗、肌肉组织有力、骨骼生长、骨密质增厚，提高抗弯、抗压、抗折能力。

（五）体育能提高人体对外界环境的适应能力

从事体育运动能提高人体应变能力，使人善于应付各种复杂多变的环境。因为经常参加体育锻炼，大脑皮层对各种刺激的综合分析能力强，感觉敏锐，视野开阔，判断空间、时间和体位能力增强，因而能判断准确，反应灵活。同时，经常在严寒和炎热环境中运动，可以增高机体调节体温的能力以及身体对气温急剧变化的适应能力。

（六）体育能增强机体免疫能力

经常运动可使白血球数量增加、活性增强，从而增强机体免疫能力，提高人体对疾病的抵抗力，可以使中老年人保持充沛的精力和旺盛的生命力，延缓老化过程，健康长寿。

二、体育有助于促进心理健康

人的身体和心理有密切的关系，健康的心理寓于健康的身体，心理不健康则会导致身体异常甚至患病。体育锻炼不仅可以增强人的体质，同时对促进人的心理健康有着积极的作用，具体体现在如下几个方面。

（一）体育有助于发展智力

智力是个体圆满完成工作、学习任务的基础条件。经常参加体育活动可以使个体的注意、记忆、观察、思维和想象等能力得到充分发展，提高活动效率，还可以使其获得良好的情绪体验，乐观自信、精神振奋，精力更加充沛，从而促进人的智力功能。

研究表明，体育活动能有效地促进血液循环，增强心肺功能，使大脑获取更多的氧气，给大脑的记忆和思维能力提供必要的物质保障，提高脑力劳动的效率。另外，体育活动不仅能使神经系统的兴奋和抑制过程更加有效，使其对各种刺激的反应更加迅速、准确，为智力的发展奠定物质基础，还可以提高人的视觉、听觉、本体感觉、神经传导速度、神经过程的均衡性和灵活性，促进神经系统功能的增强。

（二）体育有助于获得良好的情绪体验

情绪状态的调控能力是衡量体育活动对心理健康影响的最主要的指标。个体在复杂多变的社会环境中，常常会产生紧张、压抑、忧虑等不良情绪反应，体育活动可以使个体从烦恼和痛苦中摆脱出来，降低应激水平，使处理应急情境的能力增强。

体育活动之所以能够调节情绪，是因为体育活动的参与者能体验到运动带来的愉快感觉，即个体参加体育活动后能产生满足、愉悦、舒畅等感觉，更为自信。心理学家认为，适度负荷的体育活动能够促进人体释放一种多肽物质——内啡肽，它能使人们获得愉快、兴奋的情绪体验。因此参加体育活动，尤其是参加那些自己喜爱和擅长的体育活动，可以使人从中得到乐趣，振奋精神，从而产生良好的情绪状态。

（三）体育有助于良好意志品质的形成

意志品质指一个人的自觉性、果断性、坚韧性、自制力，以及勇敢顽强和独立主动的精神，是一个人行为特点的稳定因素的综合。意志品质需要在克服困难的实践过程中培养。体育活动本身就要不断克服困难（气候条件的变化、动作的难度或外部障碍等）和主观困难（如胆怯和畏惧心理、疲劳和运动损伤等），才能取得成功。体育活动的参与者会努力克服主、客观方面的困难，获得意志锻炼的直接经验，培养自身良好的意志品质。

（四）体育使自我概念更为清晰

自我概念是个体主观上对自己的身体、思想和情感等整体评价，它是由许许多多的自我认识所组成的，例如，我是什么人、我主张什么、我喜欢什么、我不喜欢什么等，包括身体方面的自我概念和社会方面的自我概念。其中，身体方面的自我概念包括身体表象和身体自尊。身体表象是指头脑者形成的身体图像。身体自尊则主要包括一个人对自己运动能力的评价，对自己身体外貌（吸引力）的评价，以及对自己身体的抵抗能力和健康状况的评价。

身体表象和身体自尊障碍在正常人群中是普遍存在的。据报告，54% 的大学生对自己的体重不甚满意。与男生相比，女生倾向于高估身高和低估体重，而且，身体肥胖的个体更可能有身体表象和身体自尊方面的障碍。身体表象和身体自尊与整体自我概念有关，无论是男性还是女性，对身体表象的不满意会使其身体自尊变低，并产生不安全感和忧郁症状。

坚持体育锻炼可使体格强壮、精力充沛，因而，体育锻炼对于改善人的身体表象和身体自尊至关重要。研究表明，锻炼者比非锻炼者具有更积极的总体自我概念；体能强的人比体能弱的人倾向于具有更高水平的自我概念和更高的身体概念；肌肉力量与身体自尊、情绪稳定性、外向性格和自信心呈正相关，并且加强力量训练会使个体的自我概念显著增强。因此，更积极的自尊心，更高水平的身体概念和自我概念与高水平的体能状况相关。

（五）体育有助于形成和谐的人际关系

现代社会生活节奏的加快使人们越来越趋向封闭的状态，从而造成人与人之间感情交流缺乏，人际关系疏远。体育活动则打破了这种封闭，让不同职业、年龄、性别、文化素质的人相聚在运动场上，增加了互动的机会，使平等、友好、和谐的交往成为可能，人们互相之间产生信任感，能有效地进行情感和信息的交流，互相之间产生一种默契和交融。

（六）体育有助于消除心理疾患

社会竞争的日趋激烈和生活压力的加大可能会使许多人产生悲观、失望的情绪，进而导致抑郁、孤独、焦虑等各种心理障碍的产生。人们参与某个运动项目并坚持锻炼，其生理机能、身体素质将会得到改善，也会相应掌握并发展一些运动的技能和技巧。由此，个体会以自我反馈方式传递其成就信息于大脑，从而获得自我成就的认知和情感体验，产生愉快、振奋和幸福感。因此，适宜的体育锻炼能使有心理障碍的个体获得心理满足，产生积极的成就感，从而增强自信心，摆脱压抑、悲观等消极情绪，并消除心理障碍。

许多国家已将体育活动作为心理治疗的手段之一。美国的一项调查显示，1750 名心理医生中，80% 的人认为体育活动是治疗抑郁症的有效手段之一，60% 的人认为应将体育活动作为一种治疗手段来消除焦虑症。临床研究表明，通过参加一些如慢跑、散步、徒手操等身体练习能有效地减轻焦虑和忧郁症状，增强自信。除此之外，有关体育活动的心理治疗效应还反映在对精神分裂症、滥用酒精和药物、体表体型症状的研究等方面。

就目前而言，这些心理疾病的病因以及体育活动有助于治疗心理疾病的基本机制尚未完全清楚，但体育活动作为一种心理治疗手段在国外已开始流行起来。在学生中，通过体育活动可以减缓或消除由于学习和其他方面的挫折而引起的焦虑和忧郁等症状，为不良情绪的宣泄提供一种合理有效的手段，防止心理障碍或疾病的发生。

总之，体育活动不仅能有效地促进智力的发展，调节情绪，培养良好的意志品质，增强自我概念，改善人际关系，还能消除心理障碍，治疗心理疾病，从而增进心理健康，使个体发挥最优的心理效能。

三、体育有助于促进人的社会适应

在现代社会中，人是一个完整的社会人，在社会网络中扮演着各种各样的社会角色，社会适应对个人生活有重要意义。因此，人的社会适应能力越来越受到广大教育工作者的重视，通过体育提高学生的社会适应能力，是学校体育的重要目标之一。

体育是校园文化的重要组成部分，对学生的社会化和社会关系产生着深远的影响。随着体育科学的发展，体育逐步步入科学化发展的新阶段，生物、心理和社会是学校体育科学化发展趋势的具体表现。学校体育要引导学生懂得健康快乐的人生需要体育的终身陪伴，参与体育不但是身体的体验也是社会的体验，在促进身心发展与进步的同时，也丰富和发展了社会关系。

学校体育是通过教育和文化实现对学生的全面影响，教育的功能在于促进人和社会的发展，达到协调一致和良性互动。学校体育的教育目标不但要符合人自身发展的需要，还要把人自身发展需要与社会化结合统一起来。以体育文化素养的整体有机提高去推动社会进步，促进学生的社会化进程和社会关系发展。

（一）体育促进社会关系的发展

学校体育作为教育过程，其中许多活动又总是在一定的人际关系中进行的。这种人际关系成为体育对社会及人类施加影响、发挥作用的重要手段。学校体育的教学、群体和竞赛活动大都是以集体的方式进行的，而这个集体是有集体意识和集体主义观念的。体育活动本身有许多规范要求，这一切都有利于培养人们遵守社会规则的意识，发展人们的人际关系和社会关系。

学校体育的定位有助于调整、改善和影响学生的社会关系。学校体育的教育功能和社会功能是相互联系的过程，两者共同促进学生综合素质的发展和社会化的进程。学校体育以其日益丰富的文化内涵和品位对促进人的社会化起到载体的作用，它使人在体育活动的情境中，而不是在教室里讨论培养心理品质和学习遵守伦理道德原则。学校体育教会人们去理解和建立权利和义务、成功和失败、机会和风险等公平竞争的观念。人际交流的媒介不仅是同学和队友、教师和教练员，还有众多的参与者，包括组织者、领导、观众等。

学校体育使学生原有的体育基础进一步深化并根深蒂固于他们的身心之中。体育为学生社会化提供了强有力的形式和场所，学校体育让学生更加清晰地认识到如何利用体育与社会的全方位联系来实现自身社会化的蜕变和升华。

（二）社会适应是体育与健康课程标准的目标之一

在传统的体育课程模式下，对学生的关注基本上都集中在学生的运动能力上，很少有人注意到学生通过体育学习之后在社会适应能力方面有没有发生变化。也就是说，体育课程对学生社会适应能力的影响在通常情况下是被忽略的。

学生的社会适应能力可以通过多种手段获得发展，体育课程学习是其中最重要的途径之一。在体育活动环境中，学生可以以更直接、生动和集中的方式接触、体验近似于社会上所能遇到的各种情景，如竞争、冲突、分享、合作、共处、避让、包容、突变、角色和角色转换、赞扬、批评、成功、失败、规范、处罚等，从而不断增强自我调控的意识和能力。因此，体育与健康课程标准将社会适应列为独立的一个学习领域。

设置社会适应学习领域对学生的全面发展具有以下重要的意义。

第一，有助于强化学生的规范意识，增强学生的自控能力。在规则、裁判或舆论等作用下，学生的规范意识会逐渐增强，学生将逐渐学会在规范的约束中进行体育活动。由于体育活动中形成的规范意识有助于学生一般行为规范意识的形成，这就使得体育学习对学生的社会化进程具有重要的意义，从而有助于学生法纪观念的形成。

第二，有助于提高学生的探索、创新精神和心理承受能力。由于体育学习过程与学生的生长发育同步，因而体育学习过程中表现出运动方法日益丰富、运动能力不断提高、运动技能逐渐熟练的特征。学生阶段的体育活动更多地表现出不断遭遇障碍和挫折、不断超越自我、不断创新和提高的特色。

第三，有助于培养学生的集体荣誉感和社会责任感。体育与健康课程学习区别于其他许多课程学习的一个显著特征，就是体育课程学习的集体性。在体育与健康课程学习过程中，如果舍弃了集体，体育课程的多数内容将不复存在。因此，体育与健康课程学习对于培养学生的团队精神和团队行为具有特别的、其他课程学习所不能替代的作用，而且这种团队精神对于学生适应未来的社会生活具有非常重要的意义。

在体育与健康课程标准中，培养团队精神、集体荣誉感和社会责任感是社会适应学习领域的主要目标。因此，这一领域的设立将使教师更有意识地去关注学生在这些方面的表现和变化，从而将课程目标中的有关要求落到实处。

思考题：

1. 简述体育的产生与发展。
2. 体育是怎样促进人的身心发展的？
3. 什么叫健康？影响健康的因素有哪些？
4. 体育对心理健康的影响主要表现在哪些方面？

第二章　体适能

体适能是指人们从事需要速度、耐力、力量和柔韧性等的身体活动的能力，主要包括与健康有关的健康体适能和反映竞技技巧水平高低的竞技体适能两大类。体适能对应的英文是“Physical Fitness”，日本翻译成“体力”，在我国则有“身体素质”“运动能力”和“体适能”3种译法。

体适能（Physical Fitness）概念最早是由美国科学家提出的，从广义上讲，它是指人体适应外界环境的能力，是健康概念的一种延伸。“Fitness”一词很早就出现在英文文献中。到20世纪80年代初，中国台湾、香港的运动生理学界率先将“Physical Fitness”这一名词翻译为“体适能”，内地（大陆）学术界后来开始对这一名词进行讨论。

第一节　体适能概述

目前国际上把体适能作为健身的一项主要目标。体适能因个人需求的不同分为运动体适能和健康体适能，前者主要包括速度、反应、爆发力、协调性和灵敏性等素质，这是运动选手为在竞技比赛中夺取最佳成绩所追求的体适能；后者主要包括心血管耐力、身体成分、肌肉力量和耐力及柔韧性等素质，这是一般人为了促进健康、预防疾病并提高日常生活、工作和学习效率所追求的体适能，基本涵盖了学校体育追求健康的目标（图2–1）。

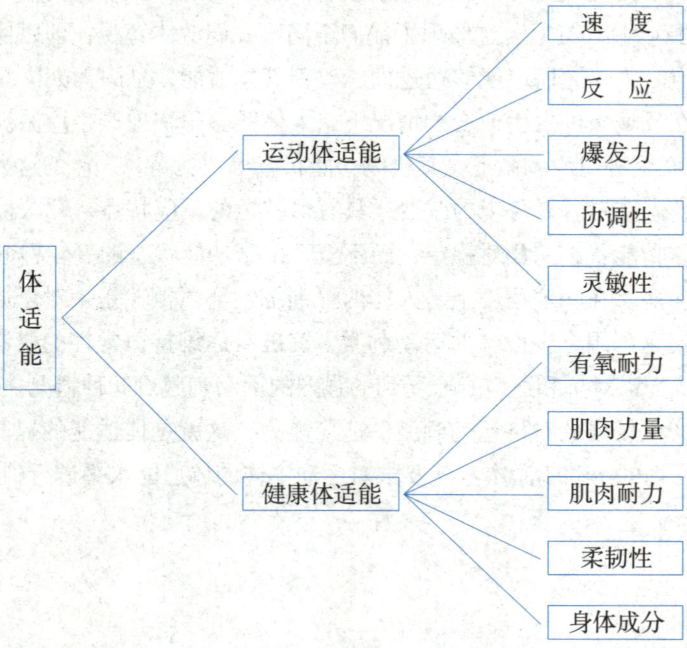

图2–1　体适能分类及组成要素

一、健康与体适能

在现代生物—心理—社会模式下，健康概念则包含了身体的、心理的和社会的三方面的含义。在这种新健康概念中，健康不仅仅是没有疾病，还指与个人工作、生活密切相关的身体、心理、社会适应三方面基本完好、协调的状态。健康体适能是由有氧耐力、肌肉力量、肌肉耐力、柔韧性和身体成分组成，这些素质与人的健康有着密切关系。

关于体适能对健康的作用，早在 1953 年英国科学家摩利斯（Morris）就曾得出体力劳动有利于降低冠心病患病率的结论；同年，美国学者柯斯（Kraus）通过 6 项肌肉力量测试，提出美国青少年体力下降情况十分严重的报告后，经美国青少年体适能咨询委员会研究决定，于 1958 年在学校实施“AAHPERD 青年健康测试法”。于是人们才按运动训练和体育健康的不同需要，开始对健康概念中的体能进行重新认识和研究，终于确定了把体适能分为运动体适能和健康体适能。在本教材中，主要针对健康体适能概念、健身促进方法等方面进行阐述。

二、体育锻炼与健康体适能

随着社会的发展，人们生活、工作压力的增大，运动健身或称体育锻炼的健康功能越来越受到人们的关注。体育锻炼的目的在于提高健康水平，其运动负荷和运动形式都与运动训练有着很大的不同。从体育锻炼的角度来看，一个健康的人应当具备对环境的良好适应能力，体育锻炼的功能之一也就在于改善人们的这种适应能力。

在我国，人们参加体育锻炼时所关注的是身体三围的变化和肌肉的某种改变，而美国人更注重体适能水平的提高。美国人从事体育锻炼时也经常给自己设定目标，如 1 月跑了 50 英里，2 月则要努力跑到 70 英里。这体现了他们不同于我们的体育观，即以体适能概念为代表的运动生物学观点。人体之所以能够通过训练改善其体适能，是因为人体具有很强的适应外界环境的能力。在环境条件发生改变的情况下，人体能够很快地产生应激反应，或称“一般性适应征候群”，在这种应激刺激下，其机体功能状态得到提高。人体的这种特性被称为可训练性。除此之外，人体对外界环境的改变还具有恒常性的反应特点，即人体在环境变化的情况下能够保持机体功能状态的相对稳定，而不至于由于功能状态的变化引起身体的不适反应甚至产生伤害或疾病。在一定程度上，人体的可训练性与恒常性是一对矛盾。科学的运动锻炼就是利用合理设计的运动刺激，突破身体维持恒常性的机制，诱使身体产生抵抗力以对抗和适应身心受到的强烈的运动刺激。此种情况一再反复就会使身体产生较强的对抗运动刺激的适应能力，这就是体适能的提高。同时，科学设计合理的运动刺激本身就要求对运动主体的体适能水平进行估计和测量。

体质健康标准

第二节 心肺系统机能

心肺系统是指功能上有密切联系的循环系统和呼吸系统，心肺系统在为肌肉供应能源物质和运输氧气的过程中起重要作用。因此，心肺系统的机能是身体健康素质中最重要的组成要素，直接影响人们的学习效率和生活质量。心肺功能的适应能力是与健康密切相关的最重要的生理指标之一。

一、心肺系统机能与健康

体育锻炼时，骨骼肌代谢增强，需氧量增大，机体通过调节使心肺系统活动加强以满足运动的需要。因此，定期的、有规律的有氧运动是提高心肺系统机能、抵御“现代文明病”最有效的手段。进行体育运动将对心肺系统机能产生如下影响。

（一）增强心脏功能

经常运动可以使心肌壁增厚、心脏重量增加、容积增大（表 2-1）。平时冠状动脉血流量占输出量的 8%~10%，但在运动时冠状动脉血流量可达安静时的 10 倍。由于心肌在锻炼中得到大量营养，心肌纤维变粗，收缩力增大，心搏率更加适应锻炼需求，出现心动徐缓，而且运动后恢复较快，使心力储备增加，能更好地适应激烈运动。

表 2-1 经常锻炼者与不经常锻炼者的心脏比较

项 目	一般人	经常参加锻炼者
心脏重量 /g	300	400~450
心脏容量 /mL	765~785	1005~1027
心肌横断面 /cm	11~12	13~15
安静心搏率 /b/min	70~80	50~65
每搏输出量（运动时）/mL	80~100	90~160

引自：郑厚成 . 体育与健康 [M]. 北京：高等教育出版社，2002.

（二）增加血液中红细胞、白细胞和血红蛋白含量

一般人血液中红细胞含量男子为 450 万 ~550 万个 / 升，女子为 380 万 ~460 万个 / 升，经常运动的人可达 700 万个 / 升，且白细胞中具有免疫力的淋巴细胞比例明显增加。一般人血红蛋白含量为 600 克左右，而经常运动的人可达 800 克左右，这样可以更好地供应和输送氧气并有利于排除代谢产物。

（三）增强血管功能

经常参加锻炼可使动静脉血管壁弹性增加，管径增大，有利于血液流动。运动还能使毛细血管扩张，能有效地改善微循环功能。经常锻炼还可以通过大脑皮层，调节血管收缩和舒张，使血压下降。经常参加运动的人比一般人的高血压发病率低 3 倍，有助于预防心血管疾病。运动可预防运动不足症，长期静坐的人冠心病发病率是经常锻炼的人的 2 倍。事实表明，

经常运动可以有效地预防冠心病的发生。

(四) 增强呼吸系统功能

经常锻炼可使肺活量增大，由于锻炼要大量耗氧，排除大量二氧化碳，所以能使新陈代谢、呼吸加快，呼吸肌、胸廓和呼吸器官的工作能力增强，能使人体承受更大的负荷强度。锻炼还能使呼吸道毛细血管密实，上皮细胞的纤毛活动和肺内吞噬能力增强，减少感染，预防呼吸道疾病，预防感冒。

二、心肺系统机能测评

心肺机能是人体摄氧和利用氧的能力，其牵涉心脏制血及泵血功能、肺部摄氧及交换气体能力、血液循环系统携带氧气至全身各组织的效率，可直接影响全身各组织及器官的活动。而评价人体心肺功能常采用心肺运动试验，进行最大摄氧量、心脏做功能力等测评。

(一) 评价心血管系统机能指标——台阶实验

测试方法：男生用高 40 厘米的台阶（或凳子），女生用高 35 厘米的台阶（或凳子）。测试前让受试者做轻度的准备活动，主要是活动下肢关节。上、下台阶的频率是 30 次 / 分钟，因而节拍器的节律为 120 次 / 分钟（每上、下一次是四动）。受试者按节拍器的节律完成测试。用 2 秒上、下一次的速度（按节拍器的节律来做）连续做 3 分钟。做完后，立刻坐在椅子上测量运动结束后的 60~90 分钟、120~180 分钟、180~210 分钟的 3 次脉搏数，并用下列公式求得评定指数，计算结果包含有小数的，对小数点后的 1 位进行四舍五入取整进行评分。

$$\text{评定指数} = \frac{\text{踏台上、下运动的持续时间（s）} \times 100}{2 \times \text{（3 次测定脉搏的和）}}$$

注意事项：

①有心脏疾病的人不能测试。

②按 2 秒上、下一次的节奏进行。当受试者跟不上节奏时应及时提醒，如果 3 次跟不上节奏应停止测试，以免发生伤害事故。

③上、下台阶时，膝、髋关节都应伸直。

④受试者不能自己测量脉搏。

⑤如果受试者不能完成 3 分钟的负荷运动，以实际上、下台阶的持续时间进行计算，计算公式和方法同上。

(二) 评价肺功能指标——肺活量

测试方法：使用干燥的一次性口嘴（非一次性口嘴，则每换测试对象需消毒一次）。受试者进行一两次较平日深一些的呼吸动作后，更深地吸一口气，向口嘴处慢慢呼出至不能再呼出为止。吹气完毕后，测试仪液晶屏上最终显示的数字即肺活量毫升值。每位受试者测 3 次，每次间隔 15 秒，记录 3 次数值，选取最大值作为测试结果。以毫升为单位，不保留小数。

三、提高心肺系统机能的措施和方法

发展与提高心肺系统机能比较有效的运动主要以有氧运动为主。有氧运动是指运动时人体需氧量和摄氧量达到动态平衡的运动。做有氧运动时，体内不产生乳酸堆积，心率和呼吸保持在稳定的状态，因而持续运动时间长、安全性高、脂肪消耗多、有利于改善心血管系统的功能。

（一）有氧运动形式

有氧运动包括游泳、跳绳、走步、慢跑、爬山、划船、骑车等户外运动和各种有音乐伴奏的集体有氧健身形式。

1. 步行锻炼法

步行是体育锻炼中最简便易行的运动。如果是以锻炼身体为目的的步行，当以 100 米 / 分钟左右的速度步行 15 分钟，其消耗的能量与以 270 米 / 分钟左右的速度骑自行车 6 分钟相当。若以更缓慢的 80 米 / 分钟左右的速度步行 20 分钟的话，其消耗的能量相当于以 130 米 / 分钟左右的速度骑行 12 分钟。可见，步行能够消耗大量的能量物质，对增进健康有着积极的作用。另外，步行在减肥过程中所起的作用也被许多研究所证明。而当以放松为目的进行步行时，可以使人身心愉悦，从而缓解各种工作和生活的压力。

2. 跑步锻炼法

跑步是一种有关肌群反复活动的全身性有氧运动。利用跑步消耗体内过剩的热量有助于减少体脂和控制体重。跑步消耗热量的多少主要取决于运动强度和持续时间，以 270 米 / 分钟的速度跑 30 分钟所消耗的热量要比以 135 米 / 分钟的速度步行 30 分钟所消耗的热量多得多，强度越大，消耗的热量也越多。因此，每个人要根据自己的具体情况来制订循序渐进地增加练习时间和强度的锻炼计划。大学生跑步的适宜运动强度如表 2–2 所示。

表 2–2　大学生及同龄人的适宜运动强度

锻炼水平	跑步距离 /km	跑步速度 /km/h	运动强度 /（% 最大心率）
初级	2.7~3.2	8.0~9.6	60~65
中级	3.7~4.3	11.2~12.8	70~75
高级	4.8~5.3	14.4~16.0	80~85

3. 游泳锻炼法

游泳的锻炼价值与跑步有很多相似之处，两者的主要不同是游泳者以手臂和腿的运动推动人体在水中前进的同时还必须付出一定的能量使身体免于下沉。因此，在水中游与在陆地上跑同样的距离，其消耗的能量是跑步的 4 倍之多。人体通过克服来自前进中的阻力获得对肌肉力量和耐力的锻炼。由于水的浮力减轻了人体承重关节的负荷，水的良好导热性又帮助锻炼者散发运动时产生的热量，因此，游泳锻炼虽然消耗的能量较多，但心率却相对处于较低的水平，是一种更为安全的健身方法。

4. 跳绳锻炼法

坚持跳绳锻炼能提高心血管系统和呼吸系统的功能，提高肌肉长时间工作的能力。此外，跳绳对速度、灵敏、协调等体能成分也有较高的要求，锻炼同样会使这些体能得到增强。应该注意的是，跳绳是一种比较剧烈的运动，应根据自己的身体状况制订切实可行的计划和目标。

5. 有氧操锻炼法

有氧操是一种以锻炼身体为目的，以徒手运动为基础，并在音乐伴奏下进行的健身活动。每个人都可以根据自己的年龄特点、体能状况和锻炼目的等，选择或自编有氧操进行锻炼。

有氧操是一种充满活力的体育锻炼方法，在提高心血管系统和呼吸系统工作能力方面具有明显作用。通过有氧操锻炼可以使体重得到有效控制，而良好的体能和健美的身材则使人自信增强。另外，有氧操练习中体验到的轻松和快乐还能减轻精神上的烦恼和痛苦，使情绪得到改善。

6. 自行车锻炼法

同跑步和游泳一样，自行车锻炼能使人体在生理上产生理想的应答反应。通过锻炼能有效地增强肌肉力量，提高机体的耐久力并使体重得到控制。另外，在有关健康的研究中，几乎没有因自行车锻炼的过度负荷而导致运动损伤的报道。因此，自行车锻炼不仅可以成为人们日常进行体育锻炼的良好手段，还能在受伤后的康复期内作为保持身体活动能力的有效替代练习。

（二）有氧练习的方法

有氧练习的方法包括综合练习、持续练习、间歇练习和法特莱克（Fartlek）练习四种。

1. 综合练习

综合练习是由几种不同的锻炼内容组成的，如第一天跑步，第二天游泳，第三天骑自行车。综合练习的一个优点就是避免日复一日进行同一种练习的枯燥感，并且可以防止身体同一部位的过度疲劳。

2. 持续练习

持续练习是指长时间、长距离、慢节奏和中等强度（约 70% 最大心率）的锻炼，也是一种最受欢迎的心肺锻炼方法。如果运动强度不增加，锻炼者就能轻松地完成身体练习。一次锻炼时间可持续 40~60 分钟。

3. 间歇练习

间歇练习是指重复进行的强度、时间、距离和间歇时间都较固定的锻炼方法。练习持续的时间各不相同，一般为 1~5 分钟。每次练习后有一休息期，休息期的时间与练习时间相等或稍长于练习时间。和持续练习相比，间歇练习能使学生完成更大的运动量，且锻炼的方式可以有所变化。

4. 法特莱克（Fartlek）练习

“Fartlek”是瑞典词，意思是“速度运动”，是一种与间歇练习相似的长距离跑的锻炼方式，但练习时间与休息时间的比例不固定。法特莱克的锻炼地点比较随意，可减少枯燥感。

（三）有氧练习的有效练习强度和频率

健身效果与有氧训练的频率、强度和每次训练的持续时间有关。因此，在进行有氧练习时，要科学地控制练习强度和频率。

①选择主要以大肌肉群而不是小肌肉群参与的运动方式。

②每周练习 3~5 次，运动持续时间 30~60 分钟。

③运动强度控制在“靶心率”范围内。这个心率范围既安全，又有效。

第三节 速度素质练习法

速度素质是指人体快速运动的能力，是肌肉工作时用最短的时间完成动作的能力，它是体育运动中最重要的运动能力之一。通常分为紧密联系的反应速度、动作速度和位移速度三种形式。

一、反应速度

它是指人体对各种信号刺激的快速应答能力，如短跑从发令到起动的时间。最常见的方法是利用各种声、光等突发信号让练习者快速地作出相应的反应动作，以提高其神经系统反射弧的接通机能水平。

1. 喊数抱团

练习者绕圈跑，听教师口令是几人组合，练习者即几人成组，不符合组合人数者为失败，失败者罚做俯卧撑、高抬腿等练习或表演节目。

2. 起动追拍

两人一组前后相距 2~3 米慢跑，听到信号开始加速跑，后者追前者，追上并拍击其背部就停止，要求在 20 米内追上有效。也可在追赶时，教师发出第二个信号，让其后转身互换追赶。

3. 多余的第三者

练习者若干人，成两人前后面向圈内站立围成一圆圈，左右间隔 2 米。两人在圈外沿圈跑动追逐，被追者可跑至某两人的前面站立，则后面的第三者即逃跑，追者即改追这第三者，如被追上为失败。

4. 听枪声及口令起跑

蹲踞式或站立式起跑 20 米。组数及每组次数根据练习者水平而定，每组间休息 5~8 分钟。

5. 听信号变速快跑

在慢跑或其他移动中，听口令或看信号即起动快跑 10~20 米。练习组数 4~6 次，每组间休息 5~7 分钟。

6. 反应突变练习

练习者听各种信号做各种滑步、上步、交叉步等移动、转身、急停、接球、上步垫球等模仿练习。

7. 听信号做练习

把不同的专门练习和非专门练习进行编号（信号），听信号做不同的练习。

8. 接传不同方向的来球

几人从不同方向给一人传球，一人接不同方向的来球。

9. 抢接球练习

几人成一排，教师身后向前抛球，练习者见球后快速起动抢接球。

10. 截断球

教师提供不同方向的球，练习者随时起动断球。

11. 利用电子反应器练习

根据不同的信号灯，用手或脚压电扣，记反应时等。

二、动作速度

它是指人体完成某一动作的快速能力，如投掷运动员的器械出手速度。

1. 快速小步跑

小步跑15~30米，两腿频率越快越好。要求用大腿带动小腿，小腿放松，膝踝关节放松，脚落地“扒地”。重复4~6次，每次间歇5~7分钟。

2. 变速高抬腿跑

行进间高抬腿跑中突然做几次最快速的高抬腿练习。动作要协调，重复4~6次，每次间歇5分钟左右。

3. 左右腿交叉跳

在一条线上站立，沿着线两腿向左、右两侧方向做交叉跳20~30米，要求交叉跳时大腿高抬，快速转髋，动作速度越快越好。重复4~6次，每次间歇3分钟。

4. 对墙掷棒球

运用掷标枪交叉步助跑，快速挥臂将球向墙上掷出。要求技术正确，出手速度快，重复练习1~20次，每次间歇2分钟。

5. 掷铁棒

面对投掷方向，手持细铁棒，做掷铁饼的旋转动作后出手练习。要求旋转和出手速度越快越好。铁棒长40厘米，重不超过0.5千克。连续练习一组5~10次，重复2~4组，每组间歇5~7分钟。

6. 快速挥臂

站立，头上方悬吊重沙袋。做原地扣排球动作，快速挥臂拍击沙袋30次，重复3~5次，每组间歇5~7分钟。

7. 曲线带球

每人一球，在 30 米内插上 10 根旗杆，用脚内外侧快速带球依次绕过旗杆返回起点，要求带球速度越快越好，可计时进行。重复 5~7 次，每次间歇 6 分钟。

三、位移速度

它是指在做周期性动作中，单位时间内人体快速移动的能力，如跑速、游速等。提高动作速度是提高位移速度的基础，并与四肢肌肉的爆发力密切相关。

1. 高抬腿跑接加速跑

行进间快频率高抬腿跑，听信号后进行加速跑，要求高抬腿，动作规范，频率逐渐加快，加速跑时频率不变。距离 20~30 米，每组 2~3 次，重复 2~3 组，每组间歇 5~7 分钟。

2. 交叉步接加速跑

先做 5 米交叉步跑，然后转体做加速跑 20~30 米。要求交叉步动作符合技术规格，动作协调，加速跑要发挥速度。每组 2~3 次，重复 2~3 组，组间歇 5~7 分钟。

3. 变速越野跑

在公路、公园等自然环境中进行越野跑，在平坦地面进行不等距离加速快速跑。根据自然环境及学生水平决定加速距离及次数。一般为 5~10 次（每次 50~100 米）快速跑较适宜。

4. 顺风跑

顺风全速跑（或蹲踞式起跑）30 米、60 米，可计时跑。要求积极加快步频。每组 3~5 次，重复 2~3 组，每组间歇 5~7 分钟。

5. 让距追赶跑

两至三人一组，根据速度水平前后拉开距离，速度快者在后，听信号站立式起跑后全速跑，后者追赶前者，前者别让后者追上。跑 30~60 米。每组 2~3 次，重复 2~3 组，每组间歇 5~7 分钟。

6. 快速弧线跑

按背越式跳高助跑弧线，划 10 米圆弧线，沿弧线快速跑。要求两脚落点必须在弧上，按弯道跑技术规格进行。每组 3 次，重复 2~3 组，每组间歇 2 分钟。

7. 全速跑楼梯

听信号起跑，全速往返跑 3~4 层楼的楼梯。要求不能扶扶手，上下跨越台阶，每组往返 2~3 次，重复 2~3 组，每组间歇 5 分钟。

8. 排尾变排头跑

练习者成一路纵队慢跑，听信号后排尾人向前加速快跑至排头，第二排尾再跑，循环往复，每组两个循环，重复 3~5 组，每组间歇 3~5 分钟。

9. 后退跑传球

两人一球面对站立，相距 10 米。一人快速后退跑，另一人向前跑，两人跑动中相互传接球，连续做 60 米。要求始终保持距离，后退跑速度越快越好。两人交换练习，3 次为一组，重复 4 组，组间歇 7 分钟。

10. 滚球接力

篮球场端线站立，球放在地上。信号开始用于滚动球到另一端后返回，手递手将球传给第二人，依次进行。要求球不能离开地面，以竞赛方式计时进行。每组往返 3~5 次，重复 2~3 组，每组间歇 5 分钟。

第四节　力量素质练习法

力量素质是肌肉收缩克服阻力和对抗阻力的能力。发展人体力量素质，不仅有利于增强肌肉力量，使身体更加结实、丰满、匀称、健美，还有利于学习和掌握各项运动技术和技能，减少运动损伤，改善上肢、下肢、胸背和腰腹肌肉力量，促使身体均衡发展。力量素质练习法比较多样，主要介绍以下十种。

一、动静结合法

其方法是把动力练习和静力练习有机地结合起来，先动后静，即先做动力练习至极限，而后固定在需要锻炼部位的角度上静止用力 6~8 秒，可练 2~4 组。

例如：动静结合的弯举（发展肱二头肌），先用 60%~70% 的重量做 6~8 次，而后固定肘关节使上臂和前臂的夹角成 90 度，坚持 6~8 秒，做 2~4 组。

二、克制退让结合法

用动力练习（克制性收缩）重复 5~6 次，做不起来后再做 2~3 次退让性练习。这样的结合能使肌肉得到更深的刺激。

三、先疲劳再重复法

先做综合肌肉群练习，紧接着再做局部肌肉群练习，如至少有四块肌肉参与的卧推，主要练习部分是胸大肌，肱三头肌在最大用力时并未最大限度地参与用力。根据先疲劳再重复的原则，首先练卧推（采用超组数法），然后卧在板凳上持哑铃做飞鸟练习。

四、连续减重法

开始用较重的重量做到极限（8~10 次），紧接着由同伴减低重量后再做到极限（4~6 次），再由同伴将重量再减小，再重复做到极限（4 次左右），如此连续做 3 组左右，使肌肉极度紧张，得到最大的刺激。

例如：仰卧推举（卧推）（80 千克 +70 千克 +60 千克）/（8 次 +4 次 +4 次）为一大组。立姿弯举（35 千克 +30 千克 +25 千克）/（12 次 +6 次 +4 次）为一大组。

五、连续加重法

这种方法是先用轻重量做某一动作，轻松地完成练习后，紧接着加重练习使肌肉有所感觉，再加重做练习，一直到举不起来为止，这种不断加强度、加深刺激的方法，提高了肌肉的鲜明度。

六、借力强行法（先实后虚重复法）

人体在锻炼到筋疲力尽之后，还要借助于身体其他部位的附加力量，做几次不太规范的重复。例如：直立弯举做不起来后，身体前倾然后向后摆动身体，两臂借助这个摆动顺势屈肘，坚持再做 2~4 次。卧推起不来后，立即做挺髋式卧推，用挺髋之力补充双臂及胸大肌用力之不足，这样再坚持做 2~4 次，对胸大肌、三角肌前部、肱三头肌和前锯肌的刺激就会加深。

七、念动一致法

练习中注意力高度集中，练什么地方，想哪块肌肉极为重要，这样会大大提高训练效果。肌肉的工作是受神经支配的，注意力高度集中就能动员更多的肌纤维参加工作。因此，练某一动作时，就应有意识地使意念和动作一致起来，即练什么就想什么肌肉工作。例如：练立式弯举，就要低头用双眼注视自己的双臂，看肱二头肌慢慢地收缩。

八、同类动作组合法

把发展同一群（或一块）肌肉的相类似练习采用不同器械、不完全相同的动作组合在一起集中依次练习，加深对该组（或该块肌肉）肌群的刺激。

例如：为发展肱二头肌可选择如下练习：

①立式弯举。

②轮换单臂弯举。

③斜板弯举。

④仰卧弯举。

为发展肱三头肌可选择如下练习：

①立式颈后臂屈伸。

②弓身单臂屈伸。

③仰卧臂屈伸。

九、循环训练法

把同类的或不同类的动作编排在一大组内分设 6~10 个站，然后按序一个一个地进行练习，做到规定次数后即快速转换到下站进行训练。待所有的站都全部跑完，该大组训练结束。训练下来后，汗流满面，心跳加快。这种训练法是有氧训练，对去脂减肥，增加肌肉线条的鲜明性大有好处。

循环训练法的特点是能全面地影响身体各器官、系统，提高身体素质，增加肌肉力量和耐力，还可消除枯燥感。肌肉的局部负担不重，不易疲劳，能调动训练者的积极性，激发训练的兴趣。可根据各人的体质和训练水平逐渐增加运动量。开始时先练一个循环，过 2~3 周再增加一个循环，逐渐增加到 3~4 个循环，但最多不得超过 5 个循环。

循环训练法可根据锻炼的目的（确定练习哪些肌肉）设置若干练习内容，将其按照合理的顺序不间断地连接起来进行练习。

例如：①坐姿推胸；②原地跳绳；③仰卧收腹；④原地高抬腿；⑤坐姿下拉；⑥原地纵跳。坐姿推胸是锻炼胸大肌的动作，接下来是练习下肢力量和全身协调性的原地跳绳，然后是腹部练习，下面是练习下肢爆发力的高抬腿，之后是背部的背阔肌练习，最后是锻炼全身协调性和大腿力量的原地纵跳的练习。

每个训练动作可以根据训练目的不同来调整训练强度，一般健身人群采取中等训练强度就可以达到很好的训练效果。一个动作 50% 的强度（身体可以承受此动作最大重量的 50%），做 10~12 次。每组动作间歇 30 秒左右，一组练习结束之后可以喝水，补充流失水分，深呼吸调整气息，休息 3~5 分钟，使心率下降到 100 次 / 分钟之后再进行下组练习。下一组可以做同样内容的循环，也可以更换训练内容。强度的把握要依照动作由易到难的原则，使身体慢慢预热，让机体逐渐接受难的动作，以避免造成关节、肌肉的损伤。

十、利用哑铃进行训练肌肉的方法

哑铃是健美训练的重要器械之一。它犹如一把锤子和凿子，能雕塑身体的每块肌肉。只要有副哑铃和一条长凳，你就能随心所欲，进行肌肉训练了。

①下背部。与杠铃相比，举哑铃能减少对脊柱的压力，用哑铃做动作也更舒服。如果用哑铃做直腿硬拉练习，也能有效地锻炼股二头肌。

②小腿部。站立，手持哑铃进行单腿提踵练习，比用小腿肌训练效果更好。也可脚前掌踏木板，将哑铃放在膝盖上进行单腿或双腿坐式提踵练习。

③背部。与杠铃相比，用一只或两只哑铃做俯身划船练习（单臂划船对背下部更安全些）能使背部肌肉增长得更快。单臂哑铃划船一直是七届奥林匹亚先生获得者李·哈尼惯用的背部练习。仰卧凳上做哑铃屈臂上举练习，不仅能锻炼胸部的前锯肌，而且能锻炼背部两侧的肌群。

④胸部。仰卧凳上，用哑铃做平卧推、上斜推和下斜推，比用杠铃做更有利于肌肉的增长，因为它能更广泛深入地刺激肌肉。也可用哑铃做多角度的飞鸟练习，以发展胸肌的各个部分。一个很好的练习方法是做完一组哑铃飞鸟之后，立即做一组哑铃卧推举练习。这样练不仅效果好，而且能减轻肩部负担，避免运动损伤。

⑤肩部。各种形式的哑铃练习都可发展肩部肌肉。比如，用哑铃做侧平举、前平举和俯身飞鸟练习来发展肩部三角肌的中束、前束和后束。发展斜方肌可采用哑铃耸肩或绕环练习。

⑥肱二头肌。哑铃弯举是许多健美冠军用以练肱二头肌肌“峰”的一项最佳练习。不同方式的哑铃弯举能使上臂更加粗壮，而且从后面看肌块分离，清晰突出。

⑦肱三头肌。用哑铃做单臂或双臂颈后臂屈伸练习，可使肱三头肌发达成马蹄形。练习

时可将哑铃尽量放低，以加强训练效果。

⑧前臂。哑铃正握腕屈伸可发展前臂内侧肌群；发展前臂外侧肌群则反握腕屈伸。

⑨大腿。在脚后跟垫块小木板做哑铃负重深蹲练习，可发展股四头肌。如果躺在长条凳上脚夹哑铃做弯举练习，则可发展股二头肌。

⑩腹部。仰卧，将哑铃置于脑后收腹起坐，可练上腹部肌肉；收腹举腿（上体不动）可练下腹部肌肉。

第五节　耐力素质练习法

耐力素质是指人体在长时间进行工作或运动中克服疲劳的能力，是反映人体健康水平或体质强弱的一个重要标志。耐力素质是人体身体素质的重要组成部分之一，任何体育运动项目，都必须具备相应的耐力素质水平。耐力素质的练习方法主要有三种：有氧耐力训练方法、无氧耐力训练方法以及有氧和无氧混合训练方法。

一、有氧耐力训练方法

有氧耐力是指人体长时间进行有氧供能的工作能力。决定机体有氧耐力的生理因素主要是运动中氧气的供应因素和作为能量物质的糖原含量。有氧耐力素质训练是通过走跑以及其他条件来进行的。时间与速度有一定比例关系。例如：跑 2 组 1000 米，要求 1000 米 /5 分钟，而跑 1 组 1000 米则要求 1000 米 /4 分钟。有氧耐力训练的强度要求通常为小于等于 79%，而无氧耐力训练的强度要求为小于等于 80%~90%。

①徒手长跑，如 5000~15000 米不同距离的跑步或越野跑。

②定时定距离跑，如 12 分钟跑或更长时间的规定距离跑。

③ 5×25 米的折返跑。

④持续跑的方法：这种方法的基本特点是距离长、匀速的公路跑。初学者为达到训练效果，一次课至少要达到 15 分钟。优秀运动员要达到里迪亚德的标准，一周至少要跑 160 千米（现已达到每周 200 千米以上）。一次课的跑量要达到 12~20 千米，对优秀运动员而言，跑的强度要高一些。如要求 1 千米 /(3 分 20 秒 ~4 分 20 秒)。通过此方式提高有氧耐力训练水平。

⑤采用越野跑、30~40 分钟定时跑、球类活动等。

⑥ 300 米 ×6~8 次，间歇 6 分钟。

⑦（300 米 +200 米 +100 米）组合跑 ×4~5 组，间歇 3~4 分钟，组间间歇 7 分钟。

⑧（300 米快 +50 米慢 +100 米冲刺跑）×4~5 组，组间间歇 8 分钟。

⑨ 400 米检查跑 ×1~2 次，间歇 25 分钟到 30 分钟。

⑩重复跑的方法：重复跑是发展有氧和无氧耐力的重要手段，还可以培养跑的速度感和节奏。重复跑训练的距离范围很宽，50 米至 1000 米、2000 米、3000 米、4000 米，直到最长的 8000 米等。在训练中可使用变化距离或相同距离的重复跑训练。例如：5×200 米每次 27

秒以内完成，休息 5 分钟或者 2×150 米每次 21 秒完成，休息 3 分钟；3×200 米每次 27 秒完成，休息 5 分钟；2×150 米每次 20 秒完成，休息 3 分钟。

二、无氧耐力训练方法

无氧耐力是指运动者在整个运动过程中始终保持高速度运动的能力，例如：50 米快速跑。有氧耐力与无氧耐力训练采用的手段和训练形式是一样的，其不同之处在于运动的时间、间歇时间、重复次数以及个人的情况和强度等。例如：发展无氧耐力，用 6×50 米，强度为 95%~100%，休息 3 分钟。发展有氧耐力，用 20×400 米，强度为 79% 以下，休息慢跑 200 米。发展专项耐力，用 2×（2×400 米），强度 80%~94%，慢跑 200 米，每组之间休息 7 分钟。发展耐力训练主要可以采用以下手段：持续跑、重复跑、间歇跑、法特莱克跑、缺氧跑、等距离跑或不等距离的变速跑、较长距离的大强度越野跑、长时间或较长时间的专门练习以及各种段落的计时跑、检查跑测验、各种比赛等。

①变速跑。走—慢跑—冲刺跑。

②多组的追逐跑。

③定时定距离跑。如 90 秒完成 400 米距离跑等。

④结合足球进行综合练习。如快速的传接球、射门等。

⑤长距离间歇跑。150 米—200 米—250 米—300 米—400 米跑，重复次数 2~3 次为 1 组，进行 2~3 组，严格规定间歇时间。

⑥短距离间歇跑。60 米—80 米—100 米跑，随距离的增加强度逐渐降低（95%~85%）4 次为 1 组，进行 2~3 组。

⑦ 80 米—100 米—150 米—200 米—250 米—300 米各段落的反复跑。

⑧各种形式的组合跑。如 150 米—200 米—250 米—300 米—250 米—200 米—150 米的阶梯跑等，可根据情况选择相应的距离。

⑨以各种距离的变速跑进行练习，可以对快跑段的量、强度提出一定的要求，尤以量为主，逐渐过渡到以强度为主。

无氧耐力训练中，强度要求一般采用以下几种方法。

①百分比强度要求法。计算某段跑强度要求公式为：强度要求 = 个人最好成绩 ÷ 强度 %。例如：运动员 600 米最好成绩为 1 分 30 秒时，其 85% 强度要求为 1 分 30 秒 ÷85%=1 分 45 秒 9。不仅全程跑要有强度要求，不同段落也要有强度要求。

②比赛速度要求法。先按某项预计的比赛成绩求出该项中的每 100 米平均成绩，在运用时，只要将该成绩乘以所跑段落的百米数，所得出的时间即为该段的比赛速度强度。如预计 1500 米比赛成绩为 4 分 0 秒，训练时以比赛速度跑 800 米的强度为：（4 分 0 秒 ÷15）×7=16 秒 ×7=1 分 52 秒。

③自然强度要求法。自然强度是只提出技术上或体力上的要求而没有提出具体数值的强度要求。采用这种方法必须是练习者具有较高的训练自觉性和训练水平时才能得到较好的效果。

三、有氧和无氧混合训练方法

1. 间歇跑的方法

例如：6×200 米 27 秒，每个之间慢跑 200 米，当脉搏恢复到（120~130）次 / 分钟就开始下一次练习。间歇中的主要手段是：有氧无氧混合训练、无氧训练。间歇训练的内容包括：距离；强度；重复的次数；间歇的时间与内容。

①距离。要短于比赛距离。如 800 米可进行 200 米、300 米、400 米的间歇训练，当然也有长距离的间歇跑，可达 3000 米。传统方法的范围在 100~400 米。

②强度。可根据任务（如发展一般有氧耐力或无氧耐力）而定。如 800 米成绩为 2 分钟的运动员，可选择下列安排：4×200 米，30 秒 +200 米慢跑；4×200 米，25 秒 +200 米慢跑；4×200 米，35 秒 +200 米慢跑。

③重复的次数。通常一次课中，间歇跑训练的问题不宜过多地超过专项距离的长度。

④间歇的时间与内容。间歇时间取决于练习者的水平。高水平运动员的间歇时间要准确。间歇时间可以用时间或脉搏来控制。各个不同专项的不同段落间歇跑的间歇时间，可以参考表 2–3。

表 2–3　歇的时间与内容

	400 米	800 米	1500 米	3000 米	5000 米
100 米	35 秒 ~40 秒	30 秒 ~35 秒	30 秒 ~35 秒	20 秒 ~25 秒	15 秒 ~20 秒
200 米	2 分 ~2 分 30 秒	1 分 ~1 分 30 秒	45 秒 ~1 分	45 秒 ~50 秒	30 秒 ~45 秒
300 米	2 分 30 秒 ~3 分 30 秒	2 分 ~3 分	1 分 30 秒 ~2 分 30 秒	1 分 ~2 分	1 分 ~1 分 30 秒
400 米		3 分 ~4 分	2 分 ~3 分	1 分 30 秒 ~2 分 30 秒	1 分 30 秒 ~2 分
500 米			2 分 30 秒 ~3 分 30 秒	2 分 ~3 分	1 分 30 秒 ~2 分 30 秒
600 米			4 分 ~5 分	3 分 ~4 分	2 分 ~3 分
1000 米				5 分 ~7 分	4 分 ~6 分
1200 米					7 分 ~9 分

间歇休息的重点不是时间而在于休息的方式，不能停、坐、卧，而应慢跑或走。

2. 法特莱克跑的方法

法特莱克（速度游戏或跑的游戏）这种在野外进行的变速跑可作为不同水平心率（130~180 次 / 分钟）的有氧耐力训练手段。同时，在这种跑中加速跑还可提高无氧代谢能力。法特莱克跑时间为 30 分钟 ~2 小时，可根据跑的速度和加速跑的长短而定。在法特莱克跑的过程中，练习者进行一系列 100 米到 2~3 千米的加速跑，而且事先既不规定这些加速跑的速度，也不限制慢跑的时间。在法特莱克跑时，运动员可用跑和跳专门练习代替加速跑。此方法对 1500~5000 米的项目较为有效，而万米以上运动员，不常采用此手段。800 米运动员也不宜采用这种大运动量的训练方法。

3. 重复跑的方法

重复跑是发展有氧和无氧耐力的重要手段，还可以培养跑的速度感和节奏。重复跑训练的距离范围很宽，50~1000 米、2000 米、3000 米、4000 米，直到最长的 8000 米等。在训练中可使用变化距离或相同距离的重复跑训练。例如：5×200 米 27 秒，休息 5 分钟；或者 2×150 米 21 秒，休息 3 分钟；3×200 米 27 秒，休息 5 分钟；2×150 米 20 秒，休息 3 分钟。

第六节　灵敏素质练习法

灵敏素质是指迅速改变体位、转换动作和随机应变的能力。它是人的运动技能、神经反应和各种身体素质的综合表现。发展灵敏性的练习方法多种多样。如从事体操、球类、武术对练、击剑等对抗性项目的锻炼，效果最好。

一、提高反应判断的练习

①按有效口令做动作。如“喊数抱团”成组。方法是组织者喊出数字经过加、减、乘、除简单运算得出数字，得出几就几个人抱团组合，看谁最快，没有组合的可以进行奖惩。

②一对一追逐模仿。一对一进行追逐，被追逐的人在跑的过程中可以随意做动作，追逐的人模仿。

③听信号或看手势急跑、急停、转身、变换方向的练习。如：站立式、背向、蹲、坐、俯卧撑等姿势。

④跳绳。两人摇绳，其他人从绳下跑过后转身，从绳上跳过等。

⑤一对一跳动猜拳、手猜拳、打手心手背、摸五官等练习。

⑥各种游戏。如：叫号追人、追逃游戏、抢占空位、打野鸭、抢断篮球（一方攻、一方守，攻方运球强行通过，守方积极拦截抢夺，夺到球变为攻方运动员）等。

二、发展平衡能力练习

①一对一面对面站立，双手直臂相触，虚实结合相互推，使对方失去平衡。

②各种站立平衡。俯身平衡、搬腿平衡、侧屈平衡、提踵站立平衡等。

③在肋木上横跳、上下跳练习。

④做动作或急跑中听信号完成突停动作。

⑤发展旋转的平衡能力练习。

a. 用于扶住体操棒，然后松手转身击掌再扶住体操棒使其不倒。b. 向上抛球转体 2 周、3 周再接住球。c. 跳转 360 度后，保持直线运行。d. 闭目原地连续转 5~8 圈，然后闭目沿直线走 10 米，再睁眼看自己走的方向是否准确。e. 原地跳转 180 度、360 度、720 度落地站稳。f. 手持木棒原地转 3 圈后用木棒击球，看能否击准。

三、发展协调能力的练习

①模仿动作练习。

②双人头上拉手向同方向连续转。如前后、左右、交叉的快速移动，单脚为轴的前后、转体的移动，左右侧滑步、跨跳步的移动。

③做踢毽球动作中的小腿里盘外拐的练习。

④选用武术中的“二起脚”“旋风脚”动作。

⑤做不习惯方向的动作。例如：倒退走、倒跑、横走等。

⑥选用健美操、体育舞蹈中的一些动作。

⑦简单动作组合练习。如原地跳转 360 度接跳远，前滚翻交叉转体接后滚翻，跪跳起接挺身跳等。

⑧两人相互一手扶对方肩，一手握住对方脚腕，然后用单脚原地跳、左右跳、前后跳、跳转等。

四、选用体操中的一些动作

①前滚翻、后滚翻、侧滚翻。

②连续前滚翻或后滚翻。

③双人前滚翻。一人仰卧，另一人分腿站在仰卧人的头两侧，双方互握对方两脚踝，然后做连续的双人前滚翻或后滚翻。

④连续侧手翻。

⑤双人侧手翻。双人同向重叠站立，后面人抱住前面人的腰，然后共同完成侧手翻。

⑥鱼跃前滚翻（可越过一定高度的障碍物）。

五、利用跳绳进行的一些练习方法

①前摇两次或三次，双足跳一次，俗称“双飞”“三飞”。

②交叉摇绳。练习者两手交叉摇绳，每摇一两次，单足或双足跳长绳一次。

③集体跳绳。两人摇绳，其他人连续不断地跳过绳子，每人应在绳子摇到最高点时迅速跟进，跳过绳子，并快速跑出。碰到绳子者，与摇绳者交换。

④双人跳绳。同前，要求两名练习者手拉手跳 3~5 次后快速跑出。

⑤走矮子步。教师与一名学生将绳拉直，并把高度适当降低，其他学生在绳子下走矮子步和滑步动作。

⑥跳波浪绳。教师与一名学生双手握一根长绳，并把绳子上下抖动成波浪形，其他人必须敏捷地从上跳过，碰到绳子者，与摇绳者交换。

⑦跳蛇形绳。教师与一名学生双手握一根长绳，并把绳子左右抖动，使绳子像一条蛇在地上爬行，多个学生在中间跳来跳去，1 分钟内触及绳子最少者为胜。

⑧跳粗绳（或竹竿）。教师双手握一根粗绳或竹竿，学生围成一个圆圈站立，当教师握绳或竿做扫圆动作时，学生立即跳起，触及绳索或竹竿者为败。

第七节　柔韧素质练习法

柔韧性训练方法就具体形式来讲有两种，一种是主动练习法，另一种是被动练习法。主动练习法是指练习者依自己的力量使肌肉拉长，加大关节活动的灵活性。被动练习法是指练习者通过他人的帮助，借助外力使肌肉被动拉长，并使关节活动范围增大。

一、柔韧素质训练的基本要素

①柔韧素质的最佳发展程度，不能以运动员能够达到的最大程度来衡量。换言之，柔韧素质的发展，不能无限进行下去，一般来说只要达到本项运动技术的要求，以保证练习者顺利地完成动作技术即可，而不必训练到运动员能够达到最大限度。

柔韧素质与力量等素质在发展进行中，有其一致性，但是训练不当时，也会出现矛盾，即由于发展柔韧性训练的方法不当，肌肉消极地被拉长，肌肉弹性减小，这就使肌肉收缩力量受到影响，从而干扰力量素质的发展。由此可见，在进行柔韧性训练时应注意保持肌肉的弹性，防止肌肉消极地被拉长，影响力量素质的发展，要使肌肉柔而不软，韧而不僵。

有时也可能出现由于过分地发展柔韧性，而导致关节和韧带的变化，甚至于影响到练习者的体态。在柔韧性训练过程中要做到各方兼顾，均衡地提高。就普通学生而言，发展柔韧性更要量力而行，千万不要过分强求，以免发生伤害事故。

②柔韧性通过训练相对发展较快，易见效，可是消退得也快。停止训练时间稍长一些，就会使已经获得的肌肉、骨骼、韧带的伸展性能力消失，因此，柔韧性的训练要保持经常性。在运动员身体局部受伤时，身体其他部位的柔韧性训练也应坚持进行，以防消退得过多。柔韧性练习最好每天都进行。

③柔韧性与外界环境的温度有很大的关系，温度升高时，柔韧性就表现得好一些。在进行柔韧性素质训练时，要做好准备活动，在身体发热或稍微出汗时再进行训练，冬季训练要注意身体保温。跳高运动员之所以在每次试跳之后都要穿上衣服，目的之一就在于此。

④人体的柔韧性在一天之中不同时间是不一样的，一般中午时柔韧性要好一点，下午四点钟左右更好。

⑤柔韧性与疲劳有很大关系，当人体疲劳时柔韧性就会下降。

以上五点是柔韧性训练的基本要素，在柔韧性训练过程中我们要注意这几点，顺势而为。

二、柔韧素质训练方法

1. 腿、髋部柔韧性的训练方法

①正压腿。主要用来发展腿部后侧肌肉的柔韧性。

动作要点：两腿都要伸直；上体向前、向下压振时腰背要直。压振时幅度由小到大，直到能用下颌触及脚尖，然后停留 20 秒以上。

②侧压腿。主要用于发展腿部内侧肌肉的柔韧性。

动作要点：上体保持直立向侧、向下压振；髋关节一直正对前方，压振幅度逐渐加大，直到能用手握住脚腕，然后停留 20 秒以上。

③后压腿。主要用来发展腿部前侧肌肉的柔韧性。

动作要点：两腿挺膝，支撑腿直立且全脚着地站稳；挺胸、展髋、腰后屈；后压振幅度逐渐加大，然后停留 20 秒以上。

④前压腿。主要用来发展腿部后侧肌肉和髋关节的柔韧性。

动作要点：挺胸直背，塌腰前俯；挺膝坐胯，屈髋触脚，振压后停留 20 秒以上。

⑤仆步压腿。主要用来练习大腿内侧和髋关节柔韧性。

动作要点：挺胸塌腰，下振时逐渐用力，左右移动时要低稳缓慢。开胯沉髋，挺胸下压，使臀部和腿内侧尽量贴近地面移动。

⑥竖叉。主要用来练习大腿前后侧和髋部柔韧性。动作要点：挺腰直背，沉髋挺膝；前俯勾脚，后屈伸睐。

⑦横叉。主要用来练习小腿内后侧和髋关节柔韧性。动作要点：挺腰立背，开胯沉髋；挺膝勾脚，前俯倾倒。

2. 腰部柔韧性的练习方法

①前俯腰。主要用来练习腰部向前运动的能力和柔韧性。

动作要点：两腿挺膝直立，挺胸塌腰，充分伸展腰背部，胸部与双腿贴紧。

②后甩腰。主要用来练习腰部向后运动的柔韧性。

动作要点：后摆腿和上体后屈振摆同时进行；支撑腿，膝伸直。头部和双臂体后屈做协调性后摆助力动作。

③腰旋转。主要用来练习腰部的左右旋转幅度。

动作要点：用双手带动腰部进行旋转，为防止头晕可以正反两个方向做。

3. 被动形式的训练方法

①腿部和髋部。主要练习方法多采用各种形式的搬腿。同伴握紧自己的脚，做正搬、侧搬、后搬等助力拉伸动作，也可采用各种形式的按和踩的方法。如进行横叉或竖叉练习时，同伴或教师可利用脚踩或手按练习者髋部的办法，助其用力达到伸拉的目的。

②腰部的被动练习法。主要是利用压桥法。同伴或教师用自己的双脚顶住或踩住练习者的双脚，用双手拉住练习者双臂或双肩，用力使练习者的双肩后部尽量靠近两脚跟，使练习者的腰椎关节得到完全伸展和收缩，增强腰部的柔韧性。

思考题：

1. 简述体适能的教育基础。
2. 健身促进心肺系统机能有哪些表现？
3. 常用的身体素质练习法有哪几种？

第三章　体育卫生与运动损伤

伴随着生活水平的提高，人们越来越关注自身身体健康，运动健身已经成为许多人增进身体健康、增强体质的主要途径。但是许多人缺乏体育锻炼卫生常识，不按科学规律锻炼身体，这样不仅会造成运动效果大打折扣，甚至会严重损害身体健康，长期不科学的锻炼最终也会导致人体疾病的发生。因此，体育必须与卫生相结合，体育锻炼时，必须了解有关的体育卫生知识，更科学地进行体育锻炼。

第一节　体育卫生常识

体育卫生是指为达到增强体质、增进健康的目的，改善和创造合乎生理要求的体育锻炼条件和环境所应采取的卫生措施和要求。违反体育卫生原则和要求而盲目地进行体育锻炼，不但不能起到良好的锻炼效果，还会导致各种运动伤病，损害人体健康。

体育卫生常识主要包含三方面内容：热身运动、运动饮食卫生与女子体育卫生。

一、热身运动

热身运动 (Warm-up) 又称准备运动，是某些全身活动的组合，指在主要身体活动之前，以较轻的活动量，先行活动肢体，为随后更为强烈的身体活动做准备，目的在于提高随后激烈运动的效率和安全性，同时满足人体在生理和心理上的需要。好的热身运动可以起到很好的帮助作用。

（一）热身运动的作用

热身运动具有良好的生理效果与心理效果。

1. 热身运动的生理效果

运动前进行热身运动，可增加肌肉收缩时的速度和力量；可改善肌肉协调能力；可预防或减少肌肉、肌腱韧带的伤害；可以改善肌肉的黏滞性；血红素和肌蛋白结合和释放氧的能力增强；可改善代谢过程；血管壁阻力减少；神经传导速度可因体温适当的提升而获得改善；可使体温上升，从而刺激血管扩张，使活动部位的局部血流增加；可使血液的流速和流量随肌肉温度上升而增加，能源的供输和代谢物的排除也因而改善。

2. 热身运动的心理效果

1954 年，有学者通过观察发现：运动员若能“想象”做过热身运动，则运动成绩会获得进步。另外一个例子是，1961 年，另外一些学者进行了一项有关心理的有趣研究。受试者先从事热身运动，但随后又加以催眠，使他们忘记刚刚做过了热身运动，结果显示，他们的运动能力皆未获得改善。由此可见，做“热身运动”可对运动者产生心理作用，从而影响运动成绩。此外，运动者也会增强信心，同时，可减少运动伤害的产生。

（二）热身运动强度要适当

热身运动的强度和持续时间必须因个人体能情况而异，也必须因项目的不同而有所调整。一般来说，身体微微出汗，便可以结束热身运动，也可用心跳次数作为热身运动结束的标准：一般比安静时的心跳增加 60~80 次 / 分钟。

热身运动进行的时间在 10~40 分钟，依据年龄、竞技或非竞技、运动项目、个人体质、季节及气温等的不同，热身运动所需的时间也会不同。

二、运动饮食卫生

体育锻炼能提高消化器官的功能，使吃下去的东西更好更快地被消化吸收。但应注意饮食卫生要求，否则会引起慢性肠胃疾病。

（一）运动与饮食时间搭配

①运动结束休息 1 小时后，方可进食。为了有更好的瘦身效果，建议休息 1.5 小时。

②持续 1 小时以上的中高强度运动之前 1.5~2 小时，可补充少量易消化的食物，以防运动时血糖偏低。体力不支反而影响运动效果。

③饭后休息一段时间，一般 1~2 小时以后再进行跑步或做其他体育锻炼才是适宜的。若饭后立即跑步或运动，势必使骨骼肌“抢走”许多血液，造成消化道缺血，不但胃肠的蠕动减弱，消化液的分泌也会显著减少，这将引起消化不良，有时还会引起腹痛。

（二）运动前后该吃什么

运动前的饮食很重要，不要为了追求减重效果而去空腹运动。这样做的结果往往是运动坚持的时间不够，强度过小，运动结束以后还容易引发暴饮暴食。

1. 运动时间

清晨：空腹喝杯水；低血糖者至少要喝杯蜂蜜水。

下午：运动时间如选择在 17~19 点，则下午 16 点左右补充一杯酸奶和一个水果。

晚上：运动时间如选择在晚饭后，则晚饭要尽可能清淡，油腻的食物会加重肠胃负担，需要更多的时间消化。

2. 运动前与运动中该如何补充能量

① 30~60 分钟：若选择的是中低运动强度，如快走、慢跑之类，则不需要额外补充食物。正常摄取一日三餐，运动前 1~2 小时保证一次加餐，选择一个水果和一小碗燕麦粥。如果是力量训练，则运动前补充一杯酸奶或一盒牛奶，为肌肉的生长提供足量的蛋白质。

② 1~3 小时：运动前不要担心体力不支而大量进食。正确的做法是在运动期间补充含糖的运动饮料或者果汁。为了不影响瘦身效果，且有充足体能，也可以补充 1~2 片粗粮饼干，让糖分快速被吸收。

③ 3 小时以上：通常不建议如此密集的运动。运动前的饮食要易消化，以碳水化合物为主，搭配一些鱼肉和蔬菜。运动时，必须间断性地补充事先准备好的一些食物：苏打饼干、粗粮饼干或新鲜水果。

（三）运动时该如何喝水

运动前：运动前半小时补水 150~200 毫升，或运动前 1 小时补水 300 毫升。

运动中：中低强度运动时，每 20 分钟补水 150~200 毫升，每小时的总量在 500~600 毫升，如高温天气每小时补水量可达 1 升；运动强度较高时建议选择低糖的运动饮料或果汁；剧烈运动时则应选择淡盐水或含盐饮料，补充因大量出汗而流失的钠，同时保持体内的电解质平衡。

运动后：运动结束时，补水 150~200 毫升；半小时后方可大量补水。

总结起来，运动的补水原则就是"少量多次"。同时还需注意，应尽量选择常温的水或运动饮料，不要选择冰镇的，以防止过度刺激肠胃，促使血管剧烈收缩，影响肠胃健康。

三、女子体育卫生

女子参加体育锻炼，除了要遵循一般成人体育锻炼的卫生要求外，还需注意女性的身体特点。

（一）女子体育锻炼的注意事项

①注意增加心肺的有氧运动。

②注意加强腹肌和骨盆底肌的锻炼。

③多参加形体健美的练习。

（二）女子经期的体育卫生

月经是女子进入青春期的正常生理现象，体育锻炼过程中，必须根据具体情况认真对待。

①月经正常的女子一般不出现明显的异常变化，可以参加适当的体育活动，如做广播操、打乒乓球、羽毛球等。通过活动，可以改善盆腔的血液循环，减轻盆腔的充血现象，有助于淤血的排除。但不要进行长跑、跳远、跳高、足球和篮球等剧烈震动身体的运动。此外，体育运动还可调节大脑皮质的兴奋和抑制过程，减轻全身不适反应，一般是在月经的第 1、2 天可以少量轻微运动，在第 3、4 天则可增加运动量，在第 5、6 天可以照常运动。

②月经期身体的反应能力、肌肉力量、灵活性都下降，因此，运动量要小，强度不宜过大，时间不宜过长，否则会导致卵巢功能失调或月经紊乱。另外，致使腹压明显升高的憋气和静力性动作也应少做，以免引起子宫移动或子宫受压造成经血过多。

③月经期不宜参加游泳，因为子宫内膜脱落、流血，子宫膜形成了创面，一旦冷水和细

菌进入了子宫，一方面会造成被排出的血液和分泌物遇冷凝固而不能排出，引起痛经等不良反应；另一方面会使细菌随水侵入，引起发炎，危害健康。

④若身体弱，经期有腰酸背痛、全身不适、恶心、口渴、头痛、头晕、下腹有痉挛性疼痛等不良反应，应停止锻炼。

⑤月经期要经常清洗阴道，勤更换卫生巾，运动后更要注意清洗阴道，要保持经期的卫生，但不能用过热或过冷的水洗。

第二节　运动生理反应与运动性疾病

体育运动中会遇到各种意想不到的情况，了解锻炼中常见的生理现象和运动性疾病，有利于进行自我医务监督，从而达到科学锻炼身体的目的。

一、常见运动生理反应

在运动中，人体的生理平衡会受到暂时性破坏，并出现某些生理反应，这种反应称为“运动生理反应”，常见运动生理反应及其处置与预防方式如下。

（一）运动中腹痛

1. 原因和症状

①内脏器官一时不能适应剧烈运动的需要。疼痛部位多发生在右肋部（肝区）和左肋区（脾区）。一般是平时运动少、心肌力差、心肺功能相对较弱、运动前准备活动不充分的人容易产生这种腹痛。

②肠胃痉挛牵扯神经而引起。大多是由于不良的运动习惯而产生。通常表现为钝痛、涨痛，重者则呈阵发性绞痛。由于饭后过早（不到 1 小时）剧烈运动，或吃得过饱、喝得过多（特别是冷饮），或饥饿运动（胃酸或冷空气对胃的刺激）引起胃痉挛，部位多在上腹部。

③大量出汗，引起体内代谢失调。运动量较大时，由于大量出汗使水分和盐丢失过多，引起体内代谢失调，腹直肌痉挛性腹痛，加上疲劳引起肌肉痉挛（俗称抽筋）产生剧痛。预防的关键在于适当补充盐和维生素，即运动中最好喝淡盐水和一些运动性饮品。

④其他原因。腹内有寄生虫或运动前吸入大量空气或食入不易消化的食物（如豆类、薯类、牛肉等）会引起胃痉挛，疼痛部位多在肚脐周围；宿便未排也会引起肠痉挛，其疼痛多在左下腹部。

2. 处置和预防

①运动前做好准备活动，剧烈运动前注意合理用餐和饮水。

②运动量适度。适当补充盐和维生素，运动中最好喝淡盐水和运动性饮品。

（二）肌肉痉挛

肌肉痉挛是指肌肉不自主地强直收缩，在运动中最易发生痉挛的肌肉是小腿腓肠肌，其次是足底的屈踇肌和屈趾肌。

1. 原因和症状

运动时大量排汗、局部肌肉疲劳以及寒冷刺激引起肌肉不自主地连续收缩痉挛所致。常表现为局部肌肉坚硬或隆起并伴剧烈疼痛。

2. 处置和预防

①采用牵引法。牵引的原则是进行“反方向牵引”。小腿腓肠肌痉挛时，可取平坐或仰卧位，伸直膝关节，将足掌、足趾均匀用力向腹部方向扳压，同时使劲蹲小腿，以解除小腿屈肌痉挛；屈踇肌、屈趾肌痉挛时，可用力将足和足趾背伸直扳压以解除。

②采用按摩推拿法。对痉挛部位肌肉局部推拿、揉捏、敲打、压穴（承山、委中、涌泉），使痉挛肌肉缓解。

③运动前充分做好准备活动，对易痉挛肌肉部位进行局部按摩推拿。冬天要保暖，避免寒冷突然刺激，夏天防止出汗过多，并及时补充盐分。水温过低时游泳时间不宜过长。

（三）肌肉酸痛

1. 原因和症状

运动引起的肌肉酸痛分为两种：一种是运动后疼痛立即出现，但消失得也快，这种叫急性肌肉酸痛；另一种是在运动后几小时或一夜之后才出现，并伴有疲倦乏力，甚至会出现肌肉痉挛、僵硬等症状。肌肉疼痛消失得比较缓慢，常常 3~4 天，甚至 6~7 天之后才能完全恢复的症状则称为延迟性肌肉酸痛或运动后疲劳。人们常说的肌肉酸痛主要是指后一种，即延迟性肌肉酸痛。

肌肉酸痛产生的机制较复杂，主要包括乳酸堆积、肌肉痉挛、肌纤维或结缔组织损伤，以及其他因素，如组织间渗透压产生变化或急性发炎等，也可造成肌肉酸痛。

2. 处置和预防

①休息。休息能减缓肌肉酸痛的现象，并可慢慢促进血液循环，加速代谢产物的排除，并能消除肌肉酸痛部位营养的供给与修复，使之恢复正常。

②静态伸展。牵伸肌肉可加速肌肉的放松和拮抗肌的缓解，有助于痉挛肌肉的恢复。对酸痛局部可进行静态牵张练习，保持伸展状态 2 分钟，然后休息 1 分钟，重复进行，每天做几次。

③拍打按摩。对酸痛局部进行按摩，使肌肉放松，促进肌肉的血液循环，有助于损伤的修复及痉挛的缓解。

④热敷。对酸痛的局部肌肉进行热敷是最有效的一种方式，可促进血液循环，提高新陈代谢，加速肌肉酸痛的缓解和恢复，尤其是配合轻微的伸展运动或按摩，更能加速消除延迟性肌肉酸痛，促其恢复正常。

（四）极点和第二次呼吸

1. 原因和症状

剧烈运动时，特别是在中长跑时，由于能量消耗大，下肢回流血量减少，当氧债不断积累并达到一定程度时，就会出现呼吸急促、胸闷难忍、下肢沉重、动作不协调，甚至恶心的现象，这在运动生理学上称为“极点”。

2. 处置

“极点”出现后，适当减慢速度，并注意加深呼吸、调整呼吸节奏，坚持一段时间后，上述生理反应会逐步缓解并消失。随后，身体机能得到改善，氧的供应增加，运动能力又有提高，动作变得协调有力。这种现象标志着“极点”已被克服，在生理学上称为“第二次呼吸”。“第二次呼吸”出现后，循环机能将稳定在一个新的较高的水平上。

二、常见运动性疾病

运动性疾病是由于运动训练或比赛安排不当而出现的疾病或异常，常见的有过度训练、过度紧张、过度疲劳以及运动性低血糖症、运动性贫血、中暑、游泳中耳炎等。

（一）运动性晕厥

1. 原因和症状

运动中由于脑部突然供血不足而发生的一时性知觉丧失的现象。开始时是全身无力、头昏耳鸣、眼前发黑、面色苍白，随之可能出现失去知觉、突然昏倒、手足发凉、脉搏慢而弱、血压降低、呼吸缓慢等症状。

主要是由于剧烈或长时间运动使大量血液积聚在下肢，特别是运动后立即停下来时，失去了上下肢肌肉的收缩活动，加上地球的吸引力（重力），更造成回心血量减少、脑部缺血，导致发生一时性知觉丧失，也与剧烈运动后引起低血糖有关。

2. 处置和预防

①感到症状时立即平卧，保持头低脚高，并进行向心方向的重推或揉捏。

②剧烈运动后，不要立即停下不动，应继续做一些轻微活动，如走动、慢跑等。

（二）低血糖症

1. 原因和症状

运动中或运动后出现饥饿感、心慌、出冷汗、头晕及四肢无力或颤抖的现象。

2. 处置和预防

①立即停止运动，并服下随身携带的食物，一般在休息 10 分钟左右低血糖即可缓解。

②若 10 分钟后未能缓解，可再服食物，并请求他人帮助通知家人或送达医院。

③若有条件，可要求医生为患者准备胰高血糖素针剂，并随身携带，把注射方法简明扼要地列出，以备患者低血糖时可自己注射，或由他人根据注射方法为患者紧急施救。

（三）运动性贫血

1. 原因和症状

因运动引起的血液中红细胞数与血红蛋白量低于正常值的情况。具体表现为头晕、恶心、呕吐、气喘、体力下降及运动后心悸、心率加快、脸色苍白等。

2. 处置和预防

防止运动性贫血，应安排好运动量，尤其注意逐渐增加运动强度，以及摄入足量的蛋白质。

①当男运动员的血红蛋白在100~120克/升、女运动员在90~110克/升时，可边治疗边训练，但训练时强度要小，避免长跑等耐力性运动；当男子低于100克/升、女子低于100克/升时，就应停止大中运动量训练，以治疗为主。

②饮食宜富于营养，运动性贫血食用蛋白质、铁质、维生素较多的食物，还可服用抗贫血药物。

（四）中暑

中暑是指由于高温或引起高热的疾病使人体体温调节功能紊乱而发生的综合征。根据中暑症状的轻重，又可以分为先兆中暑、轻症中暑和重症中暑。

1. 原因和症状

先兆中暑指在高温环境中工作一段时间后，出现轻微的头晕、头痛、耳鸣、眼花、口渴、浑身无力及行走不稳；轻症中暑指除以上症状外，还发生体温升高、面色潮红、胸闷、皮肤干热，或有面色苍白、恶心、呕吐、大汗、血压下降、脉细等症状；重症中暑指除以上症状外，有突然昏倒或大汗后抽风、烦躁不安、口渴、肌肉疼痛及四肢无力等症状。

2. 处置和预防

①避免长时间在高热环境下剧烈运动，迅速脱离高热环境。发生中暑症状后，要根据现场环境特点，迅速移动患者至通风、荫凉环境，并解开其衣扣，使其平卧，以冷水敷头部，并给清凉饮料。

②降温补水、抗休克。对轻症病人采取冷水、冰水降温或药物降温（口服人丹、十滴水），补充水分和无机盐类，也可采用针刺（大椎、委中、合谷或曲池、百会、人中等穴）疗法。对能饮水的病人，给予凉盐开水或其他的清凉盐水；不能饮水者，给病人静滴生理盐水或林格氏液1000毫升（可根据具体情况掌握用量），除非病人有循环系统衰竭或大量呕吐、腹泻的情况，一般不需要输入太多的液体，以免引起心力衰竭或肺水肿；呼吸循环衰竭者，酌用呼吸、心脏兴奋剂；呼吸困难者吸氧，必要时做人工呼吸；抽搐者可给予镇静剂。

对病情危重或经适当处理无好转者，应在继续抢救的同时立即送往有救治条件的医院。

（五）游泳中耳炎

1. 原因和症状

游泳中耳炎是因为不洁水质进入中耳产生细菌感染而引起。

2. 处置和预防

①当患者感到耳内疼痛剧烈，并伴有听力减退、发烧、恶心、呕吐、食欲不佳及便秘等症状，应立即到医院检查，确诊后应及时采取抗菌疗法。

②如鼓膜已破裂，可用双氧水洗涤，外用消毒剂或抗生素溶液滴耳，然后用消毒棉条填

塞外耳，并可在乳突部做热敷及红外线治疗。

③游泳时要选择到水质干净的泳池，防止水中细菌过多引发中耳炎。

④有中耳炎病史者要避免游泳，或者游泳时佩戴耳塞，即使游泳，也尽量不要潜水。耳窦炎患者应减少游泳的次数，以防细菌经过鼻子进入耳咽管，继而进入中耳。

（六）运动过度

1. 原因和症状

运动过度原因包括四个方面：能量消耗大，机体内能源“衰竭”；体内乳酸堆积过多，肌肉工作能力降低；内环境稳定性失调，造成运动性过度疲劳；大脑皮质的保护性抑制。症状可表现为：运动系统工作能力下降，人体内环境稳定性失调，产生厌烦训练的心理，有萎靡不振、无精打采、失眠、遗精、做噩梦等现象出现。

2. 处置和预防

（1）把握适当的度

运动者要科学锻炼，要根据自己的能力和爱好做自己喜欢的运动，并从主观感觉和客观检查两方面注意体育锻炼的自我医务监督，养成健康的健身习惯，不要急于求成地突击，防止过度训练的发生。如果有下述症状，就应该暂缓锻炼，向相关人士进行咨询或调整自己的锻炼计划：受伤和肌肉疼痛次数增加；早上起床时脉搏升高；训练情绪下降，易激动，发热；食欲减退，失眠；肌肉围度缩小；提不起精神，缺乏耐力；性功能减退；感冒不断；在下一次训练前肌肉恢复不过来；运动成效没有进展，甚至下滑；错过运动时间时，会出现烦躁易怒的现象；持续出汗或大量出汗等。

（2）早期发现，及时治疗

处置和预防运动过度的关键是早期发现，及时治疗。

①调整训练量和训练强度。初练者应结合自身条件，遵循循序渐进的原则，训练量和训练强度要逐渐加大，切不可冒进。过度训练后要降低训练量和训练强度，进行调整性训练。

②加强训练后的恢复措施。训练后应加强蛋白质的补充（日均量以 1 公斤体重 1.5 克为宜）；保证充足的睡眠时间；加强微量元素及矿物质的补充，可多吃些新鲜蔬菜和水果，还可口服维生素制剂；根据条件进行按摩、桑拿浴和心理放松等，加速疲劳消除，促进恢复。

③加强医务监控。进行医学检查，监督恢复情况。感冒发烧时停止训练；大运动量后未恢复不进行训练；加强训练后的放松练习；注意环境、气候、生物节律变化对机体的影响。

（七）运动性疲劳

1. 原因和症状

所谓运动性疲劳，是指“机体的生理过程不能持续其机能在一特定水平或不能维持预定的运动强度”。当运动过度到一定程度，得不到及时调整和治疗，就会出现运动性疲劳。

运动性疲劳可以分为心理性疲劳和躯体性疲劳，这两种不同性质的疲劳具有不同的表现形式：心理性疲劳主要表现在行为的改变，躯体性疲劳（包括中枢疲劳和外周疲劳）主要表现为运动能力的下降。肌肉运动能力下降是运动性疲劳的基本标志和本质特性。

中枢疲劳指缺乏动机，中枢神经系统的传递和募集发生改变；外周疲劳包括接点传递、肌肉点活动和肌肉收缩活动能力下降。内脏疲劳多表现为呼吸肌和心脏的疲劳：呼吸肌疲劳使呼吸变浅、变快，气体交换能力下降；心脏疲劳时，心电图也会发生改变。

2. 处置和预防

（1）运动性手段

运动结束后可采用变换运动部位和运动类型及调整运动强度的方式消除疲劳：静力性牵张练习，能使参与工作的肌肉得到牵张、伸展和放松，可有效地消除运动引起的肌肉痉挛，预防延迟性肌肉酸疼。也可采用整理活动，它是取得良好的训练效果及预防运动损伤的重要手段之一。剧烈运动后，3~5 分钟的慢跑或其他动力性整理活动，有助于疲劳的消除。

（2）其他手段

①合理膳食有助于加速恢复过程。运动时所消耗的物质要靠饮食中的营养物质来补充，包括能源物质的补充、维生素与矿物质的补充等。

②水浴和洗澡。运动后淋浴，不仅可使心情爽快、清洁皮肤，还可促进血液循环，加速体内废物的排泄和促进疲劳的消除。但剧烈运动后不宜立即进行冷水或热水浴，水温以微热为好，池浴比沐浴效果更好。适宜解除疲劳的水温是 40℃左右，时间为 10~20 分钟。

③睡眠对身体机能恢复非常重要，静卧可减少身体的能量消耗，也可加速身体机能恢复。

④大强度和大运动量训练之后，采用按摩、理疗、吸氧、针灸和气功等物理手段，能促进身体机能恢复。

第三节　运动损伤

人在生活、工作及体育锻炼等不同环境中，难免会发生意外。在体育运动中受到的机械性或物理性方面的伤害（包括组织或器官在解剖上的破坏或生理上的紊乱）称为运动损伤。运动性损伤往往给伤者造成痛苦，严重者甚至导致终生遗憾。

一、运动损伤的分类

按照分类标准不同，运动损伤可以划分为不同的类型。

（一）按伤后皮肤黏膜是否完整分类

按伤后皮肤黏膜是否完整分类，可分为开放性损伤和闭合性损伤。

1. 开放性损伤

开放性损伤是指受伤的皮肤或黏膜破裂，伤口与外界相通，有血液或组织液从伤口渗出，容易引起感染。常见的有擦伤、撕裂伤、刺伤、开放性骨折等。

2. 闭合性损伤

闭合性损伤是由一次较大的暴力所致，损伤的皮肤或黏膜未破裂，伤口不与外界相通。常见的有挫伤、扭伤、肌肉拉伤及肌腱腱鞘炎等。

（二）按受伤的组织结构分类

按受伤的组织结构分类，可分为软组织损伤、骨折、脑震荡。

1. 软组织损伤

软组织损伤又分为开放性软组织损伤和闭合性软组织损伤两类：开放性软组织损伤包括擦伤、撕裂伤、刺伤等；闭合性软组织损伤包括挫伤、肌肉拉伤、关节扭伤、关节脱位等。

2. 骨折

在外力作用下，骨的完整性和连续性遭到破坏，称为骨折。根据骨折处是否与外界相通，可分为开放性骨折、闭合性骨折；根据骨折的程度与形态又可分为完全性骨折和不完全性骨折。

3. 脑震荡

脑震荡是指大脑神经细胞和神经纤维受到外力震荡引起的意识和机能暂时性障碍，不久即可恢复。

（三）按受伤的病理过程分类

按受伤的病理过程分类分为急性损伤和慢性损伤。

1. 急性损伤

急性损伤是指由于瞬间遭受直接或间接的暴力造成的损伤。常见的急性损伤有跟腱断裂、跖肌腱断裂（俗称网球腿）等，多发生在短跑、跳跃、羽毛球、网球等需要爆发力的运动中。更严重的急性损伤可发生撕脱性骨折（如髂前上棘、坐骨结节等部位），它是由于剧烈运动时强大肌肉瞬时牵拉肌腱连接骨头上的附着点时骨组织被撕脱。

2. 慢性损伤

慢性损伤是指由于劳损或陈旧性劳损造成的损伤。常见的慢性损伤部位在肱骨外上髁（网球肘）、髌韧带的髌骨下止点（跳跃膝）、棘间韧带的棘突上的附着点（棘突骨膜炎）、肩袖的大结节上的止点（肩袖损伤）、跖腱膜的跟骨附着点（跖腱膜炎）和跟腱的跟骨附着点等。这些地方是运动发力的关键部位，局部过度负荷，极易引起组织损伤，加之这些部位血液循环较差，受伤后愈合过程非常漫长，在伤势没有完全愈合的情况下反复大量运动，容易导致慢性劳损性损伤而使伤情恶化。

二、运动损伤原因与预防

（一）运动损伤原因

运动损伤的原因是多方面的，可分为直接原因和诱因。直接原因分为内部原因（包括身体条件、心理因素等）和外部原因；诱因分为各运动项目技术特点和人的解剖生理学特点。具体可归纳为：

①准备活动不充分、状态不好。准备活动内容不当、机体对运动准备不足、麻痹大意、注意力不集中、紧张、急躁、胆怯、犹豫等，都容易导致动作失常而引起损伤。

②准备活动时间过长或运动量过大。过度的准备活动会导致机体发生运动疲劳，机体各器官系统产生保护性抑制，人体生理功能和运动能力相对下降。此时若继续做难度较高的技术动作或强度较大的运动项目，会由于人的反应迟钝、肌肉力量减弱以及身体协调性差等原因，达不到正常技术动作要求而发生错误，甚至导致损伤。

③身体素质达不到技术动作要求。肌肉力量和弹性差，关节的灵活性和稳定性不够，反应迟钝，保护能力差，或自身身体素质达不到一些动作要求而强行施为。

④身体局部解剖生理特点以及运动项目及动作技术特点。运动项目和动作技术特点使人体局部负担过大，或违反了人体结构功能特点及运动的力学原理。如踝关节的跖骨上关节面前大后小，外侧韧带弱于内侧韧带，因此踝关节在跖屈时容易引起足内翻，造成胫腓前韧带的拉伤；篮球运动基本技术动作的滑步、急停、转身、变向跑和起跳投篮等都要求膝关节处于半蹲位进行屈伸和扭转，其负担量较大容易发生膝关节损伤。

⑤教学、训练、比赛的组织方法上有缺点或动作粗野、违反规则。在体育教学训练中，没有遵循由简到繁、由易到难以及个别辅导的原则；进行危险性较大项目练习和器械练习时，缺乏必要的保护措施；规则意识淡薄，动作幅度或强度超过承受范围，动作不标准导致受伤等。

⑥场地设备上的缺点，或气候、光线不良。场地不平，容易引起踝关节扭伤等；气温过高、湿度过大，容易发生疲劳和中暑；气温过低或潮湿，则容易发生冻伤或肌肉因僵硬而被拉伤。

（二）运动损伤的预防

由于造成运动损伤的原因是多方面的，预防运动损伤的措施也必须是综合性的。

1. 从思想上重视

明确体育运动的目的，遵守体育锻炼的一般原则，科学、全面地锻炼身体，提高肌体对运动的适应能力。

2. 做好准备活动

准备活动要充分，内容和运动量有针对性，应依训练内容、比赛情况、个人机体状况、气象条件等而定。

3. 加强易伤部位的训练

调节身体处于良好的运动状态，有针对性地加强容易受伤和相对较薄弱部位的肌肉力量和伸展性练习，提高其功能。

4. 循序渐进，区别对待

运动量、运动强度和动作难度必须与身体状况和训练水平相适应，要遵循序渐进和区别对待的原则。学习动作时，要从简到繁、由易到难，从分解到完整动作。

5. 做好保护与医务监督

对体育场地、器材、设备进行严格的安全检查。学会自我保护的方法，加强运动后的医务监督，防止损伤的出现。例如，当重心不稳而快摔倒的一瞬间，要立即低头、屈肘团身，以肩背部着地，顺势滚翻，决不可用手直臂撑地，以免发生腕部或前臂骨关节脱位；进行力量的器械练习时，应加强相互保护和学会自我的保护方法，防止意外事故的发生。

三、运动损伤的急救

（一）原则、禁忌与方法

急救是指对运动中突然发生的严重损伤进行的紧急、初步和临时性的处理。正确的急救处理，可以减轻患者痛苦、预防并发症，为转送医院进一步治疗创造条件。若处理不当，轻者加重损伤、招致感染、增加患者痛苦，重者危及生命。

1. 急救的原则与禁忌

急救的原则是：抓主要矛盾；分工明确，判断正确；快抢、快救、快转运。

运动损伤急性期处理的四大禁忌（HARM）：

H—热敷（Heat）：切忌体表热敷，过早热敷会加剧患处出血和局部肿胀的程度。

A—酒精（Alcohol）：避免饮酒，饮酒会加速血液循环，加剧患处肿胀的程度。

R—跑步（Running）：抬高伤肢，避免再运动，再运动会加剧患处出血和局部肿胀的程度。

M—按摩（Massage）：切忌揉搓、按摩受伤处，按摩会加剧患处出血和局部肿胀的程度。

2. 急救的方法

急救的一般方法是：止血—抗休克—包扎固定—速送医院。及时、准确、合理、有效的急救措施对保护患者生命安全，具有十分重要的意义。

（1）止血

运动创伤一般都有出血现象，出血可分为内出血和外出血两种。外出血又有动脉、静脉出血和毛细血管出血之分。止血方法有冷敷法、抬高伤肢法、压迫法等。

①冷敷法。冷敷可以使局部血管收缩，减少局部充血，降低组织温度，抑制神经感觉，起到止血、止痛、减轻局部肿胀的作用。最简单的方法是用冷水冲洗、以冷毛巾敷于患处，有条件时可以使用复方氯乙烷气雾剂局部喷射冷敷。

②抬高伤肢法。抬高伤肢可使患处血压降低，血流量减少，起到减少出血的作用。

③压迫法。压迫法包括指压法、止血带法和包扎法。

小的外伤静脉出血，在出血点上加压包扎，使血管闭塞形成防御性血栓或血块即可达到止血；动脉出血应注意压迫在出血动脉靠近心脏的一侧血管处，以阻断血流达到止血目的。指压法止血如图 3–1 至图 3–4 所示。

图 3-1　锁骨下动脉点

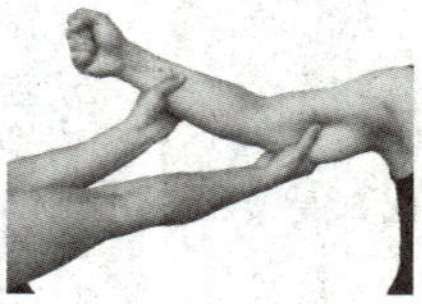
图 3-2　肱动脉点

图 3-3　股动脉点

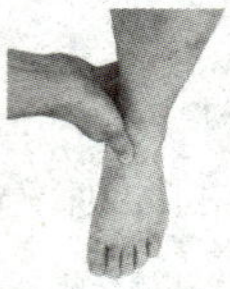
图 3-4　胫前或胫后动脉点

a. 锁骨下动脉点：压迫锁骨上窝，用于肩部、上肢出血（图 3-1）。

b. 肱动脉点：食、中、无名三指指腹将肱二头肌内侧的肱动脉压向肱骨，用于前臂和手出血（图 3-2）。

c. 股动脉点：用手掌压迫腹股沟或用双手拇指将股动脉压迫在股骨上端，用于下肢的止血（图 3-3）。

d. 胫前或胫后动脉点：在踝关节背侧，胫骨远端将胫前动脉压向胫骨，或在内踝后方将胫后动脉压向胫骨，用于足部的止血（图 3-4）。

（2）抗休克

休克是由许多有害因素引起全身循环障碍、组织血灌注量不足的一种严重的临床综合征。在体育运动中，创伤性休克较为多见。抗休克的措施一般包括：使伤员安静平卧，注意保暖；控制大的活动性出血；如呼吸困难，应进行人工呼吸或给氧急救；疼痛剧烈者可给服止痛片或镇静剂；之后，迅速送医院。

（3）包扎固定

正确的包扎、固定可限制伤肢的活动，保护伤口、防止和减少感染。

包扎时动作要轻柔、敏捷，松紧适度。对于制动程度要求高的损伤（如骨折、关节脱位等），则需夹板固定。

（4）速送医院

经现场急救处理后，应迅速送医院做进一步的治疗。

（二）运动损伤应急处理

1. 软组织损伤

（1）开放性软组织损伤

开放性软组织损伤一般都有不同程度的外出血，要及时止血，再处理创口，以防感染。

①擦伤。身体某部位受外力摩擦使皮肤表面受伤，如运动中摔倒，造成皮肤与地面摩擦发生擦伤，创面有擦痕，并有出血点或组织液渗出。

小面积的擦伤，一般先用生理盐水或凉开水（也可用自来水）等冲洗伤口，再消毒、杀菌，无须包扎；若是关节部位较大面积的擦伤，可在创口上抹磺胺药膏或抗菌软膏，并用消毒敷料覆盖包扎，以防干裂影响关节活动；大面积、较深、严重擦伤或创口有异物的擦伤，应先用消毒镊子将异物取出，而后再进行创口处理。

②撕裂伤、切伤、刺伤。因钝器打击或挤压所引起的皮肤和软组织开裂会造成撕裂伤，撕裂伤以头、面部撕裂为多，创缘不整齐，周围软组织损伤严重，引起出血和水肿。切伤和

刺伤则是由于尖锐器物切入、刺入皮肤所致，其创口有不同程度的深度和宽度，创缘整齐。

小的撕裂伤、切伤可用创可贴做简单固定。刺伤的创口一般比较深而小，可致使深层肌肉组织或内脏器官损伤，有些刺入物还可能带入污物碎片，应先将其取出，再彻底清创、止血、消炎、包扎，同时应到医院用抗菌素治疗并注射破伤风抗毒血清，以防破伤风；对于撕裂伤、切伤、刺伤伤口大者，还需及时缝合和包扎。

（2）闭合性软组织损伤

闭合性软组织损伤通常应按损伤的病理过程进行处理。急性损伤一般处理原则是：止动—止血防肿—活血散瘀，消肿止痛。

慢性损伤一般处理原则是改善伤部血液循环，促进组织新陈代谢，合理安排运动量。通常也采用按摩、热敷、功能锻炼等方法。

①拉伤。由于外力的直接、间接作用，使肌肉、肌腱和韧带过度牵拉引起肌纤维撕裂而致的损伤。拉伤主要由于运动过度，超过了肌肉、关节、韧带的负荷限度或热身不足造成。最常见的损伤部位是大腿、小腿后部肌群、腰背肌等，可根据疼痛程度判断受伤的轻重。轻度肌肉拉伤表现为受伤部位发硬或发痛，用手触摸或收缩伸展时疼痛加剧；中度肌肉拉伤则有相当多的肌肉纤维撕裂或断裂，受伤部位似有刀割般疼痛感；严重的肌肉拉伤，呈现肌肉中部断裂，并在受伤部位可以摸到肌肉或肌腱不连续所形成的缺损。一旦出现肌肉拉伤疼痛感，应立即停止运动，并在痛点敷上冰块或冷毛巾，保持30分钟，以使小血管收缩，减少局部充血、水肿，切忌搓揉及热敷。

②挫伤。身体局部受到钝器打击而引起的局部软组织损伤。体育运动中常常在遇到碰、跌、摔、打、撞的情况下发生挫伤，如运动中互相冲撞、被踢等。受伤后局部疼痛，皮肤破裂的当时就出血，反之则会出现皮下红肿，随后出现青紫瘀。常见的挫伤在大、小腿前部。另外，头、胸、腹部及睾丸的挫伤也多见。挫伤后应立即停止受伤肢体的活动，并根据是否出血分别予以处理。轻度损伤经冷敷处理，24小时后可做活血化瘀；较重症状还需要继续以消肿止痛的中成药做局部理疗处置。

③扭伤。由于动作不慎、关节部位突然过猛扭转等，使关节发生了超常范围活动，造成关节囊、韧带及肌腱的损伤。常见的有踝关节、膝关节、肩关节及腕关节扭伤等。关节扭伤后应先冷敷，急性期处置可参照肌肉拉伤的处置方法处理。

④关节脱位。是因外力作用使关节面间失去了正常连接关系。体育运动中，以肩、肘关节脱位为多见。关节脱位时局部有疼痛、压痛、肿胀、关节畸形和关节活动丧失的症状。发生关节脱位后，应嘱病人保持安静，不要活动，更不可揉搓脱臼部位，妥善固定后送医院治疗。处理原则是止痛抗休克—临时固定—送医院。

2. 骨折

常见骨折分为闭合性骨折、开放性骨折两种。皮肤未破，断骨未与外界相通，称为闭合性骨折，否则为开放性骨折。体育运动中以四肢长骨的闭合性骨折为多见。骨折发生时，主要症状表现为有碎骨声；由于肢体失去杠杆和支持作用，导致功能障碍或失去活动能力；完全骨折后，局部可出现畸形或“假关节”，有压痛和震痛感。移动时可产生骨摩擦音，严重骨折常伴有出血和神经损伤，易产生休克，甚至危及生命。

发生骨折后应首先抗休克。对于开放性骨折，应先止血，再做局部无菌处理和包扎伤口，最后就地取材，用夹板及绷带固定伤肢（将肢体骨折部位的上下两个关节固定起来，非医护人员不能随意使用整复手法）。怀疑脊柱有骨折者，需早卧在门板或担架上，躯干四周用衣服、被单等垫好，不致移动；不能抬伤者头部，防止引起伤者脊髓损伤或发生截瘫。怀疑颈椎骨折时，为避免患者运输途中颈部发生晃动，需在头颈两侧置一枕头或扶持患者头颈部，用平木板固定后迅速送医院进行整复和治疗。

3. 脑震荡

脑震荡发生后会出现短则数秒、长则几分钟或更长时间的意识丧失。意识丧失时，呼吸表浅、脉搏稍缓、肌肉松弛、瞳孔放大但对称，神经反射减弱或消失。清醒后，患者不能回忆受伤情况，反应迟钝，并伴有不同程度的头疼、头昏、恶心、呕吐等。

脑震荡的处理方法是：立即使伤员平卧，冷敷头部，保暖身体。掐人中、合谷、内关等穴位，使昏迷者苏醒。对呼吸发生障碍的伤员，可做人工呼吸。对昏迷时间超过 4 分钟以上，两瞳孔大小不一，口、鼻、耳出血，眼球青紫及清醒后头疼、剧烈呕吐或又再度昏迷者，应立即送医院抢救。对短时间意识恢复的轻伤员，应尽可能使其平卧并送回宿舍休息，一般应卧床休息到头痛、头晕的症状完全消除。脑震荡后不宜过早参加运动，以免留下头痛、头晕后遗症。

思考题：

1. 如何科学制订锻炼计划预防运动常见的生理反应？
2. 如何预防运动损伤？
3. 简述基本运动损伤的处理方法。

第四章　田径运动

田径运动是由走、跑、跳跃、投掷等人类最基本的活动形式组成的一项运动。国际田径协会联合会对田径运动定义为：“田径运动是由径赛和田赛、公路赛跑、竞走和越野赛跑组成的运动项目。”

通常，人们把以时间作为计算单位判断比赛胜负的项目称为“径赛”，把以远度和高度作为计算单位判断比赛胜负的项目称为“田赛”；全能项目是由跑、跳、投三类中的一些项目组成的一种多项比赛运动，它有严格的比赛项目顺序和休息时间的规定，各项成绩最后要按《田径运动评分表》换算成相应的分数来计算最终比赛成绩。

第一节　短跑

短跑是发展速度素质最有效的手段，是田径运动的基础项目，在其他项目的训练中也占有极其重要的地位。短跑时人体运动器官和内脏器官需在大量缺氧的条件下完成最大强度的工作，属于一种极限运动。

一、短跑技术

短跑技术是一个不可分割的整体，为了便于分析，我们将其分为起跑，起跑后的加速跑、途中跑及终点跑四个部分。

（一）起跑

在短跑比赛中运动员必须采用蹲踞式起跑。起跑器的安装，一般有普通式、接近式和拉长式三种。三种安装方法各有优点，采用时可根据个人的身高、体形、身体素质和技术水平等特点来选择。一般前起跑器抵足板与地面的夹角为45°左右，后起跑器为60°~80°，两个起跑器之间宽度为15厘米左右。起跑过程包括“各就位”“预备”和鸣枪三个环节。听到“各就位”口令后，运动员站到起跑器前，俯身，两手撑地，两脚依次踏在前后起跑器的抵足板上，将有力的腿放在前面，后膝跪地，然后两手收回至起跑线后，两臂伸直或微屈，两手间的距离比肩稍宽，四指并拢和拇指成“人”字形，身体重心稍前移，颈部自然放松，两眼看前下方40~50厘米处。听到“预备”口令时，抬起臀部，使之稍高于肩，同时身体重心适当前移，这时体重主要落在两臂和前腿上。听到枪声或“跑”的口令时，两手迅速离开地面，屈肘做有力的前后摆臂，同时两腿迅速蹬起跑器，把身体推向前方。

（二）起跑后的加速跑

起跑后加速跑的距离一般为 20~30 米。起跑后的第一步不宜过大，之后逐渐增大。跑进时，两臂应积极摆动，两腿依次用力蹬地，上下肢协调配合。在加速跑的开始阶段，上体前倾很大，随着步长和速度的逐渐增加，上体逐渐抬起，直到转入途中跑。

（三）途中跑

百米跑途中跑的距离为 65~70 米，占百米全程的 70%左右。

1. 摆臂动作

途中跑时上体稍前倾或正直，两眼平视，颈肩放松，手呈半握拳，两臂屈曲，以肩关节为轴，上臂用力前后摆动，两臂不能摆过身体胸前的中线。前后摆动的幅度应与运动员的跑速相适应。

2. 摆动腿的动作

后蹬结束、蹬地脚蹬离地面后，即进入摆动动作。随着跑动惯性，摆动腿快速积极地向前摆动，这是当代短跑技术的主要特点之一。摆动腿的大腿从脚一离地后，大、小腿自然折叠，缩短摆动半径，大腿带动小腿积极向前摆动，摆过支撑点垂直面上方时积极向前上方摆动，同时送髋，膝部前顶。高抬大腿后，随即积极下压。在摆动腿大腿下压的同时，摆动腿膝关节放松，小腿顺惯性向前继续摆动后迅速回摆，用前脚掌积极向后"扒地"。一般情况下，摆得快，步频快；摆幅大，步幅大。

3. 蹬伸动作

前脚掌落地后，足跟稍下沉，膝关节和踝关节略屈曲，这个动作叫做"缓冲"。缓冲时踝关节应尽量保持较高的支撑，膝关节屈曲不宜过大。现代塑胶跑道的出现，要求踝关节有力量，支撑高，缓冲小，摆动、扒地、蹬伸要快。

（四）终点跑

终点跑是途中跑的继续，如果有能力最好保持途中跑的技术跑到终点。但是，从目前的技术观察，由于疲劳，百米运动员在终点段有降低步频、拉大步长的现象。撞线时的最后 1~2 步应迅速前倾上体，到终点线时，达到最大的上体前倾，尽量用躯干部位先到达终点。通过终点后，要调整步频和步幅，维持身体平衡，逐渐减速。

（五）200 米和 400 米的弯道跑

200 米和 400 米跑有一半以上距离是在弯道上跑进的，为了适应弯道跑，在跑的技术上也要有相应的变化。

①弯道起跑和起跑后的加速跑，为了便于加速，起跑后开始一段距离应沿着直线跑进。起跑器应安装在跑道的右侧方正对弯道切点方向。

②为了克服向前跑时直线运动的惯性，弯道跑时，运动员必须改变身体姿势，跑进时身体应稍向圆心方向倾斜，后蹬时，右脚用前脚掌的内侧、左脚用脚前掌的外侧着地。摆动时右腿膝关节稍向内，左腿膝关节稍向外。右臂后摆时肘关节稍偏向右后方，前摆时稍向左前方，左臂则靠近体侧。右臂的摆动幅度略大于左臂。

二、短跑素质练习

（一）小步跑

上体稍前倾，膝、踝关节放松，大腿抬起约45°后积极下压，小腿顺势以前脚掌积极着地，完成“扒地”动作。上臂屈肘前后摆动，配合两腿动作，加快频率。小步跑还可以起到加强踝关节力量的目的。

（二）高抬腿跑

上体正直或稍前倾，提起重心。大腿向上高抬与躯干接近直角，然后积极下压以前脚掌着地，两臂屈肘成90°在身体两侧做前后摆动，腰部要直，骨盆前送。可以采用原地、加速两种方式进行练习。高抬腿跑可以增强抬腿的肌肉力量，发展膝关节的灵活性，加快动作速率，是“摆动式”跑法的关键练习。

（三）后蹬跑

上体正直或稍前倾，两臂自然摆动。摆动腿积极向前上方摆出，由于摆动幅度大，躯干略有扭转进行补偿运动后，使同侧髋关节充分前送。另一侧大腿积极下压，经足掌着地，髋、膝、踝关节缓冲，着地后迅速滚动转入“屈蹬”。

第二节　中长跑

现代中长跑运动首先在英国兴起。18世纪初，英国已有一些职业长跑选手进行一些长距离跑项目的比赛，很受人们的欢迎，之后便在世界各国普遍开展起来。1896年，第1届现代奥林匹克运动会上就有了10000米跑的成绩记录。1912年国际田联成立之后，先后审批承认了男女共9个项目的中长跑单项世界纪录。中长跑运动水平的持续提高与不断采用科学训练方法有直接关系。现代中长跑训练是以运动生理学、运动生化学、运动医学等自然科学理论作为科学依据，根据上述理论基础合理地安排运动训练负荷，通过长期和多年的系统训练，使运动员能够较充分地发挥人体潜力。此外，由于长跑对人们的呼吸系统、血液循环系统、运动肌肉骨骼系统等都有很大的锻炼作用，因此，此项运动已经成为广大群众的重要健身手段。

一、中长跑的技术与战术

（一）中长跑技术

中长跑的完整技术包括起跑、起跑后的加速跑、途中跑和终点跑四个环节。

1. 起跑和起跑后的加速跑

中长跑要求“站立式”起跑姿势，按“各就位”和鸣枪两个信号进行。

“各就位”时运动员从集合线走到起跑线处，两脚自然前后开立，将有力腿放在前面，后脚距前脚一脚左右，上体前倾，两膝屈曲，两臂一前一后，身体重心主要落在前脚上，保持稳定姿势，集中注意力听枪声。

听到枪声后，后面的腿用力蹬地后快速前摆。前面的腿用力蹬伸。两臂配合腿部动作，快速用力前后摆动，身体向前冲出。

起跑后，上体保持一定的前倾，脚的着地、腿的蹬地和前摆，以及两臂的摆动都应快速积极，逐渐加大步长和加快速度。随着加速跑段的延长，上体逐渐抬起转入途中跑。加速段距离的长短和速度，应根据个人特点、战术要求和临场情况而定。

2. 途中跑

途中跑时上体应自然伸直，适度前倾（3° ~ 5°），下颌微收，两眼平视，颈部肌肉放松。

摆臂动作：两臂自然屈曲约成 90°，两手放松或半握拳，肩部放松，以肩为轴，两臂自然地前后摆动。前摆时稍向内，后摆时稍向外。

两腿动作：当身体重心移过支撑点后，摆动腿由大腿带动小腿继续向前摆动，在它的摆动配合下，髋部向前送出。随之蹬地腿迅速有力地伸髋、伸直膝和踝关节。在摆动腿前摆的过程中，膝部和小腿自然放松。

3. 终点跑

终点跑时，身体已处于疲劳状态，技术动作容易变形。为了保持速度，应根据体力情况选择加快摆臂或加大摆幅，同时转动髋部，有利于抬腿迈步。终点冲刺的距离应根据自己的体力情况而定，一般中跑为 200 米左右，长跑在 300 米以上。

4. 中长跑的呼吸和“极点”现象

中长跑途中，为了加大肺通气量以满足机体的需要，呼吸时应采用口鼻同时呼吸的方法，呼吸的节奏应该和跑的节奏相配合。一般采用 2 步 1 呼，2 步 1 吸（有时也采用 3 步 1 呼，3 步 1 吸），呼吸时要注意加大呼气的深度。中长跑时，由于人体生理惰性，氧气的供应落后于机体的需要。跑到一定距离时，会出现胸部发闷、呼吸节奏紊乱、呼吸困难、四肢无力和难以跑下去的感觉，这种现象被称为中长跑中的“极点”，这是人体正常反应。当出现“极点”时要以顽强的意志坚持跑下去，同时加强呼吸（特别是呼气），必要时还可适当调整速度和步幅。一般再坚持跑一段距离后，“极点”现象就会消失，人体就可以轻松自然地继续跑了。

（二）中长跑的战术

1. 变速跑战术

在中长距离全程跑的各段中，领先者为了甩掉对手，会采用突然加速或者减速跑的方式，打乱对手的节奏，消耗对手体力。采用这种跑法通常要有强大的实力，否则只能使自己反受其害，因为采用变速跑是非常消耗体力的。

2. 领先跑战术

运动员出发后或在跑了一段距离后，占据领先位置，并尽力保持较高速度直至领先到达终点。这是速度稍差而耐力较好的运动员常采用的方法，目的在于用自己较好的速度耐力拖垮对手。

3. 跟随跑战术

出发后，始终跟随在领先者或小集团后面，力争在最后冲刺阶段中奋力超越对手，这种战术通常为速度好而耐力相对较差的运动员所采用。一般情况下，跟随者比领先者体力消耗少。

4. 匀速跑战术

除起跑后加速跑及最后冲刺跑外，跑程中基本上采用匀速跑。匀速跑的时间一般按赛前制订的计划跑，不论赛场上出现什么情况，都坚持按计划进行，以求达到赛前的规定时间。这种跑法对中长跑全程中体力分配较好，但显得保守。

二、中长跑素质练习

①各种球类活动，如足球、篮球运动等，自行车、游泳、滑冰等耐力性运动 40~60 分钟，发展一般耐力和身体的协调性。

②力量训练，用轻重量的杠铃练习，发展上肢和下肢力量。

③负重与不负重的各种跳跃练习，重复多次，提高腿部力量。

④负重高抬腿走或跑 60~100 米，发展腿部力量。

⑤负重与不负重的腰、腹、背肌练习，发展躯干肌群的力量。

⑥各种跨栏跑练习，提高髋关节的灵活性，增加腿部力量。

第三节　跳高

跳高是一项历史悠久的田径运动项目。最初的比赛是在草地上面对两根木桩之间的绳子，通过助跑起跳屈腿越过。之后出现了跨越式、剪式、滚式、俯卧式、背越式 5 种跳高技术动作。

1895 年，美国运动员斯维尼用剪式跳过了 1.97 米，1912 年，美国运动员霍列用滚式第一个越过 2 米大关。1920 年后，俯卧式技术渐渐取得了优势，1956 年的世界纪录是 2.16 米，

1963 年苏联优秀运动员布鲁梅尔用俯卧式技术创造了 2.28 米的世界纪录，曾被称为“不可越过的障碍”。1970 年，中国运动员倪志钦用俯卧式创造了 2.29 米的世界纪录。

1966 年，背越式跳高技术出现，1968 年正式用于奥运会比赛，美国运动员福斯贝里用首创的背越式技术夺得男子跳高金牌，虽然只跳过了 2.24 米，但已引起人们的注意。1973 年，美国优秀运动员斯通斯用背越式跳高技术跳过了 2.30 米，成为第一个用背越式技术创造世界纪录的运动员。从此以后，背越式跳高技术逐渐替代了俯卧式技术，成为现代流行的跳高姿势。目前，世界男子跳高纪录是由古巴运动员索托马约尔以 2.45 米的成绩保持着，女子跳高纪录则是由保加利亚运动员科斯坦丁诺娃以 2.09 米的成绩保持着。

一、背越式跳高技术

背越式跳高技术是一种利用弧线助跑、起跳、起跳后背越横杆的一种现代跳高技术（图 4–1）。

图 4–1　跳高动作图解

（一）助跑

跳高助跑一般包括助跑路线、起动方式、助跑距离、助跑技术、助跑节奏五个方面。背越式跳高助跑路线的前几步为直线或近似直线，最后 4~6 步呈弧线，被称为弧线助跑。全程助跑一般需跑 8~12 步。全程助跑的距离、步数和弧线曲率的选择因人而异，由助跑速度和起跳能力来决定。起动方式有两种，即原地起动和行进间起动。原地起动的优点是助跑起动稳定，步长相对固定，有利于助跑步点的准确性，但起动动作较紧张，发挥速度较慢。行进间起动优点是助跑起动自然放松，有利于发挥速度，但由于行进的速度、用力的大小不易控制，影响助跑步点的准确性。

助跑技术要求：自然放松、富有弹性、步幅开阔、后蹬充分、重心平稳。开始起动时的前几步，应加强后蹬，上体略前倾。进入弧线助跑时，身体逐渐向内倾斜，外侧肩略高于内侧肩，内侧臂摆动幅度较小，外侧臂摆动幅度要大。助跑最后几步应逐渐加快频率，提高助跑速度，为起跳做好充分准备。助跑速度的快慢应适合自己的起跳能力。

（二）起跳

起跳腿是指用于蹬伸起跳的腿，一般应选择有力腿或者起跳时能够做到协调用力的腿。摆动腿是指起跳时用于协调配合起到摆动作用的腿。

起跳技术是跳高的关键技术。正确的起跳技术要求在助跑最后一步身体内倾达到最大程度时，摆动腿应积极扒地后蹬，在保持身体内倾的情况下，推动髋部迅速前移，使起跳腿快速踏上起跳点，形成肩轴与髋轴交叉扭紧姿势。起跳腿大腿积极下压，带动起跳脚以脚跟外侧着地并迅速过渡到全脚掌积极扒地，支撑用力，以减少制动。由于身体重心的水平速度、惯性和地面的支撑反作用力很大，迫使起跳腿被动屈曲，肌肉被拉长进行退让性工作，形成起跳腿自然屈膝被压紧的状态。然后，起跳腿的髋、膝、踝关节依次迅速发力，快速完成蹬伸起跳的动作。在起跳过程中，摆动腿和摆动臂的摆动是起跳技术不可忽视的重要因素。最后一步摆动腿蹬离地面后，以髋部发力，带动自然折叠紧的大、小腿迅速前摆，摆过支撑垂直面后快速向上摆动。同时，摆动臂协调配合，快速摆动。摆动腿、臂的摆动力量因其惯性的作用，会对起跳腿产生能量的转移，以使身体重心获得更大的垂直加速度。臂的摆动可以采用双臂同时摆动或单臂交叉摆动。

由于背越式跳高是背对横杆，起跳技术稍微控制不好，就会倒向横杆，影响身体重心腾起的垂直高度。因此，起跳动作结束蹬离地面时，身体重心应正好处于支点上方，起跳腿的髋、膝、踝关节应该蹬直，使整个身体垂直于地面，摆动腿和臂全摆至最高位置，以保证身体向垂直方向充分腾起。

背越式跳高技术与其他跳高技术相比，除过杆动作有明显不同外，最大的特点是助跑速度较快，可以充分利用助跑的水平速度，以获得更大的腾起初速度。

（三）过杆与落地阶段

当起跳结束时，身体应保持起跳结束时的正确姿势，充分伸展身体，向上腾起。利用摆动腿的力量尽量提高髋部位置，然后以摆动腿同侧的臂、肩领先过杆，顺势仰头、倒肩、挺髋，围绕横杆进行旋转。在横杆上，髋部超过两膝时，形成背弓的拱型姿态，使头、肩、背、腰、髋、腿依次超过横杆。当髋部越过横杆时，顺势收腹；带动大腿向上甩小腿，使整个身体迅速摆脱横杆，以适宜的屈髋姿势下落，用背部顺势落在海绵上的收膝动作，避免膝关节碰撞脸部，造成损伤。

二、跳高素质练习

（一）跳跃练习

进行多种跳跃练习，提高腿部肌肉的弹性。

①徒手跳跃：单足跳、跨步跳、纵跳、跳台阶、五级跳、十级跳等。
②器械跳跃：跳栏架、跳深、双摇跳绳、沙坑赤脚跳、负重沙衣跳等。
③专项跳跃：助跑摸高跳、助跑起跳双手抓高杠、助跑起跳站上高台等。

（二）杠铃力量练习

练习时要注意用力的协调性和爆发性，杠铃不宜过重。
①负重杠铃弓箭步走、负重杠铃单腿上台阶、负重杠铃双脚跳等。
②抓举杠铃、挺举杠铃、高翻杠铃等。
③负重杠铃半蹲、负重杠铃全蹲、负重杠铃快速蹲起等。

（三）速度练习

要不断地变换要求，快慢结合，体现出灵活性和节奏感。
① 30 米、60 米、100 米加速跑、反复跑、计时跑等。
②弯道快跑 + 直道慢跑的变速跑。
③全程弧线助跑计时等。
④快速摆腿，计次数、计时间。

（四）柔韧、协调和灵敏素质练习

①各种体操、技巧技术动作练习。
②各种球类活动练习。

第四节　跳远

跳远是田径运动中最古老的项目之一，早在公元前 776 年的古代奥运会上就有了跳远比赛。

现代跳远被承认的第一个男子世界纪录是英国人古奇于 1864 年创造的 5.80 米。1875 年，冰岛运动员劳尔以 7.04 米的成绩第一个突破 7 米大关。1935 年，美国运动员欧文斯以 8.13 米的成绩突破了 8 米界限。1960 年，美国运动员波士顿以 8.21 米的成绩打破了欧文斯保持了 25 年之久的世界纪录。1968 年，美国运动员比蒙在墨西哥城奥运会上以 8.90 米的惊人一跳创造了新的世界纪录，被喻为“下个世纪的纪录”。然而，仅到 1991 年，美国运动员鲍威尔在东京世界田径锦标赛上就以 8.95 米的优异成绩改写了比蒙保持 23 年的世界纪录，同场竞技的世界著名跳远运动员刘易斯（美国）也以 8.91 米的成绩打破了比蒙的纪录，他俩曾多次想冲破 9 米大关，但都没能实现。

女子跳远运动起步较晚。1926 年，英国运动员卡恩以 5.48 米创造了第一个世界女子跳远纪录。1936 年英国运动员肖尔茨以 6.12 米突破 6 米大关。42 年之后，苏联运动员巴尔道斯基涅于 1978 年以 7.07 米的成绩闯过 7 米大关，成为世界上第一个突破 7 米的女运动员。目前的女子跳远世界纪录是苏联的契斯佳柯娃于 1988 年创造的，成绩为 7.52 米。

一、跳远技术

跳远的完整技术包括助跑、起跳、腾空和落地4个部分（图4–2）。

图4–2　跳远动作图解

（一）助跑

助跑是产生跳远所需水平速度的主要阶段，它在跳远技术中占有重要位置。跳远助跑有两种起动方式，即原地起动和行进间起动。原地起动的优点是助跑起动稳定，步长相对固定，有利于助跑步点的准确性。但是，原地助跑起动时人体背部和腿部肌肉易紧张，发挥速度较慢，适合于初学者和一般水平的运动员。行进间起动的优点是助跑起动自然放松，在行进间起动，有利于发挥速度。但是，由于行进的速度、用力的大小不易控制，起动后的步长不稳定，影响助跑步点的准确性。两种起动方式各有利弊，可根据个人技术特点任意选择。

助跑距离指从助跑起点到踏跳板的距离。助跑距离应根据技术训练水平的高低而定。技术水平越高，速度越快，助跑距离越长。助跑距离一般应达到30米以上，跑16~18步。优秀运动员可以达到45米左右，跑20~22步。

跳远助跑技术要求跑得轻松自然，摆动腿、臂动作放松，幅度大，重心移动平稳。助跑时要用脚的前脚掌着地，踝关节支撑有力、缓冲小。跑出5~6步后，上体抬起，保持正直，逐渐加大步长、加快频率，发挥出助跑速度。助跑最后几步应逐渐加快频率，提高助跑速度，为起跳做好充分准备。助跑速度的快慢应适合自己的起跳能力。

（二）起跳

起跳是跳远技术中最重要的技术环节。它要求在高速助跑情况下，通过准确、快速、有力的起跳，获得必要的腾起初速度和适宜的腾起角度，以改变人体运动方向，从水平运动变为抛射运动。

当最后一步摆动腿的脚着地时，应积极用前脚掌快速扒地，减小蹬地角度，用力蹬地，推动髋和身体重心迅速前移。脚蹬离地面后，用大腿带动小腿，迅速折叠大、小腿并快速屈膝前摆，以加快起跳腿的落地速度。此时起跳腿缩短最后一步的步长，减小腾空时间，加快步频，用起跳脚脚跟先着地，并迅速过渡到全脚掌积极放脚着板，上体保持正直或稍向后倾，肩轴与髋轴成交叉状，以扭紧腰髋部，加大摆动起跳的幅度，增加起跳效果。这是起跳腿踏上起跳板阶段。

起跳腿上板后，应迅速、及时、准确地将前移的身体重心压到起跳脚上。由于受助跑速度、惯性力及身体重力等因素的作用，起跳腿髋、膝、踝关节被动屈曲，起跳腿伸肌进行“退让”工作，起跳脚全脚掌用力支撑于起跳板上。起跳腿的膝关节缓冲屈曲的角度不宜太大，以减少水平速度的损失，保证起跳腿的快速蹬伸。此时，摆动腿屈膝靠近屈曲支撑的起跳腿，上体保持与地面垂直或稍前倾。这是起跳腿支撑缓冲阶段。

当身体重心移过起跳腿支撑点垂直面上方时，起跳腿快速用力蹬伸，充分伸展髋、膝、踝 3 个关节，直至起跳脚最后用力蹬离地面。摆动腿折叠大、小腿快速有力地向前上方摆至大腿水平位置。两臂协调一致地配合两腿的动作进行较大幅度地摆动，摆至与肩水平位置时突停，利用惯性力的作用，提肩、提腰，抬头上顶，目视前上方，并保持这一动作至起跳腿脚尖蹬离地面，形成腾空步。

（三）腾空

起跳腾空后，在没有外力作用情况下，身体重心运动的轨迹不可能改变。跳远腾空动作只是为了保持身体在腾空阶段的平衡，充分利用身体重心空中移动的各种条件，为合理的落地动作做好准备。跳远的腾空动作目前有 3 种，即蹲踞式、挺身式和走步式。大学生一般采用前两种方式。

1. 蹲踞式

蹲踞式较为简单易学。起跳腾空后，维持腾空步动作，上体保持正直，摆动腿继续向上摆动，留在体后的起跳腿顺势屈膝前摆，逐渐靠近摆动腿，使两腿屈膝在空中成蹲踞姿态，然后收腹举腿并前伸小腿，同时两臂前伸后经由体侧向后摆动，顺势落地。

2. 挺身式

挺身式要求起跳腾空后，摆动腿的膝关节放松伸展，小腿自然地向前、向下、向后方成弧形摆动，两臂放松下垂，微向后侧伸展，起跳腿和摆动腿靠拢，挺胸展髋，形成空中挺身展体姿势，充分拉长身体躯干前群肌肉，然后两腿快速收腹举腿并前伸小腿，同时两臂前伸后经由体侧向后摆动，顺势落地。挺身式双臂的摆动可以分为双臂高摆、双臂向后反摆和单臂绕环摆动 3 种，初学者可以依次体会和学习，然后确定适合于自己的摆动姿势。

（四）落地

完成腾空动作后，两腿尽量屈膝前摆高抬，使脚尖自然勾起，并前伸小腿，两臂向后摆动。脚跟触及沙面后，迅速屈膝缓冲，臀部顺势前移，两臂由后向前摆动，自然、协调、平稳地落在沙坑里。

二、跳远素质练习

①发展速度素质，提高跑的技术和奔跑能力：30~50 米计时跑练习、100 米反复跑练习、跳远跑道上助跑距离的计时跑练习等。

②各种弹跳力练习：单足跳、跨步跳、纵跳、直膝兔跳等多种跳跃练习。

③各种杠铃力量练习：各种抓举、挺举练习（注意轻重量时的快速举和次数少重量较大的力量练习交替进行）。

④各种体操技巧练习、腰背腹肌力量练习。

⑤跳深练习（连续跳跃几个高 40~60 厘米的跳箱）。

⑥专项跳深跳远练习：在长 6~8 米、高 30~40 厘米的专用跳箱上助跑 2~3 步，从跳箱上冲下来，用起跳脚落地并迅速起跳。

第五节　推铅球

推铅球是田径运动中的投掷项目之一，对于增强人的体质，特别是发展躯干和上下肢力量作用显著。古代原始人类采用石块猎取禽兽或防御攻击的活动，就是铅球运动的最早起源。

14 世纪 40 年代，欧洲炮兵闲暇期间发明了一种推掷炮弹的游戏和比赛，后逐渐形成体育运动项目，也就是现代推铅球运动。铅球的材质先后经历了铁、铅以及外铁内铅的发展过程。

最初的推铅球运动采用原地推铅球技术，后逐渐发展到侧向推、上步侧向推。20 世纪 50 年代，美国运动员奥布赖恩首次发明背向滑步推铅球技术，被称为“铅球史上的一场革命”。20 世纪 70 年代，苏联运动员巴雷什尼科夫发明旋转推铅球技术，但由于旋转后身体平衡难以控制，因此至今只有极少数运动员会采用这种方法。1896 年，男子推铅球被列为奥运会比赛项目，女子推铅球则一直到 1948 年才被列入。

一、推铅球技术

推铅球是速度力量性田径项目，男子比赛用球重量为 7.26 千克，女子比赛用球重量为 4 千克，青少年和初学者可用轻球学习或比赛。铅球运动是以远度为计量单位的项目，影响推铅球远度的主要因素有出手初速度、出手角度和出手点的高度，其中，出手初速度是最主要的影响因素。

推铅球在直径 2.135 米的投掷圈内进行。

目前世界优秀运动员采用背向滑步，我国男女选手也采用背向滑步。

背向旋转推铅球，要求运动员必须具备很强的腿部和腰部力量，以及控制铅球的能力，难度较大，因此本节主要介绍背向滑步推球的技术动作。

为了描述完整动作过程，我们将推铅球分为握持铅球、滑步、衔接、最后用力和出手后的平衡等几个技术阶段，加以说明和简要分析。

（一）握持铅球和预备姿势

以右手推球为例。右手五指自然分开，将铅球放在食指、中指、无名指的指根处，小指和拇指贴住球的两侧，维持铅球的稳定，高水平运动员可将球略微上移。握好后，把球放在锁骨内端上方，紧贴颈部，掌心向前，微抬右肘，右上臂与躯干约呈 90°角。运动员握持好铅球之后，背对投掷方向，站立在投掷圈后沿内，上体自然直立，右脚在前，身体重心落在右脚掌上，左脚在右脚跟后方 20~30 厘米处，用脚尖点地，维持平衡，两眼平视，注意力集中（图 4–3）。

（二）滑步

1. 团身动作

预备姿势做好之后，缓慢向前屈体，至上体接近与地面平行时，屈膝下蹲，同时，头部和左腿向右腿靠拢，形成团身动作。下蹲时，右膝屈曲的程度应视运动员的腿部力量、柔韧性及训练水平而定，目的是为滑步起动和后续动作做好准备（图 4–4）。

图 4–3　握持铅球和预备姿势

图 4–4　团身

2. 滑步动作

滑步的目的是使人体获得一定的动能，铅球获得一定的初速度，并为最后用力做好准备。团身动作完成之后，身体重心微微向投掷方向移动，随即左腿以大腿带动向投掷圈抵趾板方向伸摆，紧接着是蹬伸右腿，然后回收右脚，回收的同时右脚内转 45°左右。摆、蹬是滑步阶段推动身体重心移动的动力。优秀运动员滑步结束时，铅球运行速度可达到 2.25 米 / 秒。在摆、蹬、收的过程中，上体保持前倾，避免身体重心起伏过大。右脚回收的距离，优秀运动员收到投掷圈圆心附近，大学生开始时可以适当短一些，随着身体素质和技术水平的提高，逐渐回收至圆心附近（图 4–5）。

图 4–5　滑步

（三）衔接阶段

衔接阶段指的是滑步回收右脚落地到摆动腿左脚着地，是滑步结束和最后用力开始的衔接阶段。衔接阶段的任务是保持滑步获得的速度和形成最佳的用力姿势，顺利进入最后用力阶段。衔接阶段大约用 0.1 秒的时间。衔接阶段动作的过程是回收右脚结束，用脚前掌落地，紧接着是左脚积极落在靠近抵趾板，以脚掌内侧着地，上体和头部基本保持不变，右脚着地时，体重大部分落在屈曲的右腿上，左脚落地时，身体重心已移到两腿之间。

（四）最后用力阶段

推铅球的出手初速度，15%~20% 来自滑步，80%~85% 是靠最后用力，因此，最后用力是影响推球出手速度的主要技术阶段。最后用力可分为前半部分和后半部分。

①最后用力前半部分经左脚落地到身体形成侧弓，靠右腿的侧蹬推动右髋侧移，身体左侧肌群形成拉紧状态，上体并不主动抬起，头不主动扭转，铅球不离开锁骨内端上方，胸臂尚未推球，为最后用力的后半部分加速创造了有利的条件（图 4–6）。

②最后用力后半部分是最后再加速的重要技术环节。身体形成侧弓之后，在左腿有力的支撑下，利用躯干的反振用力和左臂向前上左下的摆动，顺势转肩，胸带臂爆发式的快速推球，以最大的加速度达到最快的出手初速度。推球出手的角度，理论上推球是在假设出手高度，出手角度固定不变的条件下提出的。而出手初速度与出手角度是互相制约的两个变量，由于人体结构特点和推球技术动作结构特点，通常情况下，优秀运动员是采用低于理论上的出手角度，更有利于肌肉用力和出手速度的提高。目前世界级优秀运动员推球的出手角度大多是 35°~38°（图 4–7）。

图 4–6　最后用力前半部分

图 4–7　最后用力后半部分

（五）出手后的平衡

铅球出手后，为了防止犯规，应顺势换腿，降低身体重心，以维持身体平衡。

二、推铅球素质练习

（一）团身技术练习

动作要点同技术部分。要求团身动作要连贯、平稳，左腿回收不超过右膝，铅球的投影点位于右脚尖前外侧为宜。

（二）连续向后倒退练习

团身动作完成后，上体保持前倾，两腿保持屈曲，连续向后倒退 10~15 米。

（三）摆蹬动作练习

团身后，重心微微后移，随之左腿向抵趾板方向摆动，右腿蹬伸，推动身体重心向投掷方向运动，上体保持前倾和背向姿势。

（四）收拉右小腿动作练习

在上述动作的基础上，收拉右小腿，边收边内转右足尖约 45°，上体力求保持前倾和背向姿势，形成髋轴和肩轴扭紧。身体重心靠近屈曲的右腿。

（五）徒手小幅度滑步练习

把上述分解动作的摆、蹬、收、落连贯起来，体会滑步动作顺序和过程。

（六）背向滑步推轻器械练习

动作规格同技术部分。

（七）背向滑步推铅球完整技术练习

圈内背向滑步推标准重量的铅球，出手后，要及时换腿降重心，维持身体平衡，防止犯规。

思考题：

1. 短跑技术由哪几部分组成？
2. 短跑起跑后加速跑的任务是什么？
3. 简述短跑途中跑的技术动作要领。
4. 中长跑按项目分类有哪些？
5. 中长跑的训练方法有哪些？
6. 简述中长跑锻炼价值，并结合自身特点制订一份中长跑训练计划。

田径竞赛规则

第五章　球类运动

球类运动是以球作为基础的运动或游戏，玩法丰富有趣，比其他体育项目如田径、游泳等更有富有对抗性，因而广受欢迎。

球类运动的产生和发展都是在一定的文化、科技、经济、政治等社会环境和运动环境中进行的，从最初的娱乐运动项目演变发展成为竞技性的体育运动项目，说明球类运动适应了人类社会发展需要，是体育文化中的重要内容。

至今球类运动已有 20 种左右，每一种都有自己的独特规则。

第一节　篮球运动

篮球运动是 1891 年由美国马萨诸塞州斯普林菲尔德市基督教青年会训练学校的体育教师詹姆斯・奈史密斯博士发明的。当时，在寒冷的冬季，人们缺乏在室内可以进行的球类游戏项目。奈史密斯从工人和儿童用球向“桃子筐”投准的游戏中得到启发，设计将两只桃篮分别钉在健身房内两端看台的栏杆上，桃篮口水平向上，距地面 10 英尺，以足球为比赛工具向篮内投掷，入篮得 1 分，按得分多少决定胜负。因为这项游戏最初使用的是桃篮和球，遂取名为篮球。1893 年，铁质球篮取代了桃篮并挂上了篮网。1895 年，篮筐开始固定在 4 英尺 ×6 英尺的篮板上并逐渐深入场内。1913 年，篮网被剪开，形成了近似现代的篮板和球篮。

最初的篮球比赛规则很简单，对于场地大小、参加人数多少、比赛时间长短均无统一规定。1892 年，奈史密斯制定了第一部共 13 条的原始规则，目的是使篮球游戏在公平对等的条件下进行，同时不允许粗野动作的发生。1915 年，美国制定了全国统一的篮球竞赛规则，并翻译成多种文字，向全世界发行。1932 年，刚诞生的国际业余篮球联合会（简称国际篮球）以美国大学使用的篮球规则为基础，制定了第一份世界统一的竞赛规则。随着篮球运动的发展，场地设备得到改进和完善，规则也不断地增删和变化，现行规则总计有 61 条和 57 个手势图。

篮球运动诞生后，传播很快。1892 年传入加拿大和墨西哥，1893 年传入法国，1895 年传入中国，1901 年传入日本和波斯（今伊朗），1905 年传入俄国。1904 年，美国青年会男子篮球队在第 3 届奥运会上进行了表演，此后，篮球运动逐步在全世界开展起来。1932 年 6 月 18 日国际篮联在瑞士日内瓦成立。1936 年第 11 届奥运会上，男子篮球被列为正式比赛项目。1950 年和 1953 年分别举行了第 1 届世界男篮和女篮锦标赛。1948 年起，在许多国家的少年儿童中开始出现小篮球活动，并受到国际篮联的重视，于 1968 年成立了“国际小篮球委员会”。1976 年第 21 届奥运会又增加了女子篮球比赛。

一、篮球运动的基本技术

篮球技术是篮球运动的基础，是篮球教学的重点，它包括进攻和防守两大部分。进攻有传接球、投篮、运球、持球突破等，防守有防守对手、截球、抢断球等。

（一）脚步动作

篮球比赛中，进攻时的急起、急停、变换方向和投篮，以及防守时的阻截、抢断球等动作，都需要由迅速、灵活、准确的脚步动作来完成。

1. 基本站立姿势

【动作方法】

两脚前后或左右开立，约同肩宽，两膝微屈，重心保持在两脚之间，上体微前倾，抬头含胸，双手持球于胸前、颌下，球贴近身体，两肘张开，便于投篮、传球、突破。徒手时两手放于体侧，两眼注视场上情况（图 5–1）。

图 5–1　基本站立姿势

【动作要点】

上体微前倾，抬头含胸，屈膝，重心放在两腿之间，降重心，便于起动，两手放于体侧，两眼注视场上情况。

【练习方法】

①根据动作要领和方法，体会基本站立姿势。

②听信号做基本站立姿势。

2. 跨步急停（两步急停）

【动作方法】

队员在快速跑动中急停时，先向前跨出一大步，用脚跟先着地，然后迅速地过渡到全脚掌接触地面的同时，迅速屈膝降重心，身体微向后仰，后移重心，紧接着再跨出第二步。脚着地时，脚尖稍向内转，用脚前掌内侧蹬住地面，两膝弯曲（如先跨左脚后上右脚，则身体向左侧转），并微向前倾，重心落在两脚之间，两臂屈肘自然张开，保持身体平衡。

跨步急停

【动作要点】

第一步要大，后仰降重心；第二步要跟得快，用前脚掌内侧蹬住地。

【练习方法】

①以基本姿势站立，看或听信号向不同方向起动快跑。

②在跑动过程中，看或听信号做跨步急停。

3. 跳步急停（一步跳）

【动作方法】

队员在中速或慢速移动中，用单脚或双脚起跳（紧贴地面跳），上体稍后仰，

跳步急停

落地时全脚掌着地，用前脚掌内侧蹬住地面，两膝弯曲，两臂屈肘微张，以保持身体平衡。

【动作要点】

重心放两脚之间，两腿弯曲，两臂屈肘在体侧，保持平衡。

【练习方法】

①以基本姿势站立，看或听信号向不同方向起动快跑。

②在跑动过程中，看或听信号做跳步急停。

4. 变向跑

【动作方法】

以从左向右变向跑为例，右脚前脚掌内侧用力蹬地，脚尖稍内扣，迅速屈膝降重心，使身体重心移向左方，同时腰部扭转，左脚向左前方跨出一小步，右脚迅速向左前方跨出一大步，加速前进。

【动作要点】

变方向的瞬间屈膝降重心，快速移动重心，异侧脚前脚掌内侧迅速蹬地，同侧方向的脚迅速跨出，蹬地脚及时跟上。

【练习方法】

① 3 步变向练习，右脚向右迈一步，然后左脚向左侧跨一小步，右脚快速向前进方向跨一大步。

②在跑动中，跑至立柱或障碍物前做变向加速跑。

5. 侧身跑

侧身跑是队员在向前的跑动中，为观察场上的情况，侧转上体进行攻防行动的一种方法。

【动作方法】

队员在向前跑动时，头部与上体侧转向球的方向，脚尖朝向跑动的前进方向，内侧腿深屈，外侧脚用力蹬地，内侧肩在前。

【动作要点】

面向球转体，切入方向的内侧腿深屈，外侧脚用力蹬地，重心内倾。

【练习方法】

①站在球场端线靠边线处，向对面端线做侧身跑练习。

②侧身跑结合传接球练习。

6. 滑步

滑步是防守移动的一种主要方法。它易于保持身体平衡，可向任何方向移动。滑步可分为侧滑步（横滑步），前滑步和后滑步。

【动作方法】

以侧滑步为例，其动作方法是：滑步前，两脚左右开立约肩宽，膝微屈，上体稍前倾，两臂侧伸，双目平视盯住对手。向左滑步时，右脚前脚掌内侧用力蹬地，同时左脚向左跨出，在落地的同时，右脚迅速随同滑行，然后依次重复上述动作。滑步时身体要保持平稳。

滑步

【动作要点】

重心平稳。移动时做到异侧脚先蹬，同侧脚同时跨出，异侧脚再跟，保持原来姿势。

【练习方法】

①看信号，做侧、前、后滑步练习。

②全场 1 对 1 徒手练习。防守者始终保持好防守姿势，距进攻者一步远，滑步移动。

③全场 1 对 1 攻防对抗练习。2 人 1 组，一人运球突破，一人防守滑步。

（二）传、接球技术

传、接球是篮球比赛或练习中队员之间相互转移球的过程，也是战术配合寻求进攻机会的方法之一。主要的传、接球方式有双手胸前传、接球，单手肩上传、接球，行进间传、接球等。

1. 双手胸前传球

双手胸前传球是传球的基础，是篮球运动中运用最普遍的传球方式。它动作简单，准确性强，又便于转为其他动作，与其他技术动作衔接。

【动作方法】

两脚自然开立，两腿微屈，上体稍向前倾，重心在两脚之间。两手手指自然分开，两拇指成八字形，指根以上部位触球，手心空出，握住球的两侧偏后。手臂经胸前稍向上前举，大拇指下压，转手腕，持球于胸前。传球时，两臂前伸，同时手腕迅速上屈翻转，并由内向外翻转用力，两拇指下压，食、中指用力弹拨，将球传出。球向后旋转并平直地向前飞行。球出手后，两拇指及手心向下，其余四指向前。腿、腰、臂随出球方向自然伸直，脚随之提起（图 5–2）。

图 5–2　双手胸前传球

【动作要点】

手腕急促地由下而上、由内向外翻，同时拇指下压，食、中指用力拨球。

【练习方法】

① 2 人 1 组，相距 3 米左右，相对站立，进行传球练习。根据掌握动作的熟练程度，逐渐加长传球距离。

② 3 人 1 组，三角传、接球，开始用 1 球，熟练后过渡到 2 球，距离及方向自定。

③ 2 人 1 组，行进间传、接球。

【易犯错误】

传球方法不正确，用手掌握球，指端没贴住球；肩、腕关节紧张，传球时两肘外展；伸臂和翻腕动作脱节形成挤球；两臂用力不均匀；全身动作配合不协调。

【纠正方法】

学生做好持球准备姿势后，由教师两手上下握球，让学生做传球时腕翻转和指拨球动作，使学生从中体会动作方法，并多做徒手模仿动作。

2. 双手接球

接球是进攻队员获得球的动作，也是下一个进攻技术的准备动作，每一次投篮、运球、突破等都开始于接球。只有接好球，才能完成好其他进攻动作，因此接球是不可忽视的基本技术。正确的接球可以减少失误，有助于进攻，也有助于抢篮板球和断球。

【动作方法】

两眼注视来球，手指自然分开成半圆形，拇指相对八字形，主动伸臂迎球，肩、臂、腕、指放松。当手指触球后，迅速向后引臂，以缓冲来球的力度，使手接移动中的球，保持身体平衡，为下一动作做准备。

【动作要点】

手指自然分开成半圆形，主动伸臂迎球，肩、臂、腕、指放松，当手指触球后，迅速向后引臂，以缓冲来球的力度。

【练习方法】

①原地接不同距离、不同方向的来球。

②在移动中接不同距离、不同方向的来球。

【易犯错误】

接球手形不正确，手指朝前，拇指向上，形成由两侧或上下去捂球或挟球；伸臂迎球时，臂、腕、指紧张，引球动作不及时，两手掌心触球。

【纠正方法】

多做自抛自接球练习，养成张手、伸臂迎球和及时屈肘引臂的习惯。

3. 行进间传接球

【动作方法】

行进间传接球主要是传接动作和脚步配合要协调、连贯，一般是跨出第一步接球，最迟在第三步落地前传出球。根据接球人的速度，将球传至同伴身前一步左右的距离和胸部位置。

【动作要点】

传接动作和脚步配合要协调、连贯，判断接球人的速度，将球传至同伴身前一步左右的距离和胸部位置。

【练习方法】

①两人相对 3 米左右，篮球场内移动传球。

②两人相对 3 米左右，全场往返上篮。

（三）运球

运球是组织全队进攻配合和突破防守的一种手段，包括高运球、低运球、运球急停急起和体前变向运球等。

1. 高运球

【动作方法】

运球时，两腿微屈，双目平视，手用力向前下方推按球，球的落点在身体的侧前方，使球反弹的高度在腰腹之间，手脚协调配合，使球有节奏地向前进行。

【动作要点】

运球手的虎口冲前。注意球的落点。

目视前方，两腿微屈，上体稍前倾，以肘关节为轴，前臂自然伸屈，用手腕、手指推按球，有力地拍按球的后上方。

【练习方法】

原地运球，体会手部拍球的动作。体前运球时，用双手交替进行；在体侧运球时，可用左、右手前后运球。

2. 低运球

【动作方法】

两腿弯曲，重心下降，上体前倾，用上体和腿保护球的同时用手短促地拍按球，使球从地面向上反弹的高度在膝部以下。

【动作要点】

控制好反弹高度，短促地拍按球。

【练习方法】

练习方法同高运球。

高、低运球

3. 运球急停急起

【动作方法】

在快速运球中，突然急停时，手拍按球的前上方。运球急起时，要迅速起动拍按球的后上方，要注意用身体和腿保护球。

【动作要点】

运球急停急起时，要停得稳，起得快。

【练习方法】

在端线站立，听信号，快速起动运球至罚球线急停，原地运一两下后再突然起动至中线再急停，然后快速运至端线。

4. 体前变向运球

【动作方法】

运球队员从对手右侧突破时，先向对手左侧变向运球，然后突然改变方向向其右侧运球。变向时，右手拍按球的右后上方，把球从自己的右侧拍按到左侧前方，同时，右脚向左前方跨出，上体左转，用肩保护球，然后换手运球加速前进（图 5–3）。

图 5–3　体前变向运球

【动作要点】

右手变左手运球时，手球配合要合理，变向要及时。

【练习方法】

运球至障碍物前时，做变向运球，然后加速突破。

5. 转身运球

【动作方法】

以右手运球为例。变向时，左脚在前为轴，做后转身的同时，右手将球拉至身体的左侧前方，然后换手运球，加速前进。

【动作要点】

运球转身时要降底重心，拉球和转身动作连贯。

【练习方法】

运球至障碍物前时，做转身运球，然后加速突破。

（四）投篮

投篮得分是篮球运动所有技术、战术、技能的最终目的，是篮球比赛中唯一的得分手段。篮球所有的技、战术配合都是为了创造最佳投篮时机，提高命中率，因此投篮是篮球比赛的关键，是攻防对抗的焦点。

1. 原地双手胸前投篮

【动作方法】

原地双手胸前投篮时，双手持球于胸前，肘关节自然下垂（不要外展），上体稍前倾，两膝微屈，身体重心放在两脚之间，目视投篮目标。投篮时，两脚蹬地，腰腹伸展，两臂上伸，两手腕同时外翻，指端拨球，用拇指、食指、中指投出，手自然伸直（图 5–4）。

原地双手胸前投篮

【动作要点】

动作关键在于掌握好屈膝蹬地，腰腹伸展，手臂上伸和出手时手腕、手指动作的连贯性、协调性和用力的一致性。

【练习方法】

①原地模仿练习，体会最后出手、屈腕、拨球的动作。

② 2 人 1 组用 1 球，相距 4~5 米相向而立，做原地双手胸前投篮动作，体会球的抛物线及旋转，要求球的落点在对方的头部上方。

图 5–4 原地双手胸前投篮

2. 原地单手肩上投篮

【动作方法】

以右手投篮为例，右手五指分开，向后屈腕，屈肘持球于肩上（或高些），左手扶球，右脚稍前，左脚稍后，重心放在两脚之间，上体稍前倾，两膝微屈，上体肌肉放松，目视投篮目标。投篮时，两脚蹬地，腰腹伸展，抬肘，手臂上伸，手腕、手指前屈，指端拨球，用食、中指投出（图 5–5）。

【动作要点】

原地单手肩上投篮时，单手持球于肩上，另一手扶球侧面，投篮时双膝微屈发力，持球手臂向前上方伸展，手腕前屈，手指拨球，球在食、中指前端离手。

【练习方法】

①原地模仿练习，体会最后出手、屈腕、拨球的动作。

② 2 人 1 组用 1 球，相距 4~5 米相向而立，做单手肩上投篮动作，体会球的抛物线及旋转，要求球的落点在对方的头部上方。

图 5–5　原地单手肩上投篮

3. 行进间单手肩上投篮

【动作方法】

行进间单手肩上投篮时，（以右手为例）在行进中右脚向前上步接球，左脚跟上一步并用力蹬地跳起，右腿抬起，右手将球举到肩上，起跳最高点时，持球手臂向篮筐伸展，扣手腕，将球投出。

【动作要点】

行进间单手肩上投篮时，接球后的一步要小，同时举球于肩上，投篮手在球到最高点时出手。

【练习方法】

①在篮下左、右侧做碰篮板投篮练习，体会碰板点和用力大小。

②距离篮球 3~4 米处，左脚在前，右脚在后，将球抛出反弹后，跨右脚时接球，用左脚向上起跳，抬右膝，举球单手将球投出。

③在中线左或右侧站立，做运球上篮。

4. 行进间单手低手投篮

【动作方法】

右手投篮时，一般右脚腾空接球落地，接球后的第一步稍大，然后第二步稍小继续加速，降低重心，用左脚向前上方起跳。腾空时间要短，持球于五指自然分开，托球的下部，手臂向上伸展，接近球篮时，手腕柔和上摆，食指、中指、无名指向上拨球，碰板或空心投篮（图 5–6）。

【动作要点】

行进间单手低手投篮时，脚步同行进间单手肩上投篮，接球后用手掌托球，左脚用力蹬地起跳，右臂向篮圈伸展，球从手掌、指端托球投出。

图 5–6　行进间单手低手投篮

（五）持球突破

持球突破是摆脱防守直接运球上篮的一种攻击性较强的进攻技术，包括交叉步突破、同侧步突破等。

1. 交叉步突破

【动作方法】

以右脚做中枢脚为例。两脚左右开立，两膝微屈，身体重心降低，持球于胸腹之间。突破时，左脚前脚掌内侧迅速蹬地，上体稍右转，左肩向前下压，重心向右前方移动，左脚向右侧前方跨出，将球引于右侧，接着运球，中枢脚蹬地向前跨出迅速超越防守（图 5–7）。

【动作要点】

蹬地跨步有力，起动突然，动作协调连贯。

图 5–7　交叉步突破

2. 同侧步突破

【动作方法】

以左脚做中枢脚为例，右脚向右前方跨出一步，上体向右侧转体探肩，重心向右移动，将球运到右脚外侧，左脚迅速向前跨出，运球突破。

【动作要点】

蹬跨积极，转体探肩保护球，第二次加速蹬地积极。

【练习方法】

· 突破的步伐练习

①原地徒手或结合球做持球突破的各种脚步动作的练习，可在教师的口令下集体做（图 5–8）。

②每人 1 球，利用假动作做交叉步、同侧步突破的脚步动作练习，主要体会假动作、蹬跨、转体探肩、推放球加速几个技术环节的衔接和连贯动作（图 5–9）。

· 有防守情况下的突破练习

①在有防守情况下 3 人连续突破练习。3 人 1 组 1 球。①持球做投、突假动作吸引防守，然后做同侧步或交叉步突破，向前运球传给③，并立即防守③。③接球后用同样的方法突破，向前运球传给②，立即调整防守步伐并防守②。3 人轮换攻防，依次练习（图 5–10）。

②接球急停突破上篮练习。④为防守和供球队员，①传球给④后，做跑上一步急停接球，根据④的防守位置，用交叉步或同侧步持球突破上篮。自抢篮板球后运球至队尾。依次进行（图 5–11）。

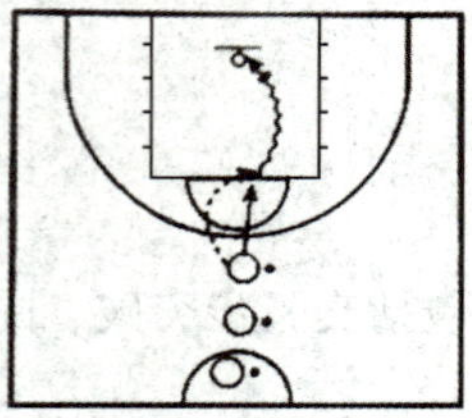
图 5–8

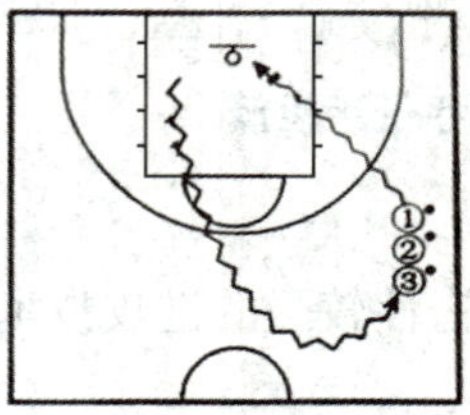

图 5–9

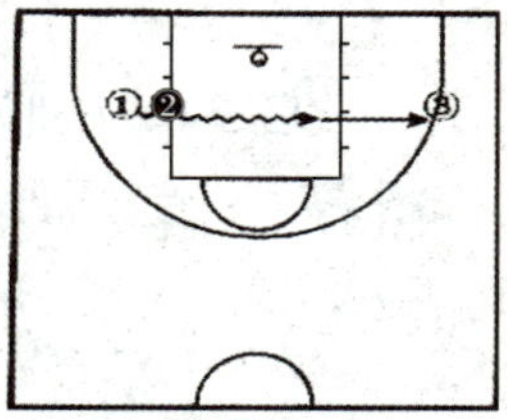

图 5–10

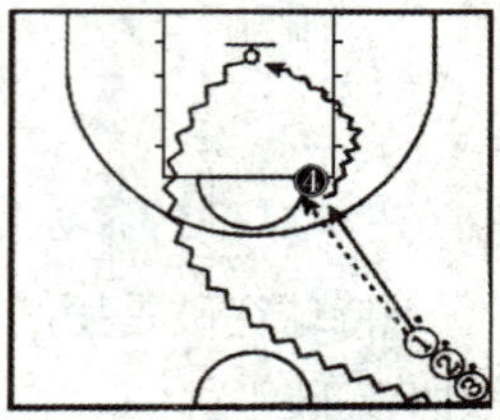
图 5–11

【易犯错误】

①交叉步持球突破时，由于跨步脚尖方向不对，造成转体过大。

②突破时侧身、探肩不够，身体重心高，后蹬无力，加速不快。

③运球突破时球的落点靠后，没有放在脚的侧前方。

④中枢脚离地面过早或中枢脚不以前脚掌作轴，突破瞬间未提踵，造成走步违例。

【纠正方法】

①反复示范正确动作，讲清动作关键，明确中枢脚概念，剖析造成错误动作的原因，建立正确动作的表象。

②多做徒手模仿练习，体会正确的要领，再在慢速中做持球突破练习，逐步提高突破速度。

③借助障碍架（或由他人用两手平举站立代替）进行练习。并提醒转身探肩和降低重心，强调加快速度和蹬地力量。

二、防守技术

（一）防守无球队员

【技术要点】

防守无球队员时，选位最重要，应时刻注意人、球、篮筐的位置，根据球的转移随时调整防守位置，集中注意力，张开手臂，随时断球。球近时，防守要面向对手；球远时，防守要侧对对手。

（二）防守有球队员

【技术要点】

防守有球队员时，要随时调整好防守位置和防守距离，对手接到球时，迅速到位防守，手脚紧密配合防守。防善于突破的对手时，平步站立、张开双臂扩大防守面积（图 5–12）；防善于投篮对手时，两脚前后站立，一手上举，另一手侧举（图 5–13）。

图 5-12 防守突破

图 5-13 防守投篮

（三）抢断球

【技术要点】

抢断球的关键是判断准确、动作快捷，把握好时机，避免扑空或失误。抢断的技巧：

①在防守持球者时，要紧逼。每个球员都有自己习惯的运球手，应紧逼其最习惯的一侧，迫使其背对防守者和篮筐。

②一旦其转身背对防守者时，要紧紧贴住他。同时，张开双臂、手掌，准备断球。

③在对手伺机传球时，下手抢断球。如避免犯规，也可以先将球捅掉。

三、攻守战术基础配合

（一）进攻基础配合

1. 传切配合

传切配合是指队员之间利用传球和切入技术所组成的简单配合。它包括一传一切和空切两种。传切配合是一种最基本的简单易行的进攻方法，一般在对方采用扩大盯人防守战术或区域联防时运用。

一传一切配合：是指持球队员传球后，利用起动速度或假动作摆脱防守，向篮下切入接回传球投篮的配合。如图 5-14 所示，⑤传球给⑥，⑤向左侧做切入假动用，同时观察❺的移动情况，然后突然从右侧切入，接⑥的传球投篮。

空切配合：是指无球队员掌握时机摆脱对手，切向防守空隙区域接球投篮或做其他进攻配合。如图 5-15 所示，④传球给⑤时，⑥利用❻未及时调整位置的机会，突然横切或沿底线切向篮下接⑤的传球投篮。

【练习方法】

如图 5-16 所示，⑤、⑥两组每人 1 球，⑤传球给④后反方向切入接⑥的球投篮，⑥传球后快速横切接④的传球投篮。④、⑥抢篮板球后按顺时针方向换位，依次进行练习。

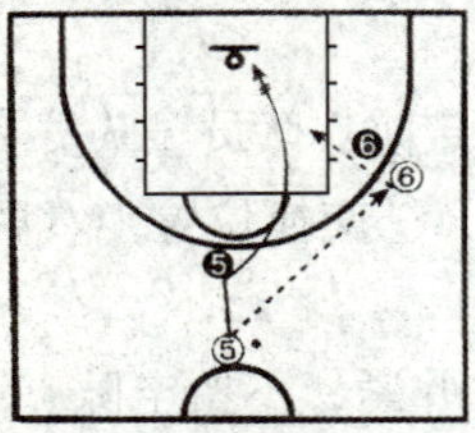

图 5-14

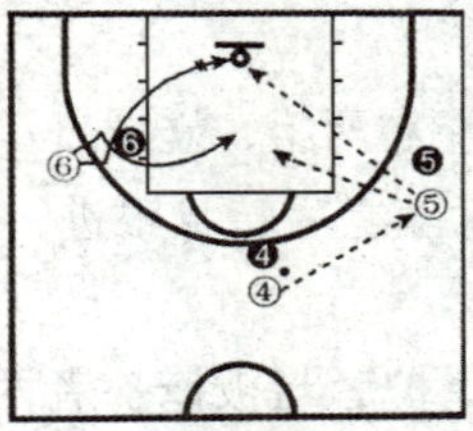

图 5-15

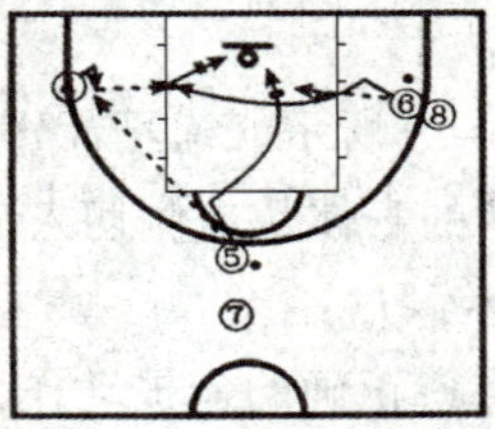

图 5-16

要求：切入动作规范，速度快，传、投准确，换位及时。

2. 突分配合

突分配合是指持球队员突破对手后，遇到对手补防或协防时，及时将球传给进攻位置最佳的同伴进行攻击的一种配合方法。

【技术要点】

①队员在突破中动作要快速、突然，在准备投篮的同时，注意观察攻守队员的位置变化，及时、准确地将球传给进攻位置更好的同伴。

②当持球队员突破后，其他的进攻队员都要摆脱对手，离开原先的位置，切向空隙区域，准备接球进攻或抢篮板球。

【练习方法】

①如图 5–17 所示，⑦接④的传球后，沿底线突破，当遇到固定防守队员❹的阻截时，及时传球给④投篮，⑦抢篮板球并与④交换位置，依次进行练习。

要求：徒手队员可向不同方向移动，持球队员传球动作要隐蔽、及时、准确。

②如图 5–18 所示，④接⑥的传球后，中路突破，当❻补防时将球传给⑥投篮，防守队员抢篮板球，④和⑥回原位防守⑤和⑦，依次进行练习。

要求：突破时用身体保护球，无球队员不要过早移动，进攻结束后快速回原位防守，确保练习的连续性。

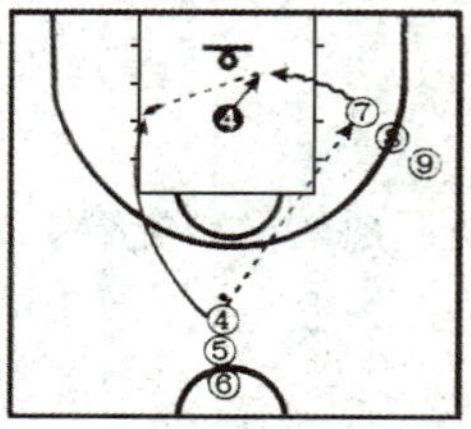

图 5–17

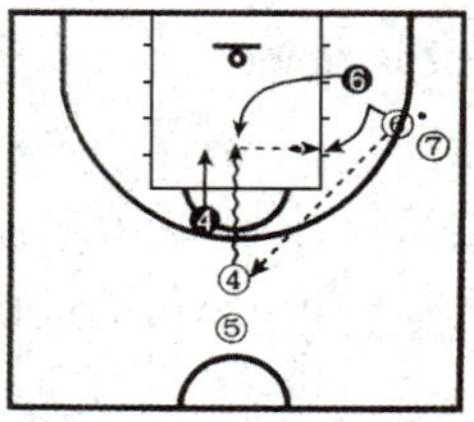

图 5–18

3. 掩护配合

掩护配合是指进攻队员选择正确的位置，借用自己的身体用合理的技术动作挡住同伴防守者的路线，使同伴借以摆脱防守，获得接球投篮攻击或其他进攻机会的一种配合方法。

【技术要点】

①被掩护队员应选择最佳的摆脱角度，以各种进攻动作吸引对方的注意力，隐蔽掩护意图。掩护时被掩护队员身体要靠近掩护者，以防对方挤过。当对方换防时掩护者应立即转身护送，参与进攻。

②掩护时同伴之间应掌握好配合时机，根据防守变化，组织中投、突破或内线进攻。

【练习方法】

①如图 5–19 所示，练习者分成左右两组，立柱表示固定防守队员。队员⑦给④做侧掩护，④贴近⑦的身体从右侧切入，⑦随之后转身跟进，④、⑦交换位置，然后⑧给⑤做掩护，依次进行练习。

要求：保持正确的掩护动作，掩护者与被掩护者两肩并紧，不留空隙，练习数次后，改变掩护方向。

②如图 5–20 所示，⑦将球传给④，④瞄篮或向左侧虚晃，当⑦掩护到位时，④突然向右运球

突破投篮或传球给⑦，⑦后转身跟进准备接回传球或抢篮板球。④、⑦交换位置，依次进行练习。

要求：④突破时不要低头看球，把握好第一进攻机会直接投篮或伺机传球给⑦。

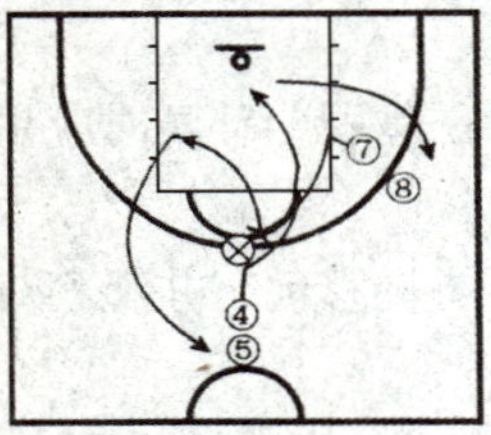

图 5-19

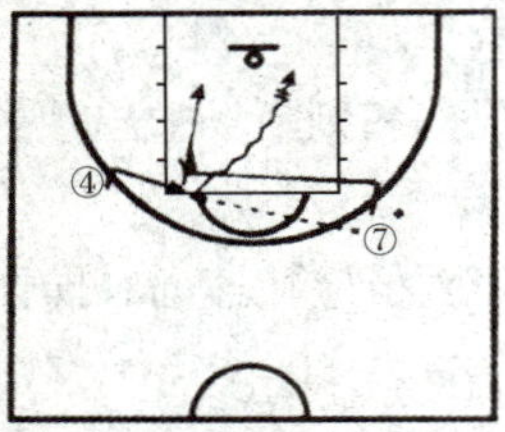

图 5-20

（二）防守基础配合

1. 挤过

挤过配合是指对方进行掩护时，防守队员在掩护队员接近自己的一刹那，迅速抢前横跨一步贴近自己的对手，并从两个进攻队员之间侧身挤过去，继续防守自己对手的配合方法。

当对方距离球篮较近，外围队员想利用掩护投篮或由于身高的差别而不宜交换防守的情况下，运用主动性很强的挤过配合，可以破坏对方的掩护配合。

【技术要求】

①不要过早暴露挤过配合意图，以防止对方反方向切入。

②在两个进攻队员身体靠近以前，果断抢步贴近对手，快速侧身挤过。

③防守掩护者的队员应站在能够兼顾防守两个进攻队员的位置上，及时提醒同伴注意对方的掩护意图，做好可能换防的准备。

2. 交换

交换配合是指进攻队员做掩护配合时，防守掩护者的队员与防守被掩护者的队员及时主动地交换自己所防对手的配合方法。只要换防以后的新对手在身高和技术方面无明显的差别，运用交换配合可有效地遏制和破坏对方的掩护配合。交换配合通常在对方进行横向掩护时采用。

【技术要求】

①防守掩护者的队员应及时发出信号提醒同伴，相互换防堵截进攻队员的攻击路线。

②防守被掩护者的队员应及时撤步，在掩护队员转身切入前抢占有利得防守位置。

3. 夹击

夹击配合是指两个以上的防守队员，利用对手在场地边角运球或运球停止时，突然快速上前封堵和围夹持球者的一种防守配合方法。夹击配合是一种主动性、攻击性很强的防守配合方法，能有效地控制持球队员的活动，迫使对手失误，创造断球反击的机会。夹击配合通常在紧逼人盯人防守、区域紧逼防守或带有夹击式的扩大联防战术中运用。

【技术要求】

①当对手沿边线埋头运球或在场角、中线附近和限制区内运球停止时，是夹击的最好时机。

②夹击时两个防守队员的身体要靠紧，两臂垂直上举，随对方的球摆动，封堵其传球。

4. 补防

补防配合是指当防守队员被对手突破或出现漏防时，邻近的同伴大胆地放弃自己的对手，及时快速地进行补漏防守的一种配合方法。补防可以阻截对方一次直接的投篮和减少对方一次最有进攻威胁的机会。

【技术要求】

①防守队员应全面观察和判断场上出现的漏防情况，补防时应果断、迅速地抢占有利位置，避免犯规。

②被对手突破的防守队员应快速向补防队员方向移动，并观察对方的传球意图，争取抢断球。

5. 关门

关门配合是指邻近的两名防守队员协同堵截进攻队员运球突破的一种防守配合方法，通常在区域联防和半场人盯人防守战术中运用。

【技术要求】

①防突破的队员应及时向侧后方滑步卡位，堵住进攻队员的突破路线。

②邻近突破一侧的防守队员，应快速向同伴移动靠拢进行“关门”配合，同时根据持球队员的停球和传球，决定围堵和回防。

③“关门”配合时，防守队员两肩靠紧，微屈膝，含胸，两臂自然上举或侧举，发生身体接触时要用暗劲，避免受伤。

四、“2–1–2”区域联防与“1–3–1”进攻区域联防

（一）“2–1–2”区域联防

区域联防是指进攻转入防守时，全队队员迅速退回后场，按区分工各自负责防守一定区域的进攻对手，形成一定的防守阵势，把每个防守区域有机地联系起来，并随球进行协同移动防守的一种全队防守战术，也是篮球两大防守战术系统之一。区域联防战术最突出的特点是守区防人、防球和护篮。随着现代篮球运动战术打法向综合化发展，区域联防战术也有了较大的发展和完善。如扩大防守区域，增加共同防守的职责与区域；当进攻队员运球突破、空切、溜底线时，则打破防守区域界限而采用人盯人护送的方法，加强防守时的换位、补位和协同防守的配合；在半场、全场不同范围内采用区域联防战术配合，或在半场、全场不同范围内采用区域联防和人盯人防守两种战术相结合的配合，从而派生出对位联防和区域紧逼等针对性、攻击性、机动性与伸缩性较强的防守打法。“2–1–2”区域联防阵型如图 5–21 所示。

（二）“1–3–1”进攻区域联防

进攻区域联防时，首先以快制胜，不论在何处获得球权，都应抓住时机，发动快攻，力争在对方未落位分区布阵前进行攻击。快攻不成转为阵地进攻时，有以下几点基本要求：①要有针对性较强的进攻区域联防的阵形，在阵地进攻时要注意对方的防守弱点；②布置突破口和远投手，外投内抢，内外结合，并针对区域联防重于内线防守的特点，先取外线攻击以扩大其防守区域，形成真空地带，乘机展开移动穿插，投、突攻击，内外结合，使其在跟防、协防、补防的情况下顾此失彼，从中寻找更多攻击机会；③由于区域联防严防篮下，有利于组织抢防守篮板球，因此，在投篮攻击后应组织拼抢进攻篮板球，并注意攻守平衡。“1–3–1”进攻区域联防阵型如图 5–22 所示。

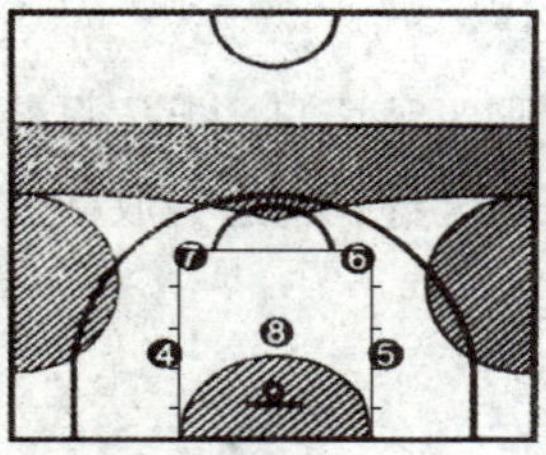

图 5-21

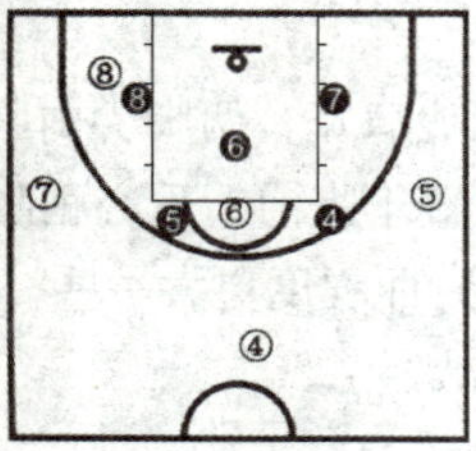

图 5-22

思考题：

1. 简述篮球运动的发展。
2. 简述双手胸前传球的动作要领。
3. 简答防守有球队员的动作技术。
4. 在篮球竞赛规则中，违例有哪几种？

篮球竞赛规则

第二节　排球运动

1895 年在美国马萨诸塞州霍利约克城，一位名叫威廉 · G. 摩根的天主教青年会体育教育督导创造了一种新游戏：在网球场上用篮球内胆进行比赛，双方人数不限但要相等，各据一方，将球胆在球网两边来回传托，使其在空中飞来飞去，这就是排球最早的雏形。最初排球比赛没有人数限制，赛前由双方临时商定，只要人数相等即可。1964 年起，排球运动被列入奥运会比赛项目。

一、基本技术

（一）准备姿势

为了便于完成各种技术动作而采取的合理的身体姿势称为准备姿势。准备姿势是排球基本技术之一，属于无球技术，是完成发球、垫球、传球和拦网等各项有球技术的前提和基础，并对各项有球技术的运用起串联和纽带作用。为完成某项有球技术之前的准备姿势，称为专项技术准备姿势，如拦网、发球、传球等都采用不同的准备姿势。

一般讲按照身体重心的高低，准备姿势可分为半蹲准备姿势、稍蹲准备姿势和低蹲准备姿势 3 种（图 5-23）。

【动作要领】

两脚左右开立，稍比肩宽，两脚尖内收，脚跟稍抬起，上体自然前倾，膝关节保持一定的弯曲，两臂自然放松置于腹前，重心稍靠前，全身肌肉适当放松。低蹲较半蹲和稍蹲，身体重心更靠前，膝关节弯曲程度更大一些。

半蹲　　稍蹲　　低蹲

图 5–23

（二）移动

从起动到制动的过程为移动。移动的目的主要是及时接近球，保持好人与球的位置关系，以便击球。移动由起动、移动步伐和制动 3 个环节所组成。

1. 起动

起动是移动的开始，它是在准备姿势的基础上，变换身体重心的位置，破坏准备姿势的平衡，使身体向目标方向移动。

2. 移动步伐

起动后应根据临场技战术的需要，灵活地采用各种移动步伐进行移动。

①并步与滑步：如向前移动，则后腿蹬地，前脚向来球方向跨出一步，后腿迅速跟上做好击球准备。连续并步就是滑步。

②跨步：如向前移动，则后腿用力蹬地，前脚向前来球方向跨出一大步，膝部弯曲，上体前倾，身体重心移至前腿上。

③交叉步：以向右交叉步为例，上体稍向右转，左脚从右脚前面向右交叉迈出一步，然后右脚再向右跨出一大步，同时身体转向来球方向，保持击球前的姿势。

3. 制动

在快速移动之后，为了保持稳定的击球姿势和克服身体惯性的冲力，必须运用制动技术。

一步制动法：一步制动时，最后跨出一大步，同时降低重心，膝和脚尖适当内转，全脚掌横向蹬地，抵住身体重心继续移动的趋势，并用腰腹力量控制上体完成制动。

【练习方法】

①成两列横队，在教师指导下做各种准备姿势。

② 2 人 1 组，一人做准备姿势，另一人观察找出其错误动作。两人交换练习。

③原地跑步，在跑的过程中根据教师的手势、口令、哨音做不同的准备姿势。

④成半蹲准备姿势，向教师手指的方向做各种步伐的移动。

⑤ 2 人 1 组相对站立，一人跟随另一人做同方向的移动。

⑥以滑步和交叉步进行 3 米往返移动，手触及两侧线。

⑦ 2 人 1 组，一人持球向不同方向抛出 2~3 米，另一人移动对准球，在腹前用双手接住球。

【易犯错误】

①起动慢。

②移动时身体起伏大，重心过高。

③制动不好，制动后不能保持准备姿势。

【纠正方法】

①做起动辅助练习，如各种姿势下的起跑。

②讲清道理，多做穿过网下的往返移动。

③脚和膝内扣，最后一步稍大。

二、发球

发球是排球基本技术，也是排球比赛中一项重要的进攻技术。发球是比赛的开始，也是进攻的开始，准确而有进攻性的发球可以直接得分或破坏对方的战术组织，减轻本方防守压力，为反击创造有利的条件。

（一）正面上手发球

正面上手发球

【动作要领】

以右手发球为例，弧线挥臂，包击推压。

站位：面对球网，两脚前后自然开立。

抛球：垂直抛于右肩前上方。

击球部位：半握拳、全手掌或掌根击球中下部。

用力：以腰为轴，身体转动，在肩上方伸直手臂的最高点，快速挥臂击球（图 5–24）。

图 5–24　正面上手发球

（二）正面下手发球

正面下手发球

【动作要领】

以右手发球为例。

站位：面对球网，上体稍向前倾。

抛球：体前平稳抛球，离手约 30 厘米。

击球部位：直臂掌根或全掌击球的后下部。

用力：以肩为轴挥臂，依靠蹬地和身体重心前移，挥臂击球（图 5–25）。

图 5-25　正面下手发球

（三）侧面下手发球

【动作要领】

以右手发球为例。

站位：左肩对网，上体稍前倾。

抛球：平稳抛球至胸前，距身体一臂距离。

击球部位：全手掌、掌根或虎口击球的右下方。

用力：以肩为轴挥臂，依靠蹬地和身体重心前移，挥臂击球。

【练习方法】

1. 徒手模仿练习

①徒手抛球练习。

②对固定目标做挥臂击球练习。

2. 结合球的练习

①自抛练习，抛球高度和位置应符合发球动作的要求。

②结合抛球进行引臂和挥臂练习，解决抛球引臂与挥臂击球动作的配合。

③近距离的对墙发球练习，将抛球、挥臂、击球、用力等环节有机地衔接起来。

④2 人 1 组相距 9 米发球。

3. 结合球网的练习

①近距离的隔网发球练习。

②站在端线向对区发球。

③站在端线向远、中、近不同距离发球。

【易犯错误】

①击球点偏前或偏后。

②转体过大。

③没有推压带腕。

④全身协调用力不好。

【纠正方法】

①找一高度位置合适的悬挂物，反复向上抛球或设一圆圈使垂直上抛的球落入圆内。

②击固定球，徒手练习挥臂动作。

③对墙近距离发球，要求手包住球，使球旋转。

④上手抛羽毛球或实心球，注意抛和挥的配合。

三、垫球（正面双手垫球）

通过手臂或身体其他部位的迎击动作，使来球从垫击面上反弹出去的击球动作，称为垫球。垫球是排球最基本技术之一，主要用于接发球、接扣球和接拦回球，是组织进攻的基础。

【动作要领】

垫球基本手型：抱拳式、叠掌式和互靠式。

击球部位：利用腕关节以上 10 厘米左右处的挠骨内侧平面击球的后下部。

击球点：腹前一臂距离。

用力：两臂夹紧，前伸，插到球下，蹬地压腕抬臂击球（图 5-26）。

正面双手垫球

图 5-26　正面双手垫球

【练习方法】

（1）徒手模仿练习

①原地徒手模仿完整的垫球动作。

②随教师信号做多种移动步法后的徒手模仿练习。

（2）垫击固定球的练习

①一人持球固定在小腹前高度，另一人从准备姿势开始，做垫击模仿动作。

②将球置于垫球者手臂垫击处轻轻地扶住，垫球者做垫球模仿练习。

（3）垫击抛来的球

① 2 人 1 组，相距 4 ~ 5 米。一抛一垫或一人向另一人两侧 1.5 米处抛球，使其移动垫球。

② 3 人 1 组，两人相距 3 米左右抛球，另一人移动接球。

（4）对垫

① 2 人 1 组相距 4 ~ 5 米连续对垫。

②地人 1 组，一人固定，一人移动。固定者把球垫向另一个人两侧 1.5 米左右，另一人移动将球垫回。

【易犯错误】

①垫球时手臂并不拢、伸不直。

②臀部后坐，主要用抬臂力量垫球。

③垫球不抬臂，身体向上顶或向前冲。

【纠正方法】

①两手手指交叉轻握，垫抛球或垫固定球。

②两手并拢用手绢绑住，臂与胸之间夹一球，然后垫抛球或垫扣球。

③坐在凳子上垫抛来球，教师用手置于垫球者后头顶上，给其一个高度信号。

四、传球

传球是利用手指、手腕的弹击动作将球传至一定目标的击球动作。传球技术主要用于二传，为进攻创造条件，在比赛中起着组织进攻的作用。

按照传球的方向基本上把传球动作分为正面传球、背向传球和侧向传球，这 3 种传球技术都是在原地完成。跳起在空中完成的传球动作称为跳传。

（一）正面传球

【动作要领】

传球手型：两手自然张开呈半球型（图 5-27）。

击球点：在额前上方约 1 球距离处。

用力：主要靠蹬地伸臂伸腕和手指上的弹力把球传出（图 5-28）。

图 5-27　正面传球手型

图 5-28　正面传球

【练习方法】

（1）徒手模仿练习

①成两列横队，随教师口令做徒手传球。

②自然站立做好正确手型，反复做传球时手指、手腕的模仿动作。

③ 2 人 1 组，一人做徒手传球练习，另一人纠正错误动作。

（2）结合球的练习

①每人 1 球，向自己头顶上方抛球然后用传球手型接住，自我检查手型。

②连续自传，传球高度不低于 50 厘米，传球时尽量少移动。

③距墙 50 厘米，对墙连续传球，以建立正确的手型，体会手指、手腕的发力。

④ 2 人 1 组，相距 3 ~ 4 米，传对方抛到额前的球。

⑤ 2 人 1 组，相距 3 ~ 4 米，对传。

⑥ 3 人三角传球。

⑦移动传球。

【易犯错误】

①手型不正确，形不成半球状。

②击球点过前或过高。

③传球时臀部后坐，用不上蹬地力量。

④传球时上体后仰。

⑤传球时有推压或拍打动作。

【纠正方法】

①一抛一接轻实心球，自抛自接，接住后自我检查手型。

②击球点过前多做自传，击球点过后多做平传或平传转自传。

③讲解协调用力的重要性；一人手压球，另一人做传球的模仿练习。

④两人对传中，一传出球，立即用双手触及地面。

⑤多做原地自传或对墙传球，增加指腕力量体会触球感觉。

（二）背向传球

上体比正面传球时稍后仰，双手自然抬起置于脸前，挺胸、上体后屈。

击球点在头上方，比正面传球略偏后。

传球手型与正面传球相同，但触球时手腕要稍后仰，掌心向上，拇指托在球下，击球的下部（图 5–29）。

用力方法：利用蹬腿、展体、抬臂、伸肘和手指，手腕的弹力，把球向后上方传出（图 5–30）。

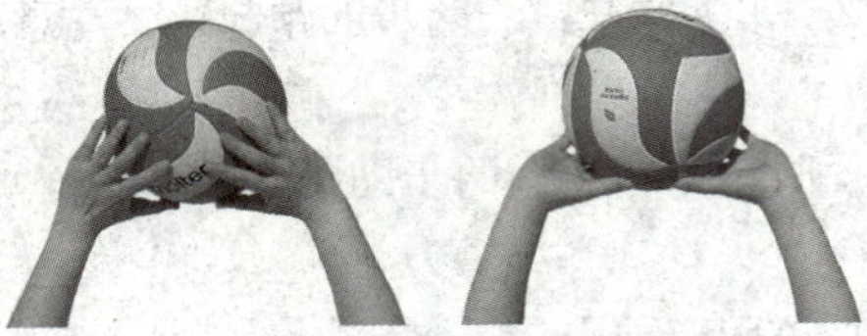

图 5–29　背向传球手型

图 5–30　背向传球

（三）侧向传球

击球点偏向传球方向一侧，有利于达到向侧向传球。

上体和手臂向传球方向伸展，异侧手臂的动作幅度、用力距离和动作速度要大于同侧手臂，有利于向侧向发力，并保持良好的手型向侧向传球（图 5–31）。

图 5–31　侧向传球

五、正面扣球

扣球是队员跳起在空中，将高于球网上沿的球有力地击入对方场区的一种击球方法。扣球在比赛中是得分的主要手段，是进攻中最积极有效的武器。

正面扣球

【动作要领】

1. 助跑起跳

步法：采用一步、两步、多步或原地垫步等。助跑前注意观察二传的传球方向和高度，据此寻找起跳时机和起跳点。

节奏：步幅由小到大，速度先慢后快，最后一步左（右）脚及时并上，踏在右（左）脚侧前方，制动身体，增加弹跳高度，同时避免前冲力过大而触网。

起跳：左（右）脚跟上，两脚用力蹬地、踏跳，加强摆臂增加弹跳高度。

2. 空中击球

手型：五指张开呈勺型。

击球：全掌击球后中部，击球保持最高点，手掌包满球，用推裹动作击出前旋球。

用力：鞭甩挥臂，展腰腹发力。

【动作要点】

准确判断二传球落点；加大摆臂，增加高度；挥臂放松，如鞭甩；高点击球，手掌包满球。

【练习方法】

（1）挥臂击球和助跑起跳练习

①学生成横队散开，按照教师的口令做原地起跳、一步助跑起跳、两步助跑起跳，注意动作协调性。

②网前助跑起跳练习，学生成横队列于进攻线后，听口令一起做两步助跑起跳。

③集体徒手挥臂练习。

④ 2 人 1 组，一人手持球高举做固定球，另一人扣该固定球。

⑤距墙 3 ~ 4 米，连续对墙扣反弹球。

⑥自抛自扣：原地对墙自抛自扣或自抛跳起扣球。

（2）扣固定球

教师站在网前高台上，一手托球于网上沿，学生助跑起跳扣固定球。

（3）扣抛球

①扣球者在 4 号位助跑起跳，把由 3 号位抛来的球在高点轻拍过网。

②扣球者在 4 号位助跑起跳，扣顺网抛来的球。

【易犯错误】

①助跑起跳时间不准。

②起跳前冲，击球点偏后。

③屈肘击球，击球点偏低。

④手包不住球。

【纠正方法】

①开始时轻拍扣球者的背，或给予语言信号。

②练习助跑，最后一步跨大，在网前起跳接抛球或扣固定球。

③降低球网，原地隔网甩小网球，连续甩臂击高度适中的树叶。

④把球固定在击球高度上反复挥臂击球，练习击球手法，原地对墙自抛自扣。

六、拦网

拦网是队员靠近球网，将手伸向高于球网处阻挡对方来球的行为。拦网具有强烈的攻击性，可直接拦死、拦回对方的扣球。拦网可分为单人拦网和集体拦网，集体拦网又分为双人拦网和三人拦网。

【动作要领】

准备姿势：站在距球网 30 ~ 40 厘米处，两臂置于胸前并屈肘，手指张开。

移动起跳：采用移动步伐，选好起跳点，重心降低，两膝弯曲，用力蹬地，垂直起跳。

空中击球：双臂尽力过网，向对方上空，两手自然张开，当手触球时，突然紧张，手腕用力下压盖住球的前上方（图 5-32）。

图 5-32　拦网

注意：避免触网、脚过中线的犯规；避免起跳过早，否则身体下降时对方才会扣球；避免拦网时低头或闭眼睛，不看扣球动作或盲目阻拦。

【练习方法】

①徒手练习：原地做拦网的徒手动作练习。

②低网扣拦练习，2 人 1 组，原地一扣一拦。

③在网前徒手做有助跑的拦网练习。

【易犯错误】

①起跳过早。

②手下压触网。

③拦网时低头闭眼睛。

④身体前扑触网。

【纠正方法】

①按照拦网节奏给予起跳信号，起跳前深蹲慢跳。

②一对一原地扣拦练习。结合矮网，提肩屈腕把球拦下。

③隔网拦对方抛来的球，逐步过渡到拦轻扣球。

④多练顺网移动起跳。

七、排球战术

(一) 排球战术的基本理论

1. 排球战术

排球战术是队员在比赛中为了战胜对手而采用的集体或个人的对立争夺的过程。也是在比赛中根据排球规则、排球运动的规律及彼此双方的具体情况和临场的发展变化，有意识地运用技术配合所采取的有目的、有预见性的行动。

2. 阵容配备

阵容配备是合理搭配场上队员，提高攻防能力。

①“四二”配备：2 名二传，2 名主攻手，2 名副攻手适用于一般水平球队（图 5-33）。

②“五一”配备：由 5 名进攻队员和 1 名二传队员组成，水平较高的球队普遍采用（图 5-34）。

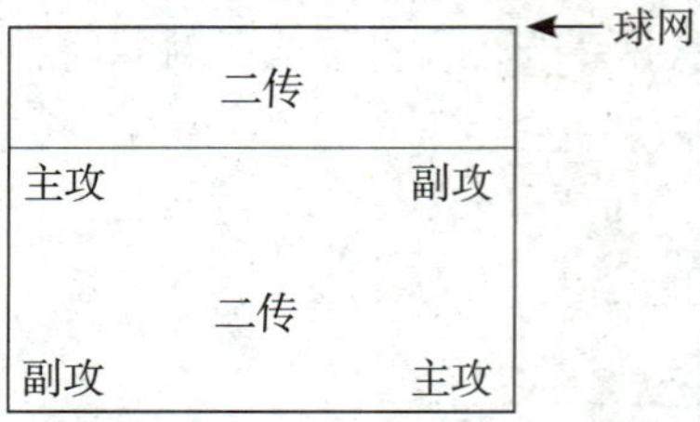

图 5-33 “四二”配备

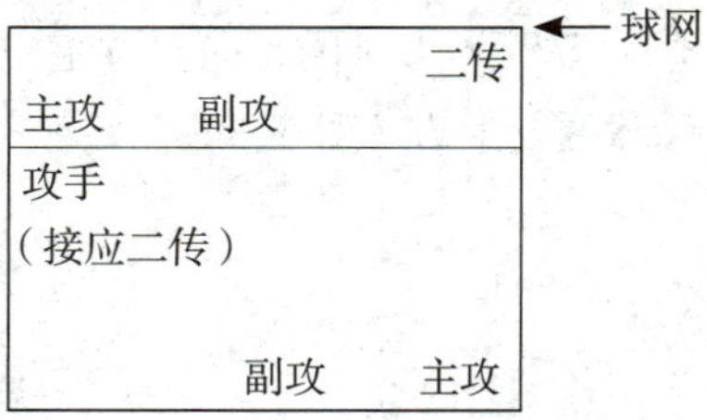

图 5-34 “五一”配备

(二) 排球基本战术阵型

1. 边跟进防守阵型

防守队员取位呈半圆，边上 1 号位的队员重点防守心和边的吊球。这种阵型有利于防守对方大力扣杀，其弱点在于防吊球（图 5-35）。

2. 心跟进防守阵型

在本方拦网技术好，对方运用吊球多的情况下采用（图 5-36）。

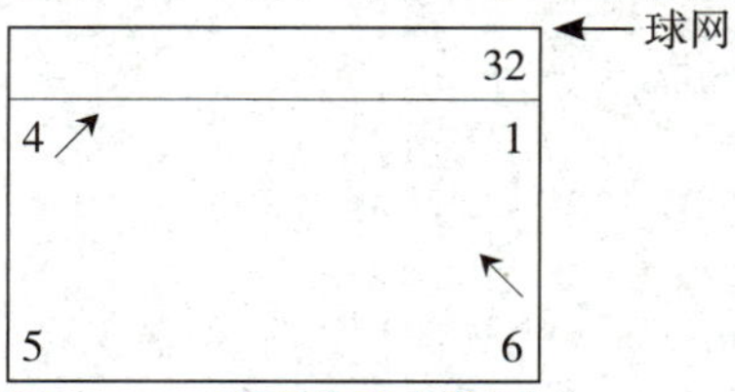

图 5-35 边跟进防守阵型

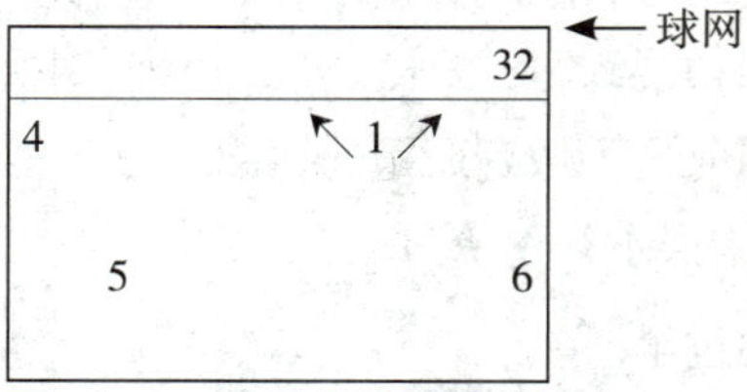

图 5-36 心跟进防守阵型

思考题：

1.简述排球运动的起源与发展。

2.排球垫球的动作要领是什么？列举3种练习方法。

3.在排球比赛中，什么情况下球会被判为出界？

4.排球运动有哪两种基本战术阵型？

排球竞赛规则

第三节　足球运动

足球运动是一项古老的体育运动，它的起源可以追溯到人类社会的史前时代。世界不少民族都有过脚玩球进行身体活动的历史，都属于足球游戏的范畴。通过对各国有关史料比较，我国古代开展足球运动要早于其他国家，约在2500多年前的春秋战国时期就有了名叫“蹴鞠”的足球活动。希腊人和罗马人在中世纪以前从事一种叫“哈巴斯托姆”的足球游戏。中世纪的欧洲，在骑士体育中流行一种叫“苏里”的足球游戏。在欧洲文艺复兴时期，各种游戏项目中，足球的发展最为突出，并最后在英国站稳了脚跟。2004年初，国际足球联合会确认足球最早起源于中国。

1848年足球运动第一个文字形式的规则《剑桥规则》诞生，1857年英国成立了第一个足球俱乐部。1863年10月26日，英国成立了世界第一个足球协会，制定和通过了世界第一部较为统一的足球竞赛规则，规定了一个球队比赛阵容的人数为11人，以及足球场的形状和面积，并将足球运动（以脚踢球来进行比赛）和橄榄球运动（允许用手拿球的比赛）分开，并以文字的形式记载下来。因此，人们公认现代足球运动起源于英国，1863年10月26日是现代足球运动的诞生日。从此，足球有了固定的比赛人数、场地、时间及其他比赛限制。

一、足球基本技术

（一）颠球

颠球是运动员熟悉球性的一种练习手段，以增强对球的弹性、重量、旋转及触球部位、击球时用力大小的感觉。

【动作要领】

脚背颠球，脚向前上方摆动，用脚背击球，击球时踝关节固定，击球的下部。两脚可交替击球，也可一只脚支撑，另一只脚连续击球。击球时用力均匀，使球始终控制在身体周围（图5-37）。

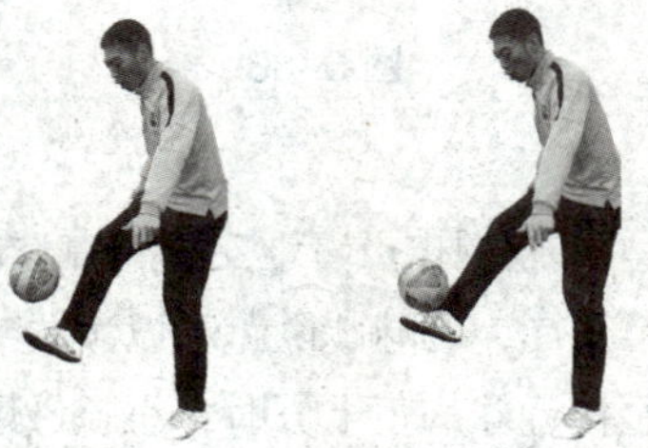

图5-37

【练习方法】

① 1 人 1 球颠球。体会触球的时间、部位、力量和整个动作的协调。

② 2 人 1 球颠球。用脚背、大腿、头部以及身体各个部位颠球，掌握好触球的力量，尽量不让球落地。每人可触球一次给对方，也可触球多次互颠。

③ 4~5 人围圈用 2 球颠球。

【易犯错误】

①脚击球时踝关节松弛，造成用力不稳定。纠正方法是适当保持踝关节紧张，击球的下中部，以膝关节为轴屈伸小腿。

②踢球时脚尖向下或向上勾，造成球受力后向前或向后触碰身体，使球难以控制。纠正时要求脚背与地面平行，脚尖微翘，初学者可采用颠一次让球落地反弹后再颠，体会触球时与球磨擦使球带有回旋。逐步过渡到连续颠球练习。

（二）踢球

踢球是有目的地用脚把球击向预定目标的技术。踢球是足球技术中最重要的技术，主要用于传球和射门。踢球的方法很多，但主要有脚内侧踢球、脚背正面踢球、脚背内侧踢球、脚背外侧踢球。

1. 脚内侧踢球（脚弓踢球）

【动作要领】

直线助跑，支撑脚的最后一步稍大些，支撑脚在球的侧面约 15 厘米处，脚尖正对出球方向，支撑脚膝关节微屈。在支撑脚着地时，踢球腿大腿带动小腿由后向前摆动，在前摆过程中大腿外展，当膝关节的摆动接近球的正上方时小腿做爆发式摆动。在触球前将脚跟送出，使得脚内侧部位所形成的平面与出球方向垂直，踢球脚底与地面平行，脚尖微微翘起，踝关节功能性紧张使脚型固定，触球后身体跟随移动，髋关节向前送（图 5–38）。

脚内侧踢球

图 5–38

2. 脚背正面踢球

直线速跑，最后一步稍大些，支撑脚积极着地支撑，在球的侧面 10 ~ 15 厘米处，脚尖正对出球方向，膝关节微屈，踢球腿随跑动以髋关节为轴，大腿带动小腿由后向前摆动。当膝关节摆至接近球的正上方时，小腿做爆发式的摆动，脚趾屈，以脚背正面部位击球后中部，击球后身体及踢球脚随球前移（图 5–39）。

脚背正面踢球

图 5-39

3. 脚背内侧踢球

斜线助跑，助跑方向与出球方向约呈 45°角，最后一步稍大，在支撑脚着地的同时，踢球脚已完成后摆，并开始以髋关节为轴大腿带动小腿又后向前摆动，当大腿摆至与支撑腿近同一平面时，小腿做爆发式摆动，此时脚尖外转、脚背绷直，以脚背内侧部位触击球。击球后踢球腿及身体继续随球向前（图 5-40）。

脚背内侧踢球

图 5-40

4. 脚背外侧踢球

助跑、支撑脚站位及踢球腿摆动均与脚背正面踢球技术的 3 个环节相同，脚触球部位是脚背外侧。此时要求膝关节和脚尖内转，脚背绷紧，脚趾紧屈并提膝，触球后身体随踢球腿的摆动前移。

脚背外侧踢球

【练习方法】

①各种踢球技术动作的模仿练习。在地面设想有一目标，跨步上前做踢球动作，然后发展到几步慢速助跑踢球的模仿动作练习，最后可做快速助跑踢球的模仿练习。

②一人用脚底挡球，另一人踢球练习。此方法应注意踢球摆动与触球部位的正确与否，同时还要检查其支撑阶段的状况。

③距足球墙 5 米左右进行踢球技术练习。此种方法主要强调小腿的摆动、大腿带动小腿进行摆动、脚与球的接触面、支撑环节是否正确。练习一段时间后，可将距离加到 25 米左右。

④利用足球墙和标杆做踢旋转球的练习。

【易犯错误】

①支撑脚位置偏后，踢球时身体或臀部后坐，脚触击球的后下部等，导致踢出球偏高。纠正时，调整支撑脚的位置，在脚触球的同时蹬地送髋，保持水平方向移动。

②踢球脚的后摆较小或没有后摆，而仅是将球踢出以至前摆过分，造成踢球无力或出球较高。纠正的方法是加大最后一步助跑，让支撑脚立足与摆动腿形成相应的距离来提高后摆的幅度即可。

③踢球腿摆动不稳定，触球点不准确，使球产生不应有的旋转和准确性降低，并且又影

响了出球与力量。只要在脚触球前看准击球部位多加练习，即可得到纠正。

④支撑脚站立不当，没有根据来球的方向、速度、性能等选择支撑的位置，也没有对自己踢球脚的摆动速度加以控制。纠正时，强调支撑脚的超前和错后，根据不同方向的来球和速度决定支撑的提前量和错后量以达到对摆动腿速度的控制。

⑤出球方向不易掌握，易发生偏差。主要考虑球的速度和与踢球脚接触时的入射角，并选择正确的踢出角，以保证出球的准确性。

（三）停球

停球是有目的地用身体的合理部位把运行中的球停下来，控制在所需要的范围内，以便更好地衔接下一个技术动作。停球是为下一个动作准备的，停球质量的好坏直接影响下一个动作的顺利完成。比赛中来球的性质、状态不同，所以停球应根据不同情况，采用不同的动作方法。停球的方法有多种，常用的有脚内侧、脚背正面、脚背外侧、脚底、大腿、腹部、头部停球等。

1. 脚内侧停球

脚内侧停地滚球：支撑脚脚尖正对来球，膝关节微屈，同侧肩正对来球。接球腿提膝大腿外展，脚尖微翘，脚底基本与地面平行，脚内侧正对来球并前迎，当脚内侧与球接触的一刹那迅速后撤，把球停在脚下。

脚内侧停空中球：根据来球的速度和运行轨迹及时移动到位。若为抛物线较小的平高球则应根据临场的实际情况选择适当高度的停球点，将停球腿抬起，使脚内侧部位对准来球的方向并前迎，脚在接触球的一瞬间后撤，并将球停在所需的位置上。

2. 脚底停球

由于脚底停球技术便于掌握，易于将球停到所需要的位置，故常被用来停各种地滚球和反弹球。

脚底停地滚球：身体正对来球方向，移动前迎，支撑脚站立在球的侧面，脚尖正对来球方向，膝关节微屈，同时停球腿提起，膝关节微屈，脚略背屈，使脚底与地面呈小于45°角，一般以前脚掌接触球的上部为宜。在触球瞬间停球脚可微屈将球停住，也可以根据需要在停球的同时将球推向前方或拉向后方。

3. 脚背正面停球

这种方法多用于接有较大抛物线的来球。根据球的落点，及时移动到位，脚背正面上迎下落的球。当球与脚面接触的一瞬间，接球脚与球下落的速度同步下撤，此时大腿膝关节、踝关节、脚趾均保持适度的紧张，脚尖微翘将球接到需要的地方。脚背正面接高空落下之球时，也可以将脚微抬起，并适度背屈，当球接触脚背的瞬间踝关节放松将球接到身体附近。

4. 胸部停球

由于胸部停球部位较高，加之胸部面积大、肌肉较丰满等特点，易于掌握，故是停高球的一种好方法。胸部停球包括挺胸式、收胸式两种方法。这里主要介绍挺胸式停球：面对来球站立，两膝微屈，重心置于支撑面内，上体后仰，下颌微收，两臂自然张开，维持身体平衡。触球瞬间，两脚蹬地，膝关节伸直，用胸部轻托球的下部使球微微弹起于胸前上方（图 5–41）。

胸部停球

图 5-41

【练习方法】

①正面停地滚球。2 人对面站立，相距 10 米左右，一人踢地滚球，另一人迎上去停球。

② 2 人在跑动中进行传接球练习。2 人 1 组使用 1 球，在一定范围内跑动练习，要求停球时尽量使用多种方法，传球时可传出多种性质的球，距离近时以地滚球为主，距离远时以空中球为主，以提高停球能力。

③ 2 人 1 组对面站立，相距 5 米左右，一人用手抛球，一人停各种空中球练习，可逐渐加大距离、加大力量以适应各种变化的来球。

【易犯错误】

①球从脚下漏过。主要原因是未掌握好脚的触球部位距离地面的高度。

②接球时将球卡死在接球地点（本想接成活动球），触球的部位过高（接近球的直径）。练习者注意适当降低抬脚高度。

③接球后，球未能达到理想的位置，缓冲、加力或触球时所形成的反射角不当。应考虑缓冲是否恰当，加力是否合适，接触球时的发射角是否正确。

④接球后身体不能及时跟上，影响控制球。注意在接球瞬间身体重心要随之移动。

（四）运球

运球技术从狭义上讲，仅是指运球的方法，即用身体的某一部位触球，使球能随运球者一起运动；从广义上讲，则不仅让球随人运动，还必须越过对方的防守，也就是说如何使用这些运球方法达到越过对方防守的目的。这里就包含了运球方法的运用问题。常用的运球技术有脚内侧、脚背正面、脚背外侧等。

1. 脚内侧运球

要求在运球前进时支撑脚始终领先于球，位于球的侧前方，肩部指向运球方向，支撑腿膝关节微屈，重心放在支撑腿上，另一条腿提起、屈膝，用脚内侧推球前进，然后运球脚着地。由于肩部指向运球方向，身体侧转，虽然移动速度较慢，但身体前倾有利于将对方与球隔开，因而这种技术多用在运球寻找配合传球时，或有对方阻拦需要用身体做掩护时（图 5-42）。

图 5-42

2. 脚背正面运球

运球时身体保持正常跑动姿势，上体稍前倾，步幅不宜过大，运球腿提起，膝关节稍屈，髋关节前送、提踵，脚尖下指，在着地前用脚背正面部位触球后中部将球推送前进。由于脚背正面运球时身体持正常跑动姿势，故可以发挥出较快的速度，因而这种技术多用在运球前方一定距离内无对手阻拦时（图 5–43）。

3. 脚背外侧运球

运球时身体保持正常跑动姿势，上体稍前倾，步幅不宜过大，运球腿提起，膝关节稍屈，髋关节前送，提踵，脚尖绕矢状轴向内旋转，使脚背外侧正对运球方向，在运球脚落地前用脚背外侧推拨球的后中部。脚背外侧运球时，身体姿势与正常跑动姿势相同，因而可以发挥出较快的速度，故与脚背正面运球有相同的用途。另外，利用脚腕的动作可以很快地改变脚背外侧面所正对的方向，故在运球脚一侧改变方向时也多采用这种运球方法。这种方法能用身体将对手与球隔开，故掩护时也常用（图 5–44）。

图 5–43

图 5–44

（五）头顶球

头顶球是运动员有目的地用前额将球击向预定目标的动作。足球比赛中不仅要处理各种各样不同形式和不同性质的地滚球，同时也要处理各种空中球。当遇到胸以下部位不能触及或规则不允许触及的一些球时就需要用头来处理，因为头是人体最高的一个部位，额骨的前面较为平坦，只要掌握顶球技术，顶出的球就会有力。头顶球技术分前额正面头顶球与前额侧面头顶球，这里主要介绍前额正面头顶球。

原地头顶球：身体正对来球方向，眼睛注视运动中的来球，两脚左右开立，膝关节微屈，重心置于两脚间的支撑面上，两臂自然张开。当球运行到身体垂直面时，两腿用力蹬地，迅速向前摆体，微收下颌，在触球瞬间颈部做爆发式振摆，用前额正面击球中部，上体随球前摆（图 5–45）。

图 5–45

【练习方法】

①自己双手举球在头前，用前额正面或侧面击球，体会触球部位，培养顶球过程中注视

来球的习惯。

②利用足球墙进行练习。自抛球由墙弹回进行各种顶球练习，这样就更进一步接近场上实际情况，也能提高自己对来球的判断能力。

③ 2 人或 2 人以上在一起进行抛球的头顶球练习。这样可以培养对运行中球的速度、轨迹的判断能力，身体摆动协调及击球的准确性等。

【易犯错误】

①由于害怕心理，顶球时闭眼，以致造成错误部位顶球。

②对运行中球的速度、轨迹判断不准确，因而不能很好地选择顶球位置与起跳位置，顶不着球。

③身体摆动环节不能协调有力地进行，影响顶球力量。

（六）掷界外球

由于掷界外球时接球人不受越位规则的约束，因此其不仅用于恢复比赛，而且可以为进攻创造有利条件。尤其是在前场 30 米内掷界外球，将球直接掷到门前，可以给对方造成很大的威胁。

1. 原地掷界外球

面对出球方向，两脚前后或左右开立，每脚均应有一部分站立在边线外。膝关节弯曲，上体后仰成背弓，重心后移，两手自然张开，拇指相对，持球的侧后部，屈肘将球置于头后。掷球时，脚用力蹬地，两脚均不得离地（图 5–46）。

图 5–46

2. 助跑掷界外球

两手持球放在胸前，在助跑迈出最后一步时，上体后仰成背弓，同时将球上举至头后，掷球时的动作与原地掷界外球动作相同。将球掷出后，后脚可在地面上向前滑行，但不得离地（图 5–47）。

图 5–47

【练习方法】

① 2 人 1 球，相距 15 米，原地对掷界外球。

② 2 人 1 球，相距 25 米，两端设两条平行线，助跑对掷界外球。

【易犯错误】

①掷界外球时动作不符合规则要求，造成犯规。

②用力不协调，掷出角不合理而影响出球的远度。

二、足球基本战术

足球战术是指在足球比赛中，为了战胜对方，根据主客观情况所采取的个人行动和集体配合的方法。比赛实践证明，合理而巧妙地运用战术是夺取比赛胜利的重要因素。足球比赛由进攻与防守组成，攻守的转换，构成比赛过程。足球战术可分为进攻战术和防守战术两大系统，各系统又都包括个人战术、局部战术和整体战术。

（一）进攻战术

进攻战术是指在比赛中，为了战胜对方所采取的个人进攻行动和集体配合的方法。

1. 小组进攻战术

是由两名或两名以上的球员完成进攻配合的战术。两人之间的进攻配合也是足球比赛中运用最多也是最基础的足球小组进攻战术。这种战术是通过两名进攻球员间的传球和跑位来突破防守队员的防守，也被通俗地称为“二过一”。

横传（斜传）斜插“二过一”：这种小组进攻战术是一名进攻队员运球接近防守队员后以横传或斜传的方式将球传给在旁边接应的进攻同伴，在传出球的同时快速起动斜插防守队员身后，接球同伴再将球传回原拿球队员。

横传（斜传）直插“二过一”：这种小组进攻战术是一名进攻队员运球接近防守队员后以横传或斜传的方式将球传给在旁边接应的进攻同伴，在传出球的同时快速起动直插防守队员身后，接球同伴再将球传回原拿球队员。

2. 全队进攻战术

较之上面提到的小组进攻战术，全队进攻战术涉及的球员人数要多、球场的面积要广，在具体的配合方法上也变化较多。从进攻发生的场域可将全队进攻战术分为边路进攻战术和中路进攻战术；从进攻发生的方式可将全队进攻战术分为快速反击进攻和阵地进攻。

边路进攻战术：球队在边路对对方发起攻击的原因在于中路一般都聚集了对方大部分的防守力量，一方面从中路进行直接攻击的难度较大，另一方面如果在中路进攻失败就可能给对手直接可反击的机会，所以边路进攻就成了一种选择。边路进攻的主要方式有边路传中和由边路向中路渗透转为中路进攻两种。无论是哪种边路进攻方式都离不开中路球员的支持接应。所以，所谓的边路进攻也不外是谋求中路进攻的一种手段和方式。

中路进攻战术：球场的中路是实施进攻的开阔地，一般球队在中路都安排有较多的兵力，中场队员相互之间距离较近可以运用一些小组进攻战术进行进攻。但是纯粹的中路进攻因为防守技术的提高、防守战术的运用而在现代足球中已经变得越来越难了。经常可以在比赛中看到的是，进攻方将球从中路进攻转到边路进行攻击，然后再从边路将球传至中路，利用不停地扯动对方的防守阵形寻找防守空档或利用防守中的失误进行中路的攻击。

（二）防守战术

防守战术是在比赛中，为了阻止对方的进攻和重新获得球权所采取的个人防守行动和集体配合的方法。

1. 小组防守战术

小组防守战术是指由两名或两名以上的球员进行防守配合的战术。在比赛中经常运用的小组防守战术有保护、补位和围抢等。

保护：是指一名防守队员在第一防守人（直接对对方球员进行盯防的球员）身后为其提供防守增援，通常也被称为是第二防守人。现代足球所倡导的“全攻”的战术思想必然要求球队采取“全守”的防守战术，而在这种“全守”的战术体系中保护是非常重要的防守组成部分。保护的重要作用主要体现在当进攻球员突破第一防守人的防守时，第二防守人（提供保护的同伴）可以马上承担起第一防守人的责任，遏制进攻球员的进一步突破。而当第一防守人成功地实施了防守战术得到球权时，第二防守人又立刻成为进攻接应者。保护的第三个重要作用主要是体现在精神作用上。当第一防守人看到有人对其防守提供位置和语言支持时，就会增强其防守的信心，甚至可能会化被动防守为主动出击，而第二防守人的站位也会对进攻者产生心理压力，使其不敢冒然进攻。

补位：当队员在对方进攻没有能够出现在自己的防守位置失位时，为了防止进攻方利用这一防守空当，就需要有就近位置的球员对这个空位进行补位。由于进攻回防不及时或因为对方进攻战术而造成失位的情况在足球场上非常多见，进行球员相互间的补位是弥补这些失误的重要手段。而补位也是团队协作精神和团队凝聚力的最好体现。

2. 全队防守战术

在足球比赛中经常采用的全队防守方法有区域防守和混合防守两种。

区域防守：指的是每名防守队员都负责一定的防守区域，当有进攻球员进入该区域时就对其实施盯防，而当进攻队员离开该区域后防守队员也一般不越区防守。这种防守的优点在于球员有比赛固定的防守位置，但在进攻队员交换进攻位置时，如果两名防守队员配合不够默契可能会产生一定的防守空当。

混合防守：是将人盯人防守和区域防守结合了起来，在实施区域防守的基础上对对方重点人物实施人盯人防守。现在很多球队在比赛中都采用这种防守方式。

3. 制造越位战术

制造越位是一种特殊形式的防守战术，它利用足球比赛中的越位规则使进攻队员处于越位位置从而瓦解对方进攻。造越位的防守战术是一种相对来说可以花费较少防守资源而达到较好防守效果的战术。这种战术只有在后卫线和其他防守球员之间配合十分默契、动作协调一致的情况下才能够实施。但这是比较冒险的一种防守战术，碰到有经验的进攻球员或是裁判员的某一次误判都有可能给后防线带来灾难性的后果，所以在使用时千万要小心谨慎。

思考题：

1.简述足球的起源。

2.足球的基本技术主要有哪些？

3.足球进攻战术中的小组进攻战术包括哪些？

4.什么情况下可以判罚直接任意球？什么是越位？

足球竞赛规则

第四节　乒乓球运动

乒乓球运动于19世纪末起源于英国，最初只是一种游戏，球的材料轻而富有弹性，像打网球一样在桌子上打，故称为“桌上网球”。

1926年12月，在英国伦敦举行了第1届世界乒乓球锦标赛（以下简称世乒赛）。此届比赛只有男子团体、男子单打、女子单打、男子双打、混合双打和男子安慰赛6项比赛项目。比赛期间，召开了国际乒联第一次全体代表大会。大会规定，每年举行一届世乒赛。第2届世乒赛因举办国经济困难，推至1928年1月在瑞典举行。此届比赛增加了女子双打比赛项目。1934年，第8届世乒赛增加了女子团体赛。1940—1946年，因爆发了第二次世界大战，致使比赛中断。1947年3月，在法国巴黎举行了战后第一次世乒赛（第14届）。在该届比赛中，又增加了女子安慰赛和元老杯赛。至此，世乒赛就有了10个比赛项目。男子团体、女子团体、男子单打、女子单打、男子双打、女子双打和男女混合双打是每届都要举行的正式比赛项目；男、女单打安慰赛和元老杯赛为非正式比赛项目，必须由举办国协会申请，经国际乒联批准后才可举行。从1957年开始，世乒赛改为两年举行一届。1999年，第45届世乒赛因科索沃战争被迫“一分为二”，单项比赛和团体赛分别于1999年8月、2000年2月在荷兰、马来西亚举行。第46届世乒赛再次“合二为一”，于2001年4月在日本大阪举行。自2003年第47届世乒赛起，单项比赛于奇数年举行，团体赛在偶数年举行。

1904年，乒乓球运动从日本传入中国。随后，这项运动就在北京、天津、青岛、上海和广州等地开展起来，并举行了不同规模、一定数量的国内、国际乒乓球比赛。1935年，中华全国乒乓球协进会成立，发起并组织了新中国成立前的第1届全国乒乓球比赛。当时的中国乒乓球运动不仅技术水平低，而且组织比赛的能力亦很有限。

新中国成立后，在党和人民政府的关怀下，乒乓球运动得到了迅速的普及和提高。

中国乒乓球队自1959年容国团夺得第一个世界冠军至2019年2月26日，共114人成为世界冠军，共获得233枚金牌，其中奥运会金牌28枚，包括6个团体冠军，22个单项冠军；世乒赛金牌140枚，包括42个团体冠军，98个单项冠军；世界杯金牌65枚，包括19个团体冠军，46个单项冠军（含1个女双冠军）。

一、乒乓球基本技术

乒乓球基本技术包括握拍法、基本站位、基本姿势、发球、接发球、攻球、弧圈球、推挡、削球、搓球、直拍横打和步法等。

20世纪90年代，以快攻为主的中国队、全面均衡的瑞典队和欧洲的“凶狠派”（盖停、塞弗、罗斯科夫），曾代表了世界乒坛的主要潮流。21世纪以来，随着各种技术风格的交汇融合，乒乓球技战术继续沿着快速、凶狠的方向发展，对运动员提出积极主动、抢先上手、技术全面、特长突出的要求。尤其是国际乒联3项新规则：40毫米大球、11分赛制和无遮挡发球的先后实施，使得这一趋势更加突出。

（一）握拍法、基本站位与基本姿势

1. 握拍法

（1）直握法

直握法大体上可分为三种：快攻、削球、弧圈球。

在球拍正面，拇指第一指节和食指第二指节扣住拍柄两侧，呈钳式（食指第一指节自然弯曲），距离适中，拍柄压住虎口。在球拍背面，中指、无名指和小指自然重叠并弯曲，用中指第一指节顶住球拍背面。这种握拍法是目前直拍近台快攻打法最常见的握法。

削球型打法选手握拍时，正面拇指自然弯曲，紧贴拍柄左侧，第一指节用力下压，其余四指自然分开，托住球拍背面。

弧圈型打法选手握拍时，和快攻打法的握拍基本相同，只是在正手拉弧圈球时，拍面背后的三指略微伸直（但仍带弯曲），以利于击球时较好地保持拍形前倾稳定（图5–48）。

图5–48

（2）横握法

用中指、无名指和小指自然地握住拍柄，拇指在球拍的正面轻贴于中指旁边，食指自然伸直斜贴在球拍的背面。深握时，虎口紧贴球拍；浅握时，虎口轻微贴拍。

深握球拍拍形较稳定，发力相对集中，扣杀比较有力，削球容易控制。但手腕不够灵活，处理台内球和中路偏右的短球较困难。

浅握球拍手腕较灵活，利于制造旋转变化，对台内球的处理手法更多样化，进攻低球较容易，左右结合更富协调性。但因手腕较活，拍形不固定，尤其削接弧圈球时较难控制（图5–49）。

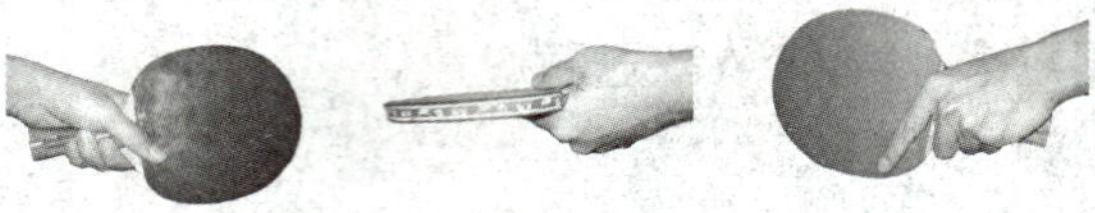

图 5-49

2. 基本站位

运动员站立的位置叫站位。根据运动员所站立的位置与球台端线之间的距离，可将站位划分为近台、中台、远台、中近台和中远台（图 5-50）。

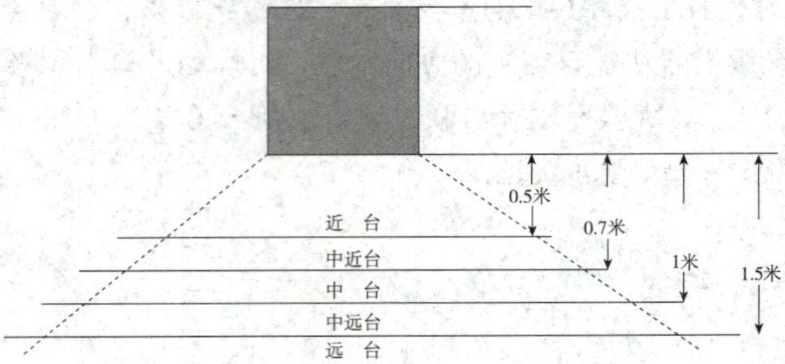

图 5-50

近台：距离端线 0. 5 米以内的范围。

中台：距离端线 0.7~1 米的范围。

远台：距离端线 1.5 米以外的范围。

中近台：介于中台与近台之间。

中远台：介于中台与远台之间。

乒乓球运动员选择自己的基本站位时，必须遵循有利于发挥自身技术特长的指导原则。决定运动员基本站位的因素如下：

（1）运动员的打法类型（均以右手持拍为例）

①左推右攻打法的运动员，基本站位在近台中间偏左。

②弧圈球打法的运动员，基本站位在中台偏左。

③攻削结合打法的运动员，基本站位在中台附近。

④以削为主打法的运动员，基本站位在中远台附近。

（2）运动员个人技术特点及身体条件

基本站位指的是一个范围，而不是某个固定点，需要根据运动员的个人技术特点及身体条件决定。例如，同为弧圈球打法，侧身抢攻多的运动员，基本站位就比使用反手多的运动员略偏左一些。再如，身材高大的运动员，基本站位通常离台稍远一点。

（3）对方运动员的打法特点

以削球为主的打法，其习惯削球落点的长短，必然影响基本站位的前后变化。如右手握拍，遇到左手握拍的对手，基本站位就要稍向中间移。

3. 基本姿势

基本姿势包括击球前的准备姿势和连续击球之间需要保持的身体姿态。打乒乓球必须注意保持恰当的基本姿势，从而保证迅速起动，及时找到合理的击球位置，同时维持身体重心的相对平衡与稳定（图 5-51）。

图 5-51

【动作要求】

①上体略前倾，适度收腹含胸。既不能站得过直、重心过高，也不能挺出腹部、全身松散，否则将大大降低动作的灵活性，影响击球时向前的发力。

②持拍手臂自然弯曲置于身体右侧。注意不要靠身体过紧而形成“夹臂”，上臂和前臂的夹角接近 90°。

③持拍于腹前偏右侧，离身体约 30 厘米。侧身抢攻较多的运动员，持拍手的位置应更偏正手位。手腕适度放松，但不能无力下垂而形成“吊腕”。

④两膝微屈，应感觉到身体对膝关节有适度的压力。这点非常关键，微屈的双膝就如同蓄积了能量随时待发，而僵直的膝关节则缺乏弹性，难以辅助发力，并会显著降低移动的速度。

⑤相对于球台端线而言，通常左脚稍站在前一点（以右手持拍为例）。但削球打法的运动员则略有区别：进攻较多的削球手经常两脚平行站位，便于左右移动；防守较多的运动员则更多采用右脚稍前、左脚稍后的姿势，便于及时后退削球；削球手准备攻球时往往又会左脚稍前。

⑥两脚的前脚掌内侧着地，略提踵。这是与上体前倾相辅相成的，有助于快速起动。

⑦两肩基本同高，肩关节放松，避免耸肩，未击球时也不应该刻意沉肩。同时下颌稍向后收，两眼注视来球。

⑧球拍不要沉得过低。否则容易延误击球时间，不利于处理台内球，并且也不易于处理上旋来球，尤其是弧圈球。

⑨非持拍手自然置于腹前，与持拍手基本同高。不仅在基本姿势中，无论作出何种击球动作时，运动员都要习惯于用这只非持拍手帮助保持身体的平衡。

⑩两脚开立略比肩宽，但不能过宽。身体重心在两脚之间，但不宜平均分配，而是主要保持在稍靠前的腿上。通常来说，削球打法和弧圈球打法的运动员，由于动作幅度大、跑动范围大、离台较远，两脚距离就比快攻运动员大，重心也略低。

（二）发球与接发球

发球、接发球和发球抢攻是乒乓球实战中的重要环节，一般统称为“前三板”。由于每一分球的争夺都是由此开始，所以处理好“前三板”往往能起到先发制人的作用，这也正是中国乒乓球队长盛不衰的传统法宝之一。

1. 发球

发球是乒乓球比赛中每一分球的开始，它是乒乓球技术中唯一不受对方来球制约的技术，可以让使用者最大限度地实现自己的战术意图，其主动性显而易见。正因为如此，它也是最有潜力可挖的一项技术。

（1）发球的主要作用

①利于自己技术风格和特长的发挥。

②为发球抢攻创造条件。

③破坏对方的战术，限制对方技术特长的发挥。

④直接得分。

⑤造成对方的心理恐慌，增强自己获胜的信心。

（2）发球技术的关键点

发球技术一般由抛球、挥拍触球两部分组成。各类发球共同的关键点是：

①抛球要稳定，包括抛球的高度和抛球后球上升与回落的线路要稳定。

②触球点的高度要适当，发急长球时触球点要低一些，发近网短球时触球点要高些。

③球在本方台面第一跳的着台点要适当，发长球时第一跳要在球台的端线附近，发短球时则在台中位置。

④握拍时虎口不宜卡得过紧，以保证手腕和手指的灵活性。

⑤引拍，尤其是手腕的引拍动作要充分。

⑥手臂和手腕向前、向下的发力要讲究技巧，使球既不致下网也不致弹跳过高或出界。

⑦球拍摩擦球的部位和用力方向要准确，尽量用相似的动作发出不同旋转的球。

⑧以前臂、手腕发力为主，但应注意腰部的协调配合，以提高发球的质量。以右手持拍为例，正手发球时，身体重心通常从右脚移至左脚，反手发球时则相反。

⑨每次触球之后，手臂都应顺势挥动，并迅速还原。

发球的传统准备姿势（以右手持拍为例）为：正手发球，左脚稍前，身体略向右偏斜，左手掌心托球置于身前偏右侧；反手发球，右脚稍前，身体略向左偏斜，左手掌心托球置于身前偏左侧。但是，随着乒乓球技术的发展，越来越多的运动员采用了侧身发球的方式，这样容易发出斜线大角度球，再配合发出直线球加以牵制，有利于将对手锁在中间，更利于自己运用正手抢攻。当然，运用反手发球者越来越少，人们对反手发球的适应性就会下降，于是也有运动员反其道而行之，站在球台中间采用反手发球，不用再进行大范围的移动即可结合反手抢攻。

（3）主要发球技术介绍

①正手平击发球。

【动作要领】

左手将球向上抛起，同时右臂内旋，使拍面稍前倾，向后方引拍。当球从高点下降至稍高于球网时，击球中上部向左前方发力（图 5–52）。

正手平击发球

图 5–52

【动作含义】

速度一般，略带上旋，是初学者最基本的发球方法，也是掌握其他复杂发球的基础。对方容易回接，便于衔接正手攻球或反手推拨的练习。

【动作要点】

初学者容易出现不抛球、台内击球或犯规的合力发球。

②反手平击发球。

【动作要领】

左手将球向上抛起，同时右臂外旋，使拍面稍前倾，向左后方引拍。当球从高点下降至稍高于球网时，击球的中上部向右前方发力。

反手平击发球

【动作含义】

出球性质与正手平击发球类似，但整个技术动作都与之差异很大，主要为日后掌握高质量的反手发球打下基础。

【动作要点】

除学习正手平击发球时的常见问题外，初学者还易用球拍向前下方切击使球产生急下旋。

③侧身正手发左侧上（下）旋球。

【动作要领】

左手将球向上抛起，同时右臂向右上方引拍，直握拍手腕作伸，横握拍手腕作外展，腰部略向右转动。当球从高点下降至接近网高时，前臂加速向左方挥摆，直握拍手腕作屈，横握拍手腕作内收，腰部向左转，击球中部向左侧上方摩擦，即为左侧上旋球。左侧下旋球发球的动作方法与左侧上旋发球大致相同，区别在于：引拍向右后上方，手臂向左前下方挥摆，击球中下部向左侧下方摩擦，触球点略高于侧上旋发球。

【动作含义】

以旋转变化为主，飞行弧线向右偏拐，对方回球时易向发球方左侧上（下）反弹。由于以近似手法发出两种不同的旋转，能起到迷惑对方的作用。

【动作要点】

横握拍的运动员用正手发左侧上（下）旋球时，最好将握拍柄的 3 个手指松开，以增加手腕的灵活性。若对手接发球习惯保守，采用左侧上旋发球较利于占据主动。

④反手发右侧上（下）旋球。

【动作要领】

左手将球向上抛起，同时右臂向左后方引拍，使拍面角度近于 90°，腰部略向左转动，当球从高点下降至接近网高时，前臂加速向右下方挥摆，直握拍手腕作伸，横握拍手腕作内收，腰部配合向右转，击球中部向右侧上方摩擦，即为右侧上旋球。右侧下旋发球的动作方法与右侧上旋发球大致相同，区别在于：引拍向左后上方，手臂向右前下方挥摆，击球中下部向右侧下方摩擦，触球点略高于发侧上旋球（图 5-53）。

【动作含义】

以旋转变化为主，飞行弧线向左偏拐，对方回球时易向其左侧上（下）反弹。由于以近似手法发出两种不同的旋转，能起到迷惑对方的作用。

【动作要点】

横握拍的运动员用反手发右侧上（下）旋球时，要加大上臂向右方挥摆的幅度。

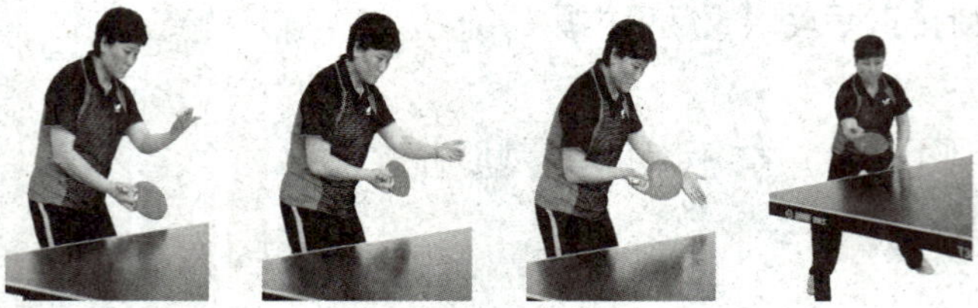

图 5–53

⑤反手发急下旋球。

【动作要领】左手将球向上抛起，同时右臂稍作内旋，使拍面略后仰，向腹前上方引拍。当球从高点下降至稍低于网高时，前臂加速向前下方推切，手腕辅助发力，击球中下部。

【动作含义】球速较快并带有下旋，飞行弧线低而长，对方用推、拨回接易造成下网失误，而用搓球回接又容易偏高。

【动作要点】此发球的特点是，下旋与快速的结合。因此，发此球时必须在保持一定旋转的同时尽可能加快出球速度。

⑥侧身发正手高抛左侧上（下）旋球和反手发高抛右侧上（下）旋球。

【动作要领】与低抛正手发左侧上（下）旋球和反手发右侧上（下）旋球基本相同，但由于高抛球下落的时间长，因而可以加大引拍幅度，并更多地借助腰部辅助发力。

【动作含义】除具有低抛正、反手侧上（下）旋球的特征外，由于将球高抛达 2~3 米，利用了重力造成的球体加速度，所以能够增大球与拍面接触时的合力，提升出球的速度和旋转。此外，高抛之后，球下落需时较长，改变了一般低抛发球的节奏。

【动作要点】初学者往往难以掌握准确的击球时间，容易出现漏球。为此，抛球时左臂的肘部要贴近身体左侧，主要靠前臂向上用力抛球，并控制好手臂的引拍动作节奏。

2. 接发球

乒乓球比赛中，接发球的机会与发球大致相同，如接发球不好，除直接失分外，还会制约自己的技战术发挥，造成心理压力而处于被动。随着乒乓球技术的发展，接发球技术日趋细腻丰富，接发球水平也反映了运动员掌握各项技术的全面程度。

（1）选择站位

合理的站位，有利于提高接发球的质量。

①根据对方发球位置来决定自己的站位。

如果对方准备用正手在球台的右角发球，可能发出右方斜线或右方直线，考虑到右方斜线来球角度大，直线球相对而言角度要小一些，接发球时的站位应在中间偏右些；如果对方用反手或侧身在球台左方发球，则接发球时的站位应偏左些。

②根据自己的习惯打法来决定基本的站位。

正手进攻多的运动员，常会站在球台左角接发球，以利直接侧身运用接发球抢攻或抢位；左推右攻打法和两面进攻较为均衡的运动员，往往选择站位居中偏左，便于正、反手控制或抢攻来球；攻、守结合的运动员，站位多在中路，且离台稍远，以利接发球时控制旋转和落点。

③针对不同的对手调整站位。

有的对手喜欢打相持球，就以发长球为主，接球方站位要离台稍远，但要留意突然性的近网短球；有的对手喜欢自己抢攻，就以发短球为主，接球方站位应离台稍近些，但要防备对方以长球偷袭。与左手持拍的运动员对阵时，站位要比平时偏右，以防斜线大角度来球。

（2）判断来球

及时、准确的判断来球，是接好发球的前提。

①从对方发球引拍时的拍面方向和挥臂方向判断来球的斜、直线。

对方如发斜线球，拍面方向则向侧偏斜，手臂向斜前方挥出；对方如发直线球，拍面方向则向前，手臂由后向前挥出。

②从对方发球时拍触球的移动方向判断来球的旋转性能。

关键是观察对方拍与球接触瞬间球拍的移动方向，千万不能被对方触球前后的一些假动作迷惑。一般情况，球拍从上向下移动是下旋；从下向上是上旋；从左向右是右侧旋；从右向左是左侧旋。这种单一性能的旋转发球，比较容易判断，但如果是两种旋转相结合的侧上、下旋和转与不转的发球，要判断清楚它们的性能就比较困难了，除了在理论上认识外，还要在实践中反复练习，才能逐步熟练掌握回击各种性能不同来球的方法。

③从对方发球时摆臂振幅大小和手腕用力程度判断来球落点远近和旋转强弱。

一般来讲，凡是摆臂幅度大的发球，其落点比较长、力量比较大、速度比较快；摆臂振幅小的则相反。凡是在发球时手腕抖动比较厉害、用力较大的摩擦球，旋转就比较强，反之则旋转弱。

④从来球弧线和球的运行判断来球落点和旋转性能。

从弧线判断来球落点长短比较容易。如果来球飞行弧线最高点在对方台面上空或靠近网前，来球落点就短；反之则长。下旋加转球在空中飞行时，表现出来的现象是前段快后段下沉，不转球则是前段慢后段快（球落台后向前冲）。球在空中飞行时，飞行弧线向左偏拐是右侧旋球，飞行弧线向右偏拐是左侧旋球。

⑤从对方击球的声音来判断。

当遇到使用两面不同性能球拍的对手时，可以听对方球拍击球时的声音来区别不同的旋转球。一般来讲，击球声音较响的一面是长胶，声音不大响的那面是反胶或正胶拍。

（3）合理回接

接发球的基本方法是由点、拨、带、拉、攻、推、搓、削、摆短、撇等各种技术综合组成的。但当对手是已经掌握了以上接发球方法的优秀运动员时，则可以根据自己技术打法和战术的需要，打破一般接发球的规律去回接对方的任何来球。所以说，要提高接发球的能力，必须提高各项基本技术。

下面是一般接发球的规律和最基本的回球方法。

①接急球。

发过来的球速度快，带有上旋，左方急球不宜移动过大，可采取侧身回接，一般用反手推挡或用反手攻回击。右方急球用正手快带、快攻借力回接。如果用削球回接，则必须移动步法向后退一些，等来球力量减弱时再回接。如对方发过来的是急下旋球，由于来球急并带有一定的下旋，应增加向上提拉的力量。用搓球回接时，首先向后退一些，拍面角度不宜后仰过大，击球中部向前下方发力以抵消来球的前进力。

②接下旋球。

发过来球球速较慢，触拍后向下反弹，用搓球回接时，注意拍面后仰以增加向前上方的发力。用拉攻或弧圈球回接时，一定要增加向上提拉的力量。

③接短球。

回接时最主要的是应及时向前移步，以获得最适合的击球位置。同时，要控制好身体的前冲力量。接发球后要迅速还原，准备下一拍来球。无论采用搓、削、攻、拉哪一种方法回接短球，都应特别注意来球是在台内，受台面影响会阻碍引拍，因此要充分靠前臂和手腕发力，同时要根据来球的旋转性能，调节拍面角度、击球部位、击球时间和用力方向。

（三）攻球技术

乒乓球的攻球技术分为正手攻球、反手攻球和侧身攻球 3 大部分。在每一部分攻球技术中，又按通常的惯例分为快攻、快点、快带、快拉、扣杀、突击、快拨、杀高球等各项技术。这些技术各具特点，作为以进攻为主要打法的运动员，必须在掌握全面的攻球技术的基础上力求特长突出，这样才能在比赛中争取主动和胜利。这里以正手攻球技术为例进行介绍。

1. 正手攻球技术

（1）正手快攻

【动作要领】

手臂自然弯曲并内旋使拍面稍前倾，前臂横摆引至身体右侧后方。右脚稍用力蹬地，髋关节略向前转动，腰向左转，上臂带动前臂快速向左前方挥动迎球。当来球跳至上升期（或高点期），拍面稍前倾击球中上部，触球瞬间前臂迅速收缩，以向前打为主，略带摩擦，手腕辅助发力。一般用 60%~80% 的力量击球，并可借助手腕调节拍面角度、改变击球部位来变化回球的落点（图 5–54）。

正手快攻

图 5–54

【动作含义】

站位近、动作小、出手快，借来球的反弹力还击，与落点变化相结合，可调动对方为扣杀创造条件。是近台快攻打法的一项主要技术。

【动作要点】

①引拍以肘关节为轴，而不是将整个肘部甚至连同上臂向后拉，否则会造成肘高、肩高的“架肘”状，影响发力和命中率。此问题常与两脚平站有关，注意调整站位、放松肩部，也可多练习打离身球以改正之。

②如果拍形后仰，击球时有翻腕动作，攻打上旋强烈的来球时将容易出界。除在思想上清楚正确的拍形角度外，还应多进行攻打弧圈球的练习，在实践中予以纠正。

③击球时不能只有手臂动作而无腰、腿配合，必须注意体会重心交换的感觉。

（2）正手快拉

【动作要领】

准备姿势同近台攻球类似。前臂下沉，将球拍引至身体右后下方，略低于来球。上臂带动前臂加速向左前上方挥动迎球，当来球跳至高点期（或下降前期）时触球。来球下旋强，拍面稍后仰击球中下部，多向上摩擦；来球下旋弱，拍面接近垂直击球中部，向上摩擦的成分略少。

【动作含义】

出手较快、动作较小、线路活，站位稍近台。在对付下旋发球、搓球和削球时，可作为过渡技术为扣杀创造条件，又称拉攻。

【动作要点】

①身体重心过高，或是球拍位置过高，都会影响向上挥拍时对球的提拉动作，容易吃转。

②与弧圈球的区别在于，快拉的引拍距离较小，不是用整个手臂向后拉，击球点离身体较近，以前臂为主，出手相对较快。

（3）正手扣杀

【动作要领】

左脚稍前，站位远近视来球长短而定。手臂自然弯曲并内旋使拍面稍前倾，随着腰、髋的转动，整个手臂后拉，将球拍引至身体右后方，适当加大引拍距离，便于加速和发力。借腰、髋的左转及腿的蹬力，带动手臂向前迎球。当来球跳至高点期（位置合适时可在上升期），上臂带动前臂同时加速向左前下方发力，拍面前倾击球中上部，撞击为主，略带摩擦（近网球除外）。来球不转或带上旋时，球拍位置应略高于来球（图 5–55）。

图 5–55

【动作含义】

动作幅度较大、力量重、球速快、威力大。通常是在用其他技术取得主动和优势之后，对方回球出半高球时运用，是比赛中重要的得分手段之一。

【动作要点】

①引拍距离应根据来球适当调整，如果引拍距离过小，或是击球点离身体过近，都会影响扣杀的力量。

②运用扣杀技术时腰、髋和腿的配合用力尤为重要，如果仅用手臂发力，不但杀伤力有限，而且动作不稳定。

③触球前各部分肌肉须充分放松，击球时的爆发力才有保证。

（4）正手杀高球

【动作要领】

左脚在前，身体离台略远。手臂内旋使拍面前倾，整个手臂随着腰、髋向右转动而尽量向身体右后方引拍，以增大球拍与来球的距离，最大限度地发挥击球力量。随着右脚蹬地转换重心和腰、髋向左转动，整个手臂先由后下方向前挥摆，身体重心逐渐上升并开始向左脚转移，随后手臂加速向左前下方挥动，腰、髋同时配合发力，拍面前倾击球中上部。

【动作含义】

动作大、力量重，主要用于进攻肩以上高度的来球，往往能够直接得分。

【动作要点】

来球特高时，不宜在球跳至最高点时击球，以免来球高出挥拍路线的高度，影响力量的施展和击球的命中率。

（5）正手攻打弧圈球

【动作要领】

准备姿势同近台快攻，前臂上提并内旋，使拍面稍前倾，手腕相对固定。来球弧线较高、旋转较强时，球拍位置高于来球，重心略上提；反之，球拍位置略低。在腰、髋带动下，前臂快速收缩前迎，在来球的上升后期击球的中上部。来球弧线较高、旋转较弱时，以"盖压"撞击为主，向前下方用力，击球后身体重心随之迅速降低；来球弧线很低且旋转不强时，可向前略向上发力（图 5–56）。

图 5–56

【动作含义】

出手快、力量大，是回击弧圈球的最为积极主动的技术之一，但掌握的难度较大。

【动作要点】

必须利用身体重心的力量，而不能只用前臂发力，否则控制球的能力低，容易"吃转"。

（四）弧圈球技术

1. 正手弧圈球

正手弧圈球的动作原理由以下几个部分组成。

（1）准备姿势

两脚开立，左脚在前，右脚稍后，收腹、含胸、屈膝，身体稍前倾，重心落在两脚之间。

正手拉弧圈球

（2）引拍

腰、髋略向右转动，重心置于右脚掌略靠前外侧，右肩略下沉，左肩自然转向来球方向，右腿屈膝程度加大，腰、腹都收住，保持一定的紧张状态。用腰控制上臂，前臂自然下垂，球拍经腹前向右斜后下方移动，通常引至身体右侧腰部下方稍后处，转腰的速度快于拉手。手臂放松，但不要完全伸直，肘关节夹角保持在 150°~170°即可，若前臂和上臂成为一条直线容易造成僵硬。引拍时注意不要向后拉肘或是抬肘，上臂与身体之间自然适当打开，避免夹臂。来球下旋强烈或击球点较低时，引拍位置稍低；反之，则主要向侧后方引拍。

（3）发力

拉弧圈的发力是一种典型的动量传递过程，其基本原理是：由大肌肉群向小肌肉群传递，由较大的关节向较小的关节传递，由身体的后下方向前上方传递，由身体的近端向远端传递，从而形成所谓“鞭打式”效果。具体来说，击球时，从右脚外前侧向左前上方蹬地开始，身体重心逐渐升高并顺着发力方向前迎，力量经由小腿、大腿、髋关节、腰、肩、肘、手腕、手指，最后作用于球拍触球的瞬间。在此过程中，髋关节要适当前转，腰部发力带动挥臂，腰腹收紧使发力集中，注意全身各部分的动作顺序以彼此协调配合。挥拍的路径是一条从右后下方到左前上方的内弧线。通常击球的中部或中上部（如要增加侧旋成分可击球略偏右并带侧向摩擦），前臂和手腕在即将触球时迅速内收，手指在触球刹那突然抓紧球拍。直握拍者同时注意中指顶板，以帮助发力摩擦来球。

（4）拍形

现代弧圈球讲究“打、摩”结合，所以拉球时拍面角度不必过于前倾，否则易造成摩擦过多而前进力不足。通常在引拍的起始阶段，拍面垂直或稍前倾即可；触球瞬间，伴随着手腕内收，拍面略有前倾。来球下旋强烈或击球点较低时，向上摩擦多一些；反之，在保证有必要弧线的前提下，可增加撞击的比重以增强球的前冲力。

（5）手腕

拉弧圈球时，手腕要相对固定，不能晃动太大，还应注意避免吊腕。但在击球瞬间，手腕可以适当转动，起到重要的调节作用，这是成为高水平运动员的必要条件。

（6）击球点

理论上最佳的击球点应是在身体右侧前方，但在实践中往往难以做到。通常来说，只要在身体侧面即可，但一定不能落到身体后方。与身体间的距离适当远一些，这样更容易发挥手臂挥动的加速度，因为此时力臂较长，但最好不要过远，否则不利于控制球。具体的位置，需要综合来球情况和自身客观条件来决定。

（7）击球时间

来球下旋强烈时，可在下降期触球，这样更容易通过摩擦力来制造弧线；在爆冲弧圈球时，击球时间应提前至上升期。

（8）还原

触球后，手臂继续顺势挥动，身体重心移到左脚上，然后迅速还原。如果下一板继续采用单面拉，那么还原时重心就要略偏右侧，以节省准备时间；如果准备采用两面进攻，则重心宜恢复到两脚之间，便于随时向两边移动。

2. 反手弧圈球

主要是反手加转弧圈与前冲弧圈。

【特点】

反手弧圈球多数由横拍运动员采用。横拍反手拉弧圈的技术，其特点与正手弧圈相同。由于受到身体的阻挡，手臂力量的发挥受到一定限制。如果拉得好，可为正手创造机会，也可直接得分。

【动作要领】

两脚平行站立稍比肩宽，或左脚稍前站立，两膝微屈，收腹。击球前球拍引至腹部下方，肘关节稍向前，手腕内屈，拍下垂，拍面前倾。当球从台面跳起后，以肘关节为轴，前臂迅速向上、向前发力。加转弧圈在球的下降期摩擦球的中部或中上部，以向上为主，稍向前发力。前冲弧圈在球的高点或下降前期摩擦球的中上部，以向前为主，稍向上发力，同时要配合蹬腿的力量，抬起上身，辅助发力。

（五）推挡技术

推挡是我国直拍快攻打法的基本技术之一，特别是在左推右攻打法中占有极其重要的地位。由于推挡站位近、动作小、落点多变、速度快并具有一定的力量，所以在比赛中能主动调动和压制对方，为正手攻和侧身攻创造有利时机，在被动和相持时还可以起到积极防守和从相持转主动的作用。

运用推挡技术时，通常的站位及准备动作如下：根据运动员身材的不同，站位离台约40~50厘米，多在球台左半台的1/3处；两脚开立，比肩略宽，左脚稍前，右脚稍后，或两脚平行；上体略前倾，身体重心在两脚之间，双膝微屈；拍面呈半横状，拍形近于垂直；握拍时食指稍用力，拇指放松，上臂和肘部自然靠近身体右侧，上臂与前臂的夹角约为100°，肩部放松（图5–57）。

图 5–57

1. 快推

【动作要领】

手臂自然弯曲并外旋，拍面角度稍前倾，上臂和肘关节内收自然靠近身体右侧，将球拍引至身体前方。当来球跳至上升期时，前臂和手腕迅速向前略向上推出去。触球刹那手腕外旋，拍面稍前倾击球中上部，以前臂和手腕发力为主，并适当借力。

【动作含义】

出手快、线路活，是学习其他推挡技术的基础。在对攻和相持中运用对推两大角或突袭对方空当，能争取时间，使对方左顾右盼应接不暇，造成对方直接失误或漏出机会为自己的抢攻创造条件。一般适用于对付推挡球、中等力量的突击球和旋转较弱的拉球。

2. 加力推

【动作要领】

手臂自然弯曲并外旋，拍面角度稍前倾，上臂后收，前臂必须提起，肘关节贴近身体，将球拍引至身体前方较高处。当来球跳至上升后期或高点期时，上臂、前臂和手腕加速向前下方推压，腰、髋向左转动配合发力，拍面前倾击球中上部，中指用力顶拍。

【动作含义】

力量重、球速快，能抑制对方的攻势，常迫使对方离台而陷于被动防守的局面。加力推与减力挡配合运用，能更有效地控制对方，争取主动。一般适用于对付速度较慢、旋转较弱的上旋球或力量较轻的攻球及推挡。

3. 减力推

【动作要领】

手臂外旋，拍面稍前倾，不用手臂向后引拍，身体重心略升高，前臂稍收使拍面略高，放至身前即可。当来球刚刚弹起即触球中上部，借力回击，拍触球一瞬间手臂和手腕稍向后收，以缓冲击拍的力量。

【动作含义】

回球弧线低、落点短、力量轻。多在加力推或正手发力攻迫使对方离台后使用，可调动对手前后奔跑，为抢攻创造机会。

4. 推下旋

【动作要领】

手臂微内旋，拍面角度稍后仰。上臂后引，前臂上提，将球拍引至身体前方。当来球跳至高点期，击球中下部，以上臂和前臂为主向前下方用力推切，触球瞬间拍形保持相对固定。

【动作含义】

回球下旋，弧线较低，落点长，球落台后向前滑。在略带上旋的对推或对攻相持中，可突然将球变为下旋，从而使对方直接下网或因不适而陷于被动。但推下旋难以充分发力，且用来对付上旋较强的球有相当的困难，故只宜作为辅助技术使用。

5. 推挤

【动作要领】

手臂自然弯曲并外旋，上臂和肘关节后引很少，前臂上提将球拍引至身体前方较高处。上升期击球，拍面稍前倾触球左侧中上部，前臂和手腕向左前下方用力推挤，同时腰、髋向左转动配合发力。

【动作含义】

回球带左侧下旋，弧线低、斜线角度大。在对攻争夺中，由于能主动改变旋转性能和落点角度，因而增大了对方回球的难度。由于触球部位是来球的弱旋转区，所以是对付弧圈球的一种有效办法。

（六）削球技术

1. 远削

【动作要领】

①正手远削：两脚分开，右脚稍前，身体略向右转，手臂向右后上方移动，前臂提起，球拍上举。当来球跳至下降后期，随着身体的向左转动，上臂带动前臂同时向左前下方用力，拍面后仰，触球中下部，手腕有摩擦球的动作。

②反手远削：基本同正手削球，但方向相反。反手削球因受身体的限制，引拍动作要有节奏。

【动作含义】

动作较大、球速较慢、弧线长、击球点低，以旋转变化为主，配合落点变化。主要用于在远台回接旋转强烈的弧圈球，是削球运动员最基本的入门技术。

【动作要点】

发力时，以手臂带动手腕，动作向前、用力充分。

2. 近削

【动作要领】

①正手近削：与远削相同处不再重述。与远削动作不同之处在于，向上引拍为主，拍形近似垂直或稍稍后仰，整个动作以向下为主，略带向前、向左，在来球的上升后期或高点期触球的中下部（比远削偏中部），动作速度比远削要快。

②反手近削：与正手近削相同，但方向相反。引拍动作应适当加快，否则有来不及的感觉。

【动作含义】

站位较近、动作较小、击球点高、回球速度快，配合落点变化可调动对手，伺机反攻或直接得分。主要在对手拉球旋转不强或攻球力量不大时使用。

【动作要点】

与远削相比，近削时身体重心略高，挥拍的动作幅度稍小，击球速度略快，以前臂和手腕发力为主，特别应加大向下切削的成分。

（七）搓球技术

搓球是一项乒乓球运动员必须具备的过渡性技术，但在比赛中一定不能多搓，否则必被对方抢攻。搓球的动作与削球近似，所以也是削球运动员的一项入门技术（图 5–58）。

图 5–58

1. 慢搓

【动作要领】

①正手慢搓：手臂外旋使拍面后仰，前臂向右后上方引拍，当来球跳至下降前期，前臂

带动手腕加速向前下方用力摩擦球，触球中下部。

②反手慢搓：与正手相同，但方向相反。

【动作含义】

动作较大、速度较慢，主动发力回击，因此有利于增强回球的下旋强度，是学习其他搓球技术的基础。

【动作要点】

①应视来球情况调整拍形角度、触球部位和发力方向。

②初学者应特别注意手腕和前臂动作的协调配合，切忌滥用手腕。

2. 快搓

【动作要领】

①正手快搓：肘部自然弯曲，手臂外旋使拍面角度稍后仰，后引动作较小。当来球跳至上升期，利用上臂前送的力量，前臂和手腕配合，借力结合发力，触球中下部并向下方用力摩擦。

②反手搓球：与正手基本相同，但方向相反。

【动作含义】

动作较小、速度较快，且有一定的旋转，与其他搓球技术结合，能主动改变击球节奏，为力争主动创造条件。

【动作要点】

①快搓的击球时间早，必须加强对来球的判断，以便手臂迅速前伸迎球。

②注意与慢搓的区别，快搓时手腕向前送的成分相对较小。

（八）直拍反面进攻技术（直拍横打）

直拍横打的出现和发展，较好地弥补了传统直拍反手拉进攻能力不足的缺陷，是现代直板运动员必须掌握的一项技术。具体来说，直拍反面进攻技术包括平挡、快拨、快带、快撕、挑打、弹击、拉球、反拉和贴弧圈等。

（九）步法

1. 单步

以一脚为轴，另一脚视需要向某一方向移动，移步完成时身体重心也随之落到移动脚上。

单步通常在来球离身体不远的小范围内运用，如回击近网短球和削接追身球。移步简单灵活，重心转换较平稳，各种打法都适用。有时为了移动脚更好地起动，作为轴的脚往往先要在原地轻跳或踮一下，以便调整重心。此外，用单步上前回接近网球时，容易出现重心跟不上、臀部落在后面的问题，影响击球效果。

2. 跨步

以远离来球的一脚蹬地，靠近来球的脚向移动方向跨出一大步，身体重心随即落到该脚上（攻球时可落脚、击球同时进行），蹬地脚迅速跟上半步或一小步，也称换步。

跨步幅度较单步大，常会降低身体重心（后移动脚跟上慢时尤其明显），故而打借力球好、发力球差。随着技术的发展，弧圈打法中跨步的使用已很少见，近台快攻打法也主要在需要快速回击时运用，如正手“打回头”。以跨步横向移动时，常与并步或跳步结合运用，因为跨步与跨步衔接会令身体重心越来越低，不利于连续击球。

3. 跳步

以远离来球的一脚用力蹬地，使两脚同时或几乎同时离地向来球方向跳动，蹬地用力大的脚先落地，另一脚跟着落地站稳。

跳步移动范围较跨步略大，但速度不如跨步。移动中常会有短暂的腾空时间，对保持身体重心的稳定会有一定影响，通常靠膝关节和踝关节的缓冲来减少重心起伏。多用于来球距离身体较远且速度不是很快时，利于主动连续进攻。弧圈打法常用于侧身移动或在中台左右移动；快攻打法侧身时用跳步也较多，但左右移动时常会将其与跨步结合运用，如往右移动先用跨步，接着往左移动时用跳步。

4. 并步

并步与跳步基本相似，但不腾空跳动。远离来球方向的一脚向来球方向迅速蹬地起动，先并一小步，同时另一脚向来球方向跨出一步。先起动的远侧脚，其移动幅度不超过另一脚。移动速度较快时，并步也可称为滑步。

5. 交叉步

近来球方向的脚先做一小垫步并用力蹬地起动，身体向来球方向转动，远离来球的脚越过近来球方向的脚跨一大步，两脚在身体前形成交叉。远离来球的脚将落地时击球，同时上体顺势面向球台（不要左肩对着球台），近来球方向的脚随之落在另一只脚的侧后方。

移动范围大，多用于侧身攻后扑打右方大角度球，或再从右大角回到反手攻时，削球手在回接两大角球时也偶用。击球时能充分发挥转体的加速力量，但连续攻时不如并步方便。

二、乒乓球基本战术

（一）发球抢攻战术

发球抢攻，是各类打法力争主动、先发制人的一项主要战术，是比赛的重要得分手段。发球抢攻战术运用得好，常能打乱对方整个战略部署，造成对方的紧张和慌乱。特别是在关键时刻，其威力更为突出。各种打法常用的发球抢攻战术主要有以下几种。

①正手发转与不转球后抢攻。

②正手发高、低抛左侧上、下旋球后抢攻。

③反手发右侧上、下旋球后抢攻。

④反手发急上、下旋球后抢攻或抢推。

（二）对攻战术

对攻是进攻类型打法选手相互对抗时，双方利用速度、旋转、落点变化和轻重力量来抑制对方、争取主动的重要手段。常用的对攻战术有以下几种。

①攻两角战术。

②紧压对方反手，结合变线，伺机抢攻。

③调右压左。

④加、减力压对方反手、中路后，迅速抢攻。

⑤连压对方中路或正手，伺机抢攻。

（三）拉攻战术

拉攻是进攻型打法对付削球打法的主要战术，即通过拉球落点、旋转和力量的变化制造机会，伺机突击、抢冲和扣杀。拉攻通常运用的战术有以下几种。

①拉左杀右或拉右杀左。

②拉中路杀两角或拉两角杀中路。

③拉直杀斜或拉斜杀直。

④拉一角为主，伺机突击（扣杀、拉冲）自己的特长路线或对方中路。

⑤变化拉球的旋转和长短落点，伺机突击（扣杀、拉冲）。

⑥拉搓、拉吊结合，伺机突击（扣杀、拉冲）。

（四）削攻、搓攻结合战术

①削转与不转球，伺机反攻。

②削、挡结合，伺机反攻。

③倒板搓、削、拱，伺机反攻。

④搓球转快攻。

（五）接发球抢攻战术

①接发球抢攻。

②以摆短为主，结合劈两大角长球，争取下一板的主动上手或反攻。

③接短球，稳健控制法。

思考题：

1. 简述乒乓球运动的起源。
2. 在乒乓球运动发展历程中，球拍和规则的变化起着怎样的作用？
3. 乒乓球运动的基本技术包括哪些？
4. 乒乓球的攻球技术分为几部分？简述其中一种。

乒乓球比赛基本规则

第五节　羽毛球运动

羽毛球运动的雏形出现在19世纪中叶。当时印度浦那城里有一种类似羽毛球的游戏开展得十分普遍，绒线编织成球形插上羽毛，练习者手持球拍将球在空中轮流击出。这项活动在英国驻印度军队里开展得尤其活跃。据考证，类似羽毛球活动的板羽球游戏在中国古代也早就出现了。

现代羽毛球运动起源于1873年。那年在英国伯明顿镇有一位鲍费特公爵，在他的庄园组织了一次游艺活动，由于天公不作美，户外活动只能改在室内进行。应邀来宾中有好几位是英国驻印度退役军人，他们建议进行“浦那游戏”。当时室内场地呈葫芦状，他们在场地中间拉一根绳子代替网，每局比赛只能有两个人参加，有一定的分数限制，大家打得非常热闹。于是，羽毛球作为一种高雅的娱乐性活动迅速传遍英国。为了纪念此项运动的诞生地——伯明顿（badminton）被作为羽毛球的英文名字而流传于世界。

一、羽毛球基本技术

（一）握拍法

羽毛球握拍正确与否，对于掌握和提高羽毛球技术水平有着重要的影响。羽毛球技术中的握拍和指法是多种多样的，但是基本的握拍法有两种，即正手握拍法和反手握拍法。

1. 正手握拍法

先用右手拿住球拍，使拍面与地面垂直，然后右手虎口对准拍柄窄面内沿，以握手式握住拍柄，小指、无名指和中指并握，食指稍分开，大拇指与中指相近，拍柄端约与小鱼际肌齐平（图5–59）。

2. 反手握拍法

拇指顶在拍柄内侧宽面上，柄端紧靠小指根部，使手心留有空隙（图5–60）。

图5–59

图5–60

【动作要领】

①正手握拍法如同与人握手，注意虎口不是对着拍柄宽面，而是对着拍柄窄面内沿。

②注意握拍的松紧度。握拍太紧，动作必然僵硬；握拍太松，击球无力，且动作可能变形。

③注意握拍的调整。击高球和扣杀球时，击球的瞬间需要握紧拍柄发力，握拍变成虎口对着拍柄的窄面，以球拍正面击球，击球后则应调整恢复到虎口对着拍柄窄面内沿的原有正手握拍法。

【练习方法】

①固定球拍，以持拍手的正确部位握拍，体会握拍感觉。

②正、反手握拍的转换练习。从正手握拍举在右肩上，到反手握拍举在左肩上。反复练习体会拇指和食指将拍柄捻动后，手指和拍柄接触部位不同的要求和变化。

【易犯错误】

①握拍“一把抓”，正、反手没区别。

②动作僵硬，“死握拍”。

【纠正方法】

①进行讲解、示范，使学生对正确的技术动作有明确的概念。

②采用正、误对比，纠正错误动作；两人相互纠正错误动作。

（二）发球

单打时站在中线附近，离前发球线约 1 米，双打时可稍站前些。左肩侧对球网，左脚在前，脚尖向网，右脚在后，脚尖稍向右侧；两脚距离与肩同宽，身体重心放在后脚上，右手握拍向右后侧举起肘部微屈，两眼注视对方站位位置（图 5–61）。

发球按球在空中飞行弧线分为发高远球、平高球、平快球、网前球（图 5–62）。

图 5–61

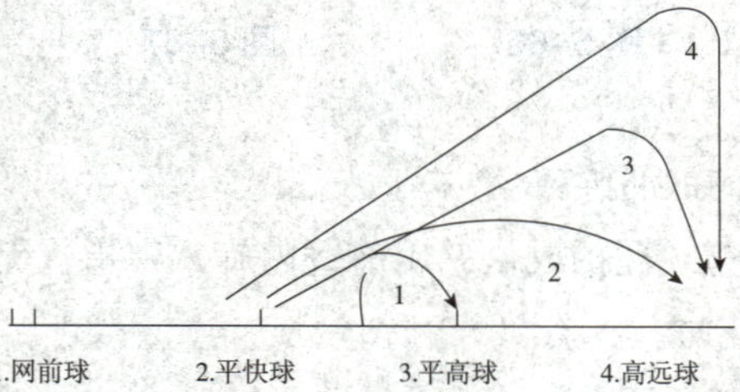

图 5–62

【动作要领】

1. 发高远球

把球发得高而远，球到达底线上空后，几乎垂直下落，落点接近底线。发球时，左手松开使球下落，同时右手握拍沿着自下而上的弧线朝前上方加速挥摆（仰角要大于 45°），自然伸腕，将触球时，前臂带动手腕向前上方“闪”动，由伸腕经前臂内旋至屈腕，使击球瞬间形成“爆发力”，击球点在右侧前腰下（图 5–63 ~ 图 5–65）。

发高远球

图 5–63

图 5–64

图 5–65

2. 发平高球

球飞行路线比高远球低，击球时用前臂带动手腕发力，拍面稍向前推进，仰角小于 45°，其余动作同高远球。

3. 发平快球

站位稍靠后，击球时拍面仰角小于 30°。发平快球带有突击性，使球越网而过，直插后场，向对方反手或空当进攻。

4. 发网前球

击球时挥拍幅度较小，力量较轻，拍面稍后仰，使球恰好越网，落在对方前发球线附近（图 5–66 ~ 图 5–68）。

图 5–66　　图 5–67　　图 5–68

【练习方法】

（1）正手向上颠球的练习

先要求保持展髋，握拍放松，用前臂内旋，中指、无名指和小指由松到紧发力击球，加上手腕的回环动作击球。

（2）用吊线球进行正手发球练习

将球系在 5 米以上吊线的下端，球的高度调至与练习者膝关节平齐或稍低些。用球拍向前上方击球，模仿正手发高球的动作。要求以完整的发球动作击吊线球。

（3）对墙发球练习

体会球下落时间和挥拍速度之间的时空关系。首先注意技术动作的准确性，然后再强调击球的准确性。

（4）在场地上正式发球练习

始终强调注意动作的正确性，然后才是飞行弧度和落点的质量要求。

（5）上肢力量练习

①羽毛球掷远或掷垒球练习。

②绕腕练习，手持哑铃于体前或体侧做绕 “8” 字练习。

③挥拍练习，挥网球拍，重点进行前臂、腕、指的各种击球动作以发展击球爆发力。

④转臂练习，手持哑铃于体侧做旋内、旋外练习。

【易犯错误】

发球时，挥拍动作僵硬；脚移动；放球与挥拍配合不当；击球点靠近身体或离得太远；

握拍太紧以致力量发不出；发球过手、过腰。

【纠正方法】

①按正确挥拍路线的慢动作挥拍练习，逐渐过渡到正确速度的挥拍练习。

②掌握动作结构、顺序，多做放松、协调的发球练习。

③反复练习发球、放球，强调落点，保持球托向下落，采用多球发球练习。

（三）接发球

单打时，站位在离前发球线约 1.5 米处，站在右发球区则靠近中线，站在左发球区则在中间位置，以防对方直线进攻反手部位。双打时，发球线比单打短 0.75 米，发高远球易被扣杀，因此双打多发网前球。接发球时可站在离前发球线较近处，球拍要举得高些，利用网前击球点高争取主动。

对方发来高远球或平高球时，可用平高球、吊球或扣杀球还击（图 5–69）。对方发来网前球时，可用平高球、高远球、放网前球、平推球还击（图 5–70）。对方发来平快球时，可用平推球、平高球还击，以快制快，亦可用高远球。

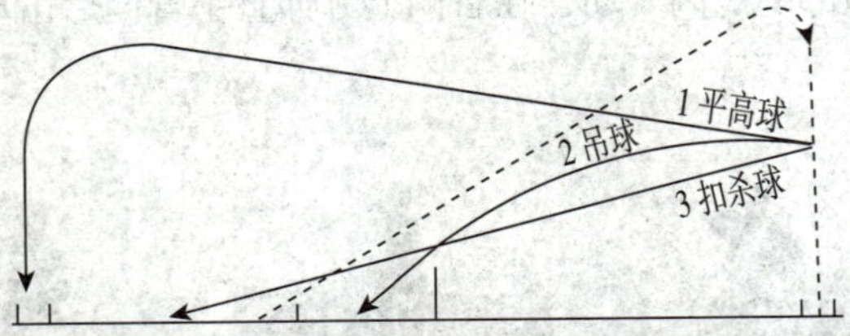

虚线为发高远球；“1” 还击平高球；“2” 还击吊球；“3” 还击扣杀球

图 5–69

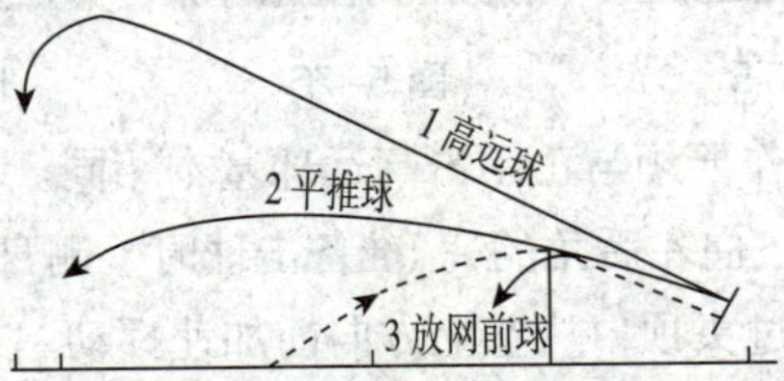

虚线为发网前球；“1” 还击高远球；“2” 还击平推球；“3” 还击放网前球

图 5–70

（四）击球法

1. 高手击球

击球点高、速度快、力量大，是快攻打法的最基本技术。

【动作要领】

（1）高远球

进攻时，可逼迫对方退离中心位置，削弱对方进攻威力，消耗对方体力，使对方回球失误；防守时，当对方连续进攻使自己步法出现忙乱时，用高远球争取时间，回到中心位置，摆脱被动局面。打高远球有高和低两种击法。高远球又分正手、反手和头顶三种。

①击正手高远球时，判断来球的方向和高度，适当移动位置，使击球点尽量在右肩稍前的上空，左脚在前，右脚在后，身体重心放右脚前脚掌上；屈臂举拍肩上，握拍前臂向后移动，肘关节向后侧提高，使球拍后引到头后，自然伸腕；接着上臂带动前臂向上，肘关节迅速上升，前臂前“甩”，触球时手臂伸直，“闪”动手腕（图 5-71 ~ 图 5-74）。

图 5-71

图 5-72

图 5-73

图 5-74

②击反手高远球时，反手握拍，右脚前交叉跨到左侧底线，背向网，身体重心在右脚，球拍举左胸前，拍面朝上，双膝微屈，利用腿和腰腹协调发力，上臂带动前臂，肘部上抬与肩并行时，前臂带动腕部的“闪”动，在右侧上方伸直手臂向后击球（图 5-75 ~ 图 5-77）。

图 5-75

图 5-76

图 5-77

③击头顶高远球时，动作要领与正手击高远球基本相同。不同的是，击头顶高远球的击球点在左肩上方（因为球是飞向左后角的）。准备击球时，侧身（左肩对网）稍向左后仰。击球时上臂带动前臂，使球绕过头顶，从左上方向前加速挥动。在用力击球时，注意发挥手腕的爆发力和充分利用蹬地以及收腹的力量。

（2）吊球

将对方击来的高远球从后场还击到对方网前区，以打乱对方阵脚。吊球打法用力较小，但要准确地把球击到对方前发球线以内离边线 50 厘米附近。

吊球有多种打法，初学者应先学好高吊球。高吊球按球飞行弧线和击球动作的不同，分为劈吊和拦截吊球（图 5-78）。劈吊击球用力较轻，挥拍时拍面偏斜，击球一刹那，前臂突然减速，利用手腕快速“闪”动，向左下“切削”，球拍触球托的偏右部位。拦截吊球是把对方的平高球拦截回去，拍面正对来球，当拍面和球接触时，轻轻一挡，使球以较平弧线、较慢速度越网垂直下坠（图 5-79 ~ 图 5-81）。

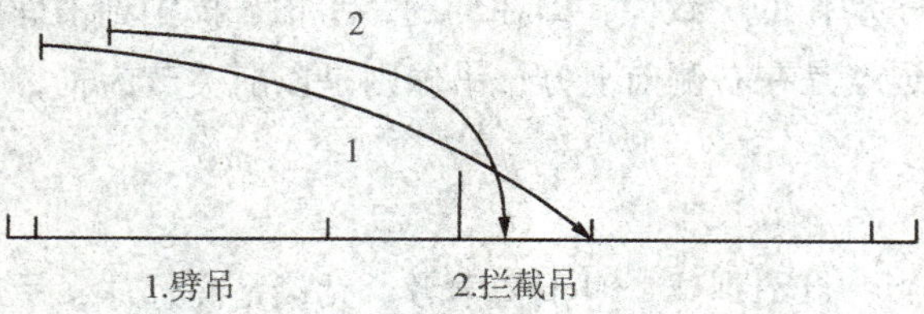

图 5-78

图 5-79

图 5-80

图 5-81

（3）扣杀球

扣杀球是一项主要进攻技术。可分正手、反手和头顶扣杀三种，初学者应先掌握好正手扣杀。击球动作大体和正手高远球一样，不同的是击球一刹那需用全力，前臂快速带动手腕下压，触球时拍面前倾，向前下方用力，击球点在右肩稍前上方（图 5-82 ~ 图 5-84）。

图 5-82

图 5-83

图 5-84

【练习方法】

①持拍做好准备、引拍、挥拍、击球（还原）的基本功练习。握拍要正确、合理，左右手、前后脚及转体收腹等动作协调，在最高点击球。

②原地进行起跳转 90°，着地后即返回原地，再反复起跳并完成上手挥臂动作的练习。

③多球式喂球或一对一陪练式喂球，让练习者移动到位击球。练习规律：原地完成动作→起跳完成动作→固定回击一点直线球→回击球点靠前；杀球比吊球更靠前。强调用力顺序，即高球是以肩关节为轴，上臂带前臂，前臂带手腕，向前上方用力击球；杀球是肩关节为轴，上臂带前臂，前臂带手腕，但手腕积极向前下方重压；击两点直线加斜线球。

④两人分边，用高吊、高杀直线或斜线球进行对练。要求开始速度慢些，逐步加快；注意到位击球，提高稳定性、准确性。

⑤强调高、吊、杀动作的一致性，即在准确、引拍、挥拍到击球前期动作的一致性。注意击球点不同，即高远球是在右侧前上方；吊球则是以肘关节为轴，手腕积极下压，切削球的右侧后下部。

【易犯错误】

①击球点选择不当，打不到球。对于初学者，无论是高远球、吊球、扣杀球，在选择击球点时都易出现打不到球的情况。

②动作不协调，击球时发力不好，高、吊、杀技术动作缺乏一致性；不是以肩关节为轴挥臂，而是以肘为轴；不是用挥臂甩腕动作靠“爆发力”把球击出，而是将球推出；杀球时腰腹力量用不上，手腕下甩不够。

③球的落点差，出球的弧度掌握不好；高球打不到底线，高度不够；扣杀球压不下来；吊球过网弧线太高，落点掌握不好。

【纠正方法】

①做挥拍练习（固定击球点挥拍）。在适当的高度上（直立持拍上举拍面到击到球的高度）进行挥拍练习；纠正握拍方法和挥拍路线；发多球（高远球）定点练习，在基本上不做移动的情况下回击球。

②进一步了解、领会技术要领；加强挥拍练习，体会闪腕击球、“鞭打”击球技术的要领；加强腰腹、手臂力量练习。

③区分各种击球的点、拍面角度和发力方向的不同要求。高远球的击球点在右臂上方伸直处，拍面角度和发力方向前上方用力；杀球、吊球的击球点在右臂上方稍前处，拍面要适当前倾，向前下方发力。发多球，有针对性的练习不同的技术动作；两人专门对打进行高、杀、吊技术动作练习。

2. 网前击球

要求握拍活，击球点高，步法快，搓、推、钩击球前的动作一致。

【动作要领】

（1）搓球

右脚前跨成弓箭步，侧身对网，重心在右脚，手臂向前伸出，出击要快，击球点要高，握拍的腕部和手指自然放松，拍面右边稍高斜对网。击球前，前臂外旋，手腕外展，引拍至右侧。击球时，用手腕和手指发力加快挥拍的速度，“切”“搓”球托的底部使搓出的球翻滚贴网（图 5-85）。

搓球

图 5-85

（2）推球

在网前将球以低平弧线快速推到对方底线，是一种进攻技术。动作与搓球相似，只是在击球一刹那拍面几乎与网平行，靠腕部转动及手指力量向前快速“闪”动（图 5–86）。

图 5–86

（3）扑球

对方发网前球，或放网前球时，在球刚越到网顶（偏高）时即迅速上网向斜下扑压，是威力较大的一种进攻技术。动作要领是：蹬步上网，身体右侧扑向网前，迅速举拍向前，拍面前倾，击球时用腕部和手指力量向前下方“闪”击，球触拍后立即回收，以免拍触网违例（图 5–87 ）。

图 5–87

图 5–88

（4）挑高球

挑高球是在被动情况下的防守技术。举拍在身前，前臂略弯曲，右脚向网前跨出一大步，侧身向网。击球时以肩为轴，自下而上用前臂带动腕部和手指快速朝前上方挥拍。如来球离网较远，拍面可后仰向前上方击球，如来球较贴网，击球时要带点向上的“提拉”(图 5–88）。

（5）勾球

勾球是在网前回击对角线球的技术。它和搓球、推球结合起来运用，常能达到声东击西的效果。

【练习方法】

正、反手握拍上网前的移动练习。正手握拍上右网前，反手握拍上左网前。一步垫步上网，两步跨步上网，三步交叉跨步上网。

①两人隔网对练搓球或勾球。

②多球上网搓、勾、推、扑球练习。

③吊上网搓、推、勾、扑组合练习。

④杀上网搓、推、勾、扑组合练习。

【易犯错误】

①击球后，身体重心继续前冲，回动有困难。

②球不过网或过网弧度太高。

③搓球不够滚动，勾对角不到位，挑球不够高、不够远，放球离网太远、太高，扑球出界、触网或不过网。

【纠正方法】

①最后一步向前跨时，要超越膝关节，并做到脚跟外沿先着地，然后过渡到前脚掌着地，以脚趾制动，于此同时，上体稍前倾，左臂往左后张开，以维持身体平衡。

②最后一步蹬跨步幅度很大，在右脚着地后左脚向前拖滑跟近一段距离，以利回蹬。

③进一步领会网前技术动作要领，握拍需要灵活放松，以维持用手指灵活控制拍面和掌握用力大小的能力。击球点离网较近时，拍面后仰的程度要适当大些；击球点离网较远时，拍面后仰的程度要适当小些。

④根据球离的远近及自己所处的位置，掌握好拍面角度，采用相应技术。

3. 低手击球

低手击球是技术难度较大的防守技术。

【动作要领】

（1）抽球

抽球是应付对方长杀、半场球和平球对攻的反攻性技术。有半场正、反手抽球和底线正、反手抽球。半场正、反手抽球时，击球点在肩部以下，用力特点是以躯干为竖轴，做半圆式（与地面平行）的挥拍击球动作，击球点都应争取在身前。击球时，脚的步位要配合好，正手抽球时，右脚向侧稍前跨出。反手抽球时，一种是左脚向侧稍后迈出步，一种是右脚前交叉，向左前侧迈出一小步，背向网。挥拍发力时，重心放在右脚，要借助腰部的扭转，然后以前臂带动腕部，手指作“抽鞭式”向前“闪”动击球（图 5-89）。

图 5-89

（2）网前接杀球

双脚平行站立，略宽于肩，重心稍下降，双目注视来球方向，判断、移动。接球时，握拍要松，主要靠手腕和手指掌握球拍，预摆动作要小，球拍摆在体侧。挡直线网前球时，拍面稍后仰正对网，身体重心移向接球一侧脚上。球拍触球一刹那，或稍向上提拉触球，或稍向下“削”球。挡网前球主要借来球速度和力量将球反弹回去；挡对角线网前球时，要调整拍面朝向对方网前斜对角（图 5–90）。

图 5–90

【练习方法】

①半场正手抽球与反手抽球。在正手放半场球基础上，由多球抽→多球定向抽→抽球练习；在反手放半场球基础上，由多球抽→多球定向抽→抽球练习。

②正手接杀放网与反手接杀放网。先做无球正、反手模仿练习→多球练习→两人对练。

③速度结合练习。

④听口令看信号的各种起动挥球拍反应速度练习。

⑤听口令快速转身跑击球练习。

⑥高频率跨越障碍物（羽毛球）——10 个羽毛球一字排开，两球间距离 1.2 ~ 1.5 米。

【易犯错误】

①动作僵硬，挥拍动作不协调。

②不能合理运用手腕、手指力量，起动慢，移动不到位，击球点掌握不好。

【纠正方法】

①采用正误对比法和分解示范的方法，使学生对正确动作技术有明确的概念。

②进一步加强手腕、手指协调用力技术动作的练习。

③不断提高、纠正学生击球动作。

（五）步法

1. 步法的构成

初学羽毛球的人往往重视学习手上的击球功夫，而忽略脚上的移动。在羽毛球运动中，如果步子慢，跑不到位，球拍就常打不到球，就只能被人“攻死”。所以，在某种意义上讲，比赛也是在场上比步法，步法稍差的人，则常被击败。

羽毛球步法是由起动、移动、到位配合击球和回动四个环节构成的。

（1）起动

起动包含着判断和反应，判断正确、反应快，就能迅速起动。因此，在起动这一环节中，除抓好反应速度练习外，也要提高判断能力。

（2）移动

从中心位置起动后用步子移到击球位置，包含着步数、步频、步幅。步数多少，步频快慢，步幅大小决定了运动员在场上的速度。

（3）到位配合击球

击球时，上肢与下肢要配合好，协调用力；到位后，步子做小调整，形成一个合理的击球姿势，以便发力击球；下肢位置的适度直接影响击球的速度、力量和准确性。

（4）回动

击球后要尽快保持身体平衡，并回到中心位置，做好迎击下一来球的准备。

2. 常用步法

羽毛球步法中通常运用并步、垫步、交叉步、单足跳步、跨步、蹬步、腾跳步等组成一次移动步法。从中心位置开始向场区各个角落移动，大致可分为上网步法、两侧移动步法和后退步法三种（图 5-91）。

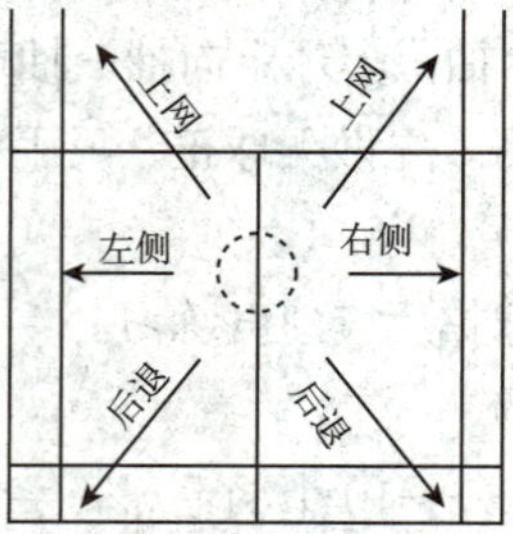

图 5-91

【动作要领】

（1）上网步法

是指从中心位置向网前移动的步法。有正手上网、反手上网，以及蹬跳上网扑球步法。

①正手上网步法：左右脚稍前后开立，做好准备姿势。距来球较近时采用一步上网，以左脚向后蹬，右脚向前跨一大步（图 5-92）；距来球稍远时，采用两步上网，以左脚向来球方向迈出一小步，接着左脚稍向后蹬，右脚向前跨一大步（图 5-93）；采用三步上网时，右脚向右前方迈一小步，接着左脚后交叉越过右脚向右前方迈出一步，然后右脚冲着来球方向跨出一大步（图 5-94）。

②反手上网步法：脚步移动方法如同正手上网步法，只是方向朝左前方移动，用反手握拍法击球；起动后，右侧髋部转向左前方，背部半侧向网（图 5-95）。右脚在前，击球时姿势成弓箭步，右脚着地是缓冲和回动的关键。

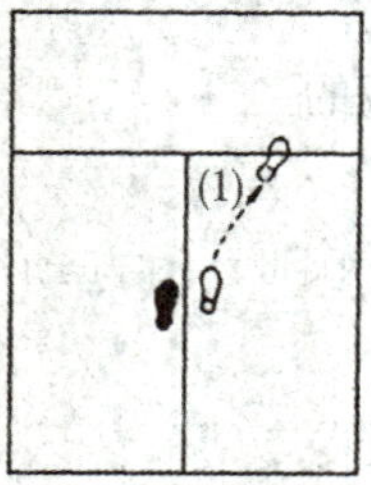

图 5-92

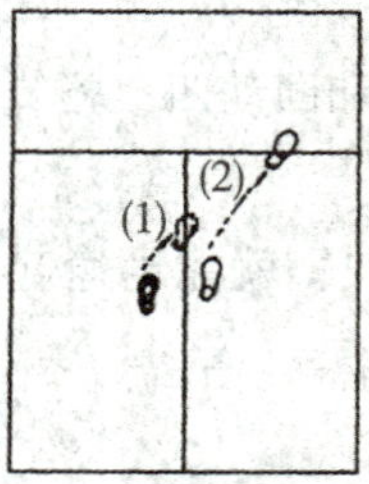

图 5-93

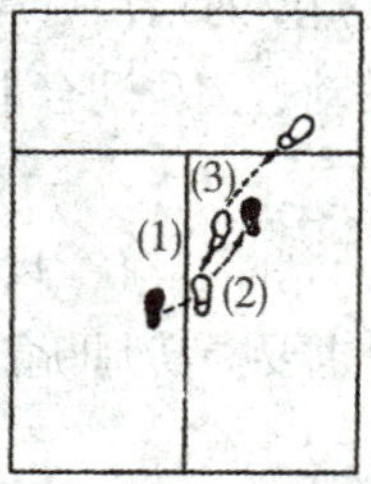

图 5-94

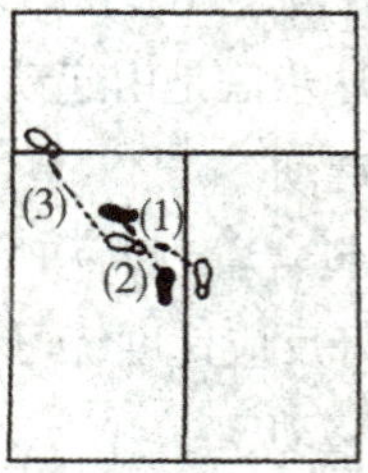

图 5-95

③蹬跳上网扑球步法：这是一种特殊的上网步法，当对方发球或回击网前球，球距网顶略高时，为了争取时机，省略了上网步法中的移动过程。从起动开始，身体前倾，双脚蹬地，右脚前跨，身体在空中扑球；扑球后，腾空的身体下降，双脚落地，往往右脚先落地，然后调整身体重心，恢复正常姿势。

（2）后退步法

后退步法是指从中心位置后退到底线的步法。

①正手后退步法：与上网步法一样，根据来球远近用一、二、三步后退。一步后退，右脚尖向后蹬离地面同时右髋部转向右后场，右脚向右后跨一大步（图 5–96）；二步后退，左脚向右后退一小步，右脚再向右后迈一大步（图 5–97）；三步后退，右脚蹬转后，向右后迈出一步，左脚立即向右脚并拢（或左脚后交叉一步），然后右脚再向右后迈一大步（图 5–98）。

②反手后退步法：脚步移动方法如同正手后退步法，只是方向朝左后方移动，用反手握拍法击球；起动后，右侧髋部转向左后方，背部向网（图 5–99）。

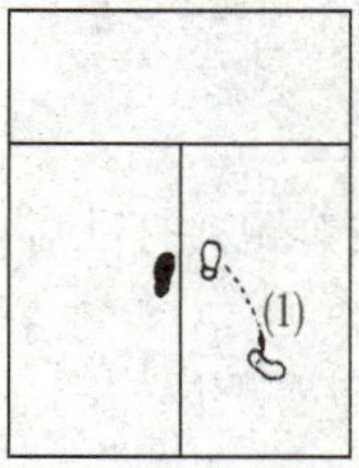

图 5–96

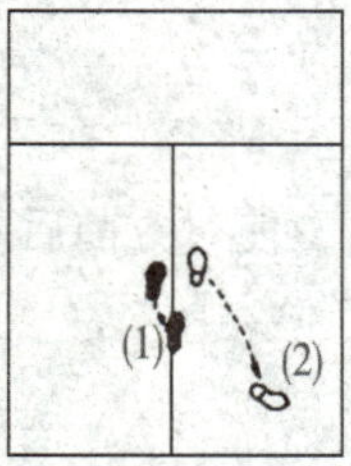

图 5–97

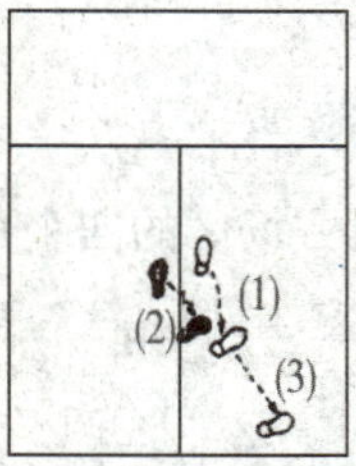

图 5–98

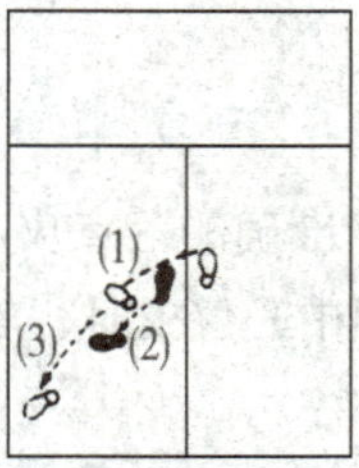

图 5–99

（3）两侧移动步法

①向右侧移动步法：来球不是很靠边线，以左脚内侧蹬地，上体倾向右侧，右脚向右侧跨步，脚尖朝外；若来球靠边线，可以左脚向右脚靠拢垫一步，然后左脚蹬地，右脚向右侧跨步。

②向左侧移动步法：来球不很靠边线时，可用右脚内侧蹬地，左脚向左侧跨出一步；来球靠边线时，以左脚向左侧迈一小步，右侧髋部转向左侧，右脚前交叉向左侧跨一步，背向网。

【练习方法】

①进行垫步、并步、蹬步、交叉步、跨步等单个步法的反复练习。

②上网步法：中心位置→上右网前→回中心位置→上左网前→回中心位置。

③正手后退右后场步法练习。从起动开始，右脚向右后侧移动，髋部带动身体转向右后场，以并步或交叉步向后移动到接近底线的位置，然后起跳（单、双脚均可）击球。完成击球后回中心位置再多次重复练习。

④后退左后场区正手绕头顶击球步法练习。从起动开始，右脚向左后方移动，髋部带动身体转向左后方，以并步或交叉步移动到位。右脚起跳，随即左侧髋部迅速转向左后方，带动左腿后摆到身后落地，缓冲并支撑身体重心。当右脚落地时，身体前倾，重心移向右脚，左脚开始回动。回中心位置后再多次重复练习。

【易犯错误】

①起动慢，后退不侧身。

②移动步子碎，跑不到位，特别是在左场区域。

③上网步法中蹬不上力。

④上网后不能控制身体重心。

⑤后退步法与挥拍动作不协调。

【纠正方法】

①采用正误对比和分解示范的方法，使学生对正确的技术动作有明确概念。

②进一步强调各种步法的技术要领。

③采用辅助练习的方法，纠正错误动作。

三、羽毛球基本战术

（一）压后场底线

通过平高球压对方于后场底线，待对方回球质量较差时，大力扣杀或吊网前空当。

（二）攻四方球控制落点

以快速准确的落点攻击对方场区的四个角落，使对方前后左右奔跑，打乱对方阵脚，待其来不及回中心位置时，攻其空当部位。

（三）快拉快吊控制网前

以进攻性平高球压对方于后场两底角，然后突然以吊球或劈杀引对方上网，再迅速上网控制网前，以网前搓球结合推后场底线制造对方回击困难，从而创造中后场大力扣杀机会。

（四）后场下压，上网搓、推

在后场通过扣杀、劈杀或吊球的进攻技术，快速上网搓或推球取得前场攻势，使后场、前场的进攻相辅相成，紧密衔接，提高攻击威力。

（五）守中反攻

因为杀球是要消耗体力的，控制不好容易失误，质量不佳还容易被对方反击，所以守中反攻这种打法应运而生。它以逸待劳，后发制人，先以拉吊四角，多拍调动，让对方在跑动中勉强进攻，当对方攻球质量不好，或回击被动球时，乘机出击，往往能一拍成功。

思考题：

1. 羽毛球运动中有几种拍握方法？
2. 羽毛球运动中如何进行低手击球？
3. 羽毛球运动基本战术有哪些？

羽毛球比赛基本规则

第六节 网球运动

网球运动的起源及演变可以用四句话来概括：孕育在法国，诞生在英国，开始普及和形成高潮在美国，现盛行全世界。

网球运动起源于法国。12~13 世纪，法国的传教士常常在教堂的回廊里，用手掌击打一种类似小球的物体，以此来调剂刻板的教堂生活。渐渐地这种活动传入法国宫廷，并很快成为王室贵族的一种娱乐游戏。当时，他们把这种运动叫“jeu de paume”(法语，用手掌击球的意思)，即“掌球戏”。开始，他们是在室内进行这种游戏，后来移向室外，在一块开阔的空地上，将一条绳子架在中间，两边各站一人，双方用手来回击打一种裹着头发的布球。

14 世纪中叶，法国王储将这种游戏使用的球赠给英皇亨利五世，于是这种游戏便传入英国。这种球的表面是用埃及坦尼斯所产的最为著名的绒布——斜纹法兰绒制作的，英国人将这种球称为“Tennis”(英文，网球)，并流传下来。直到现在，我们使用的球还保留着一层柔软的绒面。

15 世纪，这种游戏由用手掌击球改用板拍打球，并很快出现了一种用羊皮纸做拍面的椭圆形球拍。同时，场地中央的绳子也改成了网。16~17 世纪是这种活动的兴旺时期，逐渐形成了网球比赛。在此之前，由于这种活动只是在法国和英国的宫廷中流行，所以网球运动又被称为“宫廷网球”和“皇家网球”。

1873 年，英国的温菲尔德（Walter Clopton Wingfield）少校改进了早期网球的打法，并将场地移向草坪。同年，出版了《草地网球》一书，提出了一套接近于现代网球的打法。1874 年，又规定了球网的大小和高低，在英国创办了简易的草地网球比赛。1875 年，英国板球俱乐部修订了网球比赛规则后，于 1877 年 7 月举办了第 1 届温布尔登草地网球锦标赛。后来这个组织又把网球场地定为 23.77 米 ×8.23 米的长方形，球网中央的高度为 99 厘米（在这之前球网的高度是 2.134 米)，并确立了每局采用 15、30、40、平分的计分方法。1884 年，英国伦敦玛丽勒本板球俱乐部又把球网中央的高度定为 91.4 厘米。至此，现代网球正式形成，很快在欧美盛行起来，成为一项广受欢迎的球类运动。

一、网球基本技术

（一）握拍法

掌握正确的握拍是学习网球基本技术的首要环节。初学者开始学习网球时，必须选择一种握拍方法。目前常用的基本握拍方法有四种：东方式、大陆式、西方式和双手握拍法。为了能清楚地说明各种握拍法与球拍柄的关系，我们先介绍球拍拍柄。任何一个网球拍柄都是多边形，由八个面构成，以横放的球拍为例，拍柄的八个面分别为：上平面、右上斜面、右垂直面、右下斜面、下平面、左下斜面、左垂直面、左上斜面（图 5–100）。

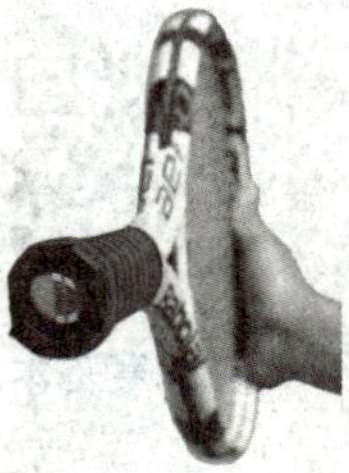
图 5–100

1. 东方式正手握拍

东方式正手握拍同我们与他人握手的姿势基本一样，先把五个手指伸开平放在拍面上，保持手掌与拍面平行，手顺着拍面下滑至拍柄下端，手握紧拍柄。大拇指于食指虎口处形成“V”字形对准拍柄右上斜面，拇指与环绕球拍拍柄的中指接触，手掌与食指下关节压住拍柄右垂直面，食指稍离中指，拍柄底部与手掌根部齐平（图 5–101）。

2. 东方式反手握拍

东方式反手握拍是在正手握拍的基础上转动$\frac{1}{4}$，就是“V”字虎口对准拍柄左上斜面处，手掌根部贴住拍柄的左上斜面，与拍柄底部齐平。拇指末节贴住左下斜面，食指与其他手指稍离开，食指下关节压住右上斜面（图 5–102）。

3. 大陆式握拍

“V”字形虎口对准拍柄上平面处，食指和其他手指稍离开，食指中节部位压住拍柄右垂直面。

大陆式握拍适合上网截击、放小球、高压球和发球（图 5–103）。

图 5–101

图 5–102

图 5–103

4. 西方式握拍

①半西方式握拍：半西方式握拍是把“V”字形虎口对准拍柄右上斜面与右垂直面的交界线处（图 5–104）。

②西方式握拍：西方式握拍是将“V”字形虎口对准拍柄的右垂直面（图 5–105）。

5. 反手双手握拍

右手是把“V”字形虎口对准上平面，握在拍柄的下方，左手是把“V”字形虎口对准左上斜面，握在拍柄的上方紧靠右手（图 5–106）。

图 5-104

图 5-105

图 5-106

（二）正反手击球

1. 正手击球

正手击球

正手击球是网球技术运用最多、进攻性较强、动作容易理解的一项技术，对于初学者来讲，首先学习正手击球技术能较快地建立球感，熟悉网球运动击球的特点。在实战中，运用正手击球的机会也较多，能掌握良好的正手击球技术，有利于占据场上的优势。正手击球技术可分为大陆式正手击球技术、西方式正手击球技术和东方式正手击球技术，这里主要介绍东方式正手击球技术。

东方式正手击球技术动作包括四个环节（以右手为例）。

（1）准备动作

球拍放在身体的正前；左手握住拍颈；膝关节略弯曲；两脚分开与肩同宽，并且身体重心在两脚间变换；身体重心放在前脚掌；运动员应放松，并盯住来球（图 5-107）。

（2）准备过程

转肩并向后拉拍；运动员转肩和胯使其侧对球网，左肩朝前；脚也调整成侧站位；转肩并开始向后引拍；拍头向后并低于来球的高度；拍柄底部正对着来球；所有的调整点都应在这个状态完成；膝关节弯曲，保持由低向高处移动的动作（图 5-108）。

（3）击球过程

在开始向前挥拍时，运动员左脚应向击球的方向迈步；击球点在身体前侧，腰部高度；拍面在击球时与地面垂直由下向上挥动（图 5-109）。

（4）随挥动作

击球后，球拍应继续挥动（由低向高），肘关节完成在肩的高度，肘关节弯曲或手臂抱向另侧肩部；右足鞋底对着后挡网并保持好平衡（图 5-110）。

图 5-107

图 5-108

图 5-109

图 5-110

【易犯错误】

①向后引拍时身体没有转动，单靠持拍手向后引拍。

②向前挥拍时用手腕抖动球拍去击球。

③击球时手腕松动，无法控制击球拍面。

④击球点太靠后。

⑤击球前身体过早打开，击球时不能保持重心的稳定。

⑥随挥动作不充分。

【纠正方法】

①反复体会利用身体的扭转带动球拍引拍，形成前肩侧对球网。

②用手臂带动球拍向前挥动，挥拍过程中，手腕固定拍头不要下垂。

③击球时保持拍面垂直地面，肘关节适当弯曲，缩紧手腕。

④击球前左脚主动上步，左手指向来球，球拍向前主动碰撞击球。

⑤向后引拍时，左手托着右手肘部一直到击球动作结束，控制住左肩的转动。

⑥随挥动作结束时保持拍头朝上，高于肘关节顺势挥到左肩上放。

2. 反手击球

反手击球是网球运动中又一项基本技术，反手击球由于关节是反向向前运动，相比正手击球力量要小，速度也会有所减慢。再加上大部分人学习后不太重视反手击球的练习和提高，往往在比赛中被当做弱点受到攻击。当今双手握拍促进了反手击球的进攻性，也使得底线技术朝着更加均衡的方向发展。反手击球有单手和双手两种握拍，可根据自己的身体特点进行选择。

（1）单手反拍击球技术（以右手为例）

单手反拍击球技术包括四个环节。

①准备动作

准备动作同正手一样，一般用正手握拍，在做反拍后摆准备动作时，再将握拍变为东方式反手握拍。但初学者在最初开始打反拍时可用东方式反手握拍做准备动作（图 5–111）。

②准备过程

转肩，变化握拍和向后拉拍；运动员将肩和胯转向侧对球网，身体重心移至左脚；左手握拍颈并将球拍向后拉；球拍后摆并低于来球的高度，球拍底正对来球；屈膝，为身体向前上方移动做准备；所有步伐的调整都应在该阶段完成（图 5–112）。

③击球过程

向前挥拍和击球在向前挥拍开始前运动员的右脚向击球方向迈步；击球点在右腿前侧，腰部高度；击球时拍面垂直于地面；挥拍轨迹朝目标方向由下至上（图 5–113）。

④随挥动作

击球后，球拍应沿目标方向继续挥出（由下向上）；握拍手通过右眼后在肩以上结束；左足鞋底对着后方并保持身体平衡（图 5–114 ）。

图 5-111

图 5-112

图 5-113

图 5-114

【易犯错误】

①击球点过前，过多依赖于前臂力量，造成击球无力。

②后引拉拍不充分或太慢。

③击球时肩部过早展开，造成击球方向不稳定。

④引拍过程中球拍离身体太远。

【纠正方法】

①向后引拍做好转肩动作，击球时上体保持住平衡，膝关节弯曲降低重心，肩关节保持一定的紧张度。

②非持拍手帮助完成引拍动作，引拍结束时要保持肩侧对来球，持拍手与肩放松，非持拍手肩部肌肉有紧张感。

③挥拍练习时，非持拍手手提重物，击球动作结束后非持拍手应停留在身侧后位置，限制身体全部展开。

④拉拍时，用非持拍手拉拍迫使球拍靠近身体，引拍结束时拍柄触及身体。

（2）双手反拍击球技术（以右手为例）

双手反拍击球技术包括四个环节。

①准备动作

准备姿势同单手一样，只是双手可在拍柄上重叠在一起。右手用东方式反手握拍法或大陆式握拍法，左手用东方式正拍握拍法（图 5-115）。

②准备过程

转肩向后拉拍；运动员将肩和胯转向侧对球网；身体重心移至左脚，双手重叠；球拍后摆并低于来球的高度，球拍底正对来球；屈膝，为身体向前上方移动做准备（图 5-116）。

③击球过程

向前挥拍和击球；在向前挥拍开始前运动员的右脚向击球方向迈步；击球点比单手略靠后和靠侧面，击球时右臂伸直，击球点在右膝前面，击球时拍面垂直于地面；挥拍轨迹朝目标方向由下至上（图 5-117）。

④随挥动作

击球后，球拍应沿目标方向继续挥出（由下向上），动作完成时双手高于肩；左足鞋底对着后挡网并保持身体平衡；手臂可在身体前面曲肘且手包肩（图 5-118 ）。

图 5-115　　图 5-116　　图 5-117　　图 5-118

【易犯错误】

①握拍时双手没有靠拢。

②腰部没有向后转动，引拍幅度不充分。

③准备姿势不正确造成击球无力。

④击球后手臂缺乏前送动作，击球落点浅。

⑤过多依赖持拍手用力，上体力量不能有效发挥。

【纠正方法】

①反复体会用非持拍手控制球拍，持拍手转动到正确握拍位置然后非持拍手下滑靠近持拍手。练习时眼睛不要看手，也可闭着眼睛，培养自身本体的感觉。

②下肢主动扭转带动躯干及手臂向后引拍，持拍手的前臂贴着腹部引拍，引拍动作结束时球拍柄底部对向球网。

③转体引拍时左髋关节后转，左脚置于来球后方选择击球的位置，根据来球的情况右脚迈出，利用腰髋的回转将身体重心从左腿向右腿转移，使下肢的爆发力作用到击球上。

④随挥时让球拍在身体最前方停顿下来，保持手臂伸展的姿态，这样就会帮助延长送球的动作，从而增加球落点的深度及击球的穿透力。

⑤尝试用非持拍手握拍进行正手击球练习，体会球拍运行轨迹及用力方法，然后再采用双手握拍击球进行反复练习，体会双肩参与挥拍击球的感觉。

（三）截击与高压球

1. 截击球技术

截击球是来球过网落地之前还在空中飞行时被凌空打掉的击球。截击球是积极进攻的一项武器，可以通过缩短击球距离、扩大回球角度，在时间和速度上赢得取胜的机会。截击球多是在离网较近处完成，也可以在场上任何位置使用。

准备动作：截击的准备动作同正、反手击底线球的准备动作相同，只是球拍略高并略向前一点。

握拍：正、反截击用大陆式握拍。

（1）正手截击球技术（以右手为例）

①准备动作：肩部稍作转动；球拍与肩平行，拉拍要稳固（图 5-119、图 5-120）。

②击球点：在向前挥拍前或同时，用左脚朝球飞行的方向迈步；保持手腕稳固并在身体

前方击球；球拍应稍开放，但击高球除外；随挥动作应稳固，随挥要短，以便快速回到准备接下一个球的位置（图 5-121、图 5-122）。

图 5-119

图 5-120

图 5-121

图 5-122

（2）反手截击球技术（以右手为例）

①准备动作：肩部稍作转动；球拍与肩平行，拉拍要稳固（图 5-123、图 5-124）。

②击球点：在向前挥拍前或同时，用右脚朝球飞行的方向迈步；保持手腕稳固并在身体前方击球；球拍应稍开放，但击高球除外；随挥动作应稳固，随挥要短，以便快速回到准备接下一个球的位置（图 5-125、图 5-126）。

图 5-123

图 5-124

图 5-125

图 5-126

【易犯错误】

①引拍幅度过大，来不及击球。

②用手腕发力或触球瞬间手腕松懈。

③击球后缺乏前送动作，击球点不深。

④处理低于球网高度的球时身体重心过高。

【纠正方法】

①主动体会利用双肩的转动将球拍后引。可在距墙壁或挡网 1 米左右的距离，背对墙壁站立做截击动作，球拍向后如果碰到墙壁，说明后引球拍幅度过大，从而提醒自己注意改进。

②可徒手练习击球，用自己的手心或手背去接同伴用手抛过来的轻球，接触球瞬间应保持手心（正手）或手背（反手）朝前。

③击球时要主动向前上步，利用重心的移动增加击球的力量及深度，同时触球后球拍不要突然停止，要向球网的方向推送 20 厘米左右。

④面对不同高度的来球，要利用膝关节的弯曲进行调整。另外，向后引拍的高度应与来球的高度一致，以避免击球不准。

2. 高压球（以右手为例）

高压球是指将头部以上的来球采用高于肩部的扣压动作将球击过球网的一项技术。在网球比赛中，把握好高压球机会，会增强自己击球的自信，反之会影响自己的士气，从而对打高压球造成心理障碍。因此，在平时也应重视高压球练习，磨练自信心。高压球可分为落地高压球及凌空高压球，这里主要讲凌空高压球技术。

（1）握拍

采用大陆式握拍（图 5–127）。

（2）准备与后引球拍

来球时侧身；球拍准备要早；用小步调整到球下；非持拍手臂抬起指向来球；持拍手臂的肘部抬起，拍头指向天空（图 5–128）。

（3）挥拍触球

持拍手臂挥拍击球同发球一样，保持抬头姿势，眼睛盯球；击球时身体向上伸展，击球点在身体前方略靠外侧的位置，以平击方式触球（图 5–129）。

（4）随挥动作

高压球的随挥动作与平击球发球动作相似，手腕与前臂产生自然的下压动作，球拍沿挥拍轨迹自然结束到身体的左侧，拍头指向身后的挡网（图 5–130 ）。

图 5–127

图 5–128

图 5–129

图 5–130

【易犯错误】

①击球点过低或靠后，找不准击球点。

②没有侧身转体动作，正面击球。

③球经常下网。

【纠正方法】

①将非持拍手臂抬起指向来球，练习每次用非持拍手去接空中下落球，身体应移动到来球的下方。

②击球前双脚前后站立，准备击球时后脚蹬地顺势转体，解决正面击球问题。

③将球的落点瞄准在发球线以后的区域；击球时身体与握拍要放松，保证动作流畅地向前摆动。

（四）发球与接发球

1. 发球

在现代网球运动中，发球技术是非常重要的。它可以不受对方的制约，在较大程度上发挥出个人的特点，是完全由自己掌握并在比赛中获得进攻机会的有力手段。发球动作难度在于比其他技术更复杂、难理解，需要花费较长的时间去掌握动作要领。为此，要求运动员必须比较全面地掌握各种发球技术，以利在比赛中争取主动。

发球基本可分为：切削发球、平击发球、上旋发球三种类型，这里主要讲平击发球（以右手为例）。

（1）握拍

初学者可用东方式正手握拍，可将半东方式正手和半东方式反手握拍方法介绍给初学者（图 5–131）。

（2）准备动作 / 站位

双脚齐肩宽，在端线后侧身站立；右脚与底线基本上平行，左脚正对右网柱（图 5–132）。

手腕和手臂放松握拍于身体前，右手握拍、左手拿球在拍颈处托住拍（图 5–133）。

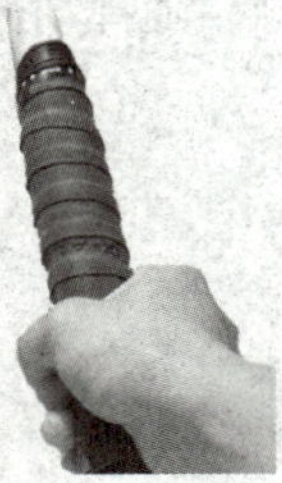
图 5–131

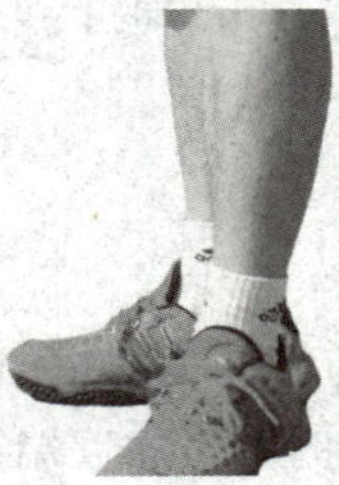
图 5–132

图 5–133

（3）向后拉拍和抛球

两手臂同时分别向下和向上运动，球从伸展的左手中向上垂直抛出，位置在身体前面和左脚上部；抛球的高度应能使击球手臂充分伸展，并使击球感到舒适；握拍手掌在向后拉拍时朝下；身体重心平稳地向前脚移动（图 5–134）。

（4）有力的环绕动作

抛球后，身体开始向前转动，球拍在身后做环绕动作，并最后向前、向上挥动击球（图 5–135）。

（5）击球点

运动员必须尽力伸展身体，在最高点击球；击球点应在身体右前方，基本上与右肩充分伸直相一致；击球时手臂和球拍充分伸展；身体向前转动，身体重心前移，以右鞋底正对后挡网；左手在右手向上伸展时收回到腹部（图 5–136）。

（6）随挥动作

球拍挥动成弧形，并在身体左侧结束；身体重心完全落在前脚上，右肩正对球运行的方向（图 5–137）。

图 5–134

图 5–135

图 5–136

图 5–137

【易犯错误】

①抛球不稳定。

②发球方向不稳定。

③击不准球。

【纠正方法】

①把自己手臂想象成一根杠杆，手掌是一部电梯，平稳地把球托起。同时，利用腿的蹬力帮助手臂向上托球。

②检查每一次抛球是否一致、击球瞬间拍面击到球的位置是否一致。每一次发球用身体发力，大关节带动小关节，用头和肩来控制方向。

③从抛球开始，双眼要始终不离开球，击球时抬头看球，随挥动作时保持头部直立，双眼平视前方。双手要协调配合，抛球高度要适中。

2. 接发球

（1）站位

一般在端线与单打边线的交叉处，与发球员的站位连成一条直线，随着发球员的变化而变化。接一发时位置稍离开端线，接二发时则可靠近端线或进场内。

（2）准备动作

采用正手握拍，准备姿势同正手击落地球动作。待发球员准备发球时，要注意观察对手的发球站位，提早判断和预测对手的发球方式。从对手开始抛球，眼睛要盯紧球，同时双脚稍微跳离地面，落地时双脚与肩同宽，双腿弯曲，双脚尖朝向准备接球的方向，身体重心前倾。

（3）击球动作

判断清楚来球后，双肩向后转动完成引拍过程，后摆幅度根据来球的速度调整，发球越快，引拍和击球动作就越短促。面对大力和速度快的球，可用切或挡击球，击球瞬间握紧球拍，手腕保持固定，主动迎前顶击来球，减少挥拍幅度；面对较弱的发球，应抓住机会，迅速移动身体，采用攻击性强的抽击球。

【易犯错误】

①缺乏主动判断、向前迎球意识。

②准备时间不充分，造成接发球没有目标。

【纠正方法】

①看到发球方将抛起球时向前做垫步动作，接着向前一步主动去迎击球，身体放松，用全身协调的力量接发球。

②培养预想能力，事先考虑好应对对方各种发球的对策，在接发球位置上时，一旦对手发出球来，就可以按照预想计划果断出手。

二、网球基本战术

网球战术是指运动员在网球比赛中为表现出高超的竞技水平和战胜对手而采取的计谋和行动。任何战术的目的都是为了更好地发挥自己的技术特长，制约对手的发挥，力争掌握比赛的主动权，从而取得比赛的胜利。

目前高水平网球选手所运用的战术，有别于过去的网球战术。现在的网球运动员身材高大，有力量，其灵活性和速度都好于过去；更加优异的球拍材质也为网球技术、战术的发展起到了助推器的作用；人体力学的合理运用也使得击球力量变得更大。这些因素加快了网球比赛的节奏，缩短了运动员的判断时间和反应时间，在不同程度上对现在网球的比赛方式产生了冲击。

（一）网球单打战术

1. 底线型

这种打法的运动员基本上保持在底线抽球，较少上网，或待球的落点、速度和旋转变化大的时候再上网得分。目前职业网坛的运动员多属这种类型。这种打法原来偏重防守，比较被动。但近年来，出现了一种具有攻击性的底线打法，运动员使用凶猛的底线抽击。此打法的要求：积极快速，能攻能守；正反手无明显差异；体能好，步伐快。

2. 上网型

这种打法的运动员在比赛中积极创造一切机会和条件上网，利用速度与落点变化造成对方还击的困难，甚至失误。这种打法积极主动、富有攻击性，但也有一定冒险性。上网型打法常用的战术有：①发球上网，即利用快速有力发球和落点多变的发球，迫使对方接发球难以主动发力，然后快速上网；②随球上网，即在对打过程中，利用角度和速度的变化，抓住机会上网；③接发上网，即在判断准确、及时的基础上，接发球就击出深球或攻击对方空当，使对方失去主动，快速上网。上网型打法应重视高压球技术，要求判断准、反应移动快，下拍坚决、果断、落点好。

3. 全面型

全面型是底线和上网两种打法的综合使用，一般根据对手的情况采用不同的打法，随机应变。运动员一般都能掌握全面的技术，都具有很高的水平，能充分地发挥多样化技术，并结合敏捷的步法，机智灵活地争取主动。此打法的要求：积极快速，以攻为主；正反手能有连续进攻能力；善于截击和高压球，落点好、破网反击能力强。

（二）网球双打战术

1. 双打的发球战术

（1）发球方的战术原则

由于双打是由四人进行的比赛，每人分别负责各自区域，因此对发球方更加有力。好的发球能直接得分或使对方接发失误，同时能为发球上网、网前截击得分或同伴积极得分创造有利的条件。为此，在双打比赛中，必须提高发球的质量和威慑力。

（2）发球方的站位

发球队员的站位一般离边线较近，这样可以加大外角发球的角度和增加接发的难度。同时，能使自己较快地回击斜线球。搭档一般站在离球网 2 米左右的位置，可以截击也可以后退高压球，以及拦住对方的直线球，这样对方不敢轻易的回击直线。

（3）发球方的阵型

①双上网阵型。双上网对发球质量有很高的要求，只有一发命中率高，才能为上网创造

条件。发球后迅速随球上网，与网前搭档共同守在网前，实施双打比赛中最具有进攻性的双上网战术。

②澳式阵型。澳式阵型是发球方两名队员都站在同一半场，而留出另一半场。当球发出后，发球方再按约定移动到自己的位置拦截对方的来球。采用这阵型能给接发球队员施加一定的干扰，迫使接发球方回击出直线球，同时，发球方网前队员有可能出击抢网，很容易打乱接发球队员的接球节奏。

③前后站位阵型。此阵型是在比赛中最常见的，一人守一边。网前队员拦截可能回击的直线球和抢网，底线队员回击对方的斜线球和对方的直线挑高球。

2. 双打的接发球战术

（1）接发球方的战术原则

双打接发球的原则是：向前逼进，采取攻势，给对方发球者造成心理压力，为接发球方从被动转为主动、上网截击创造有利条件。

双打的接发球应做到：早做准备，站好位置，判断准确，胆大心细，向前迎击；动作小而快，提高接发球成功率和质量，使发球方处于困难的境地。

接发球方应多给发球者回击球，绝不能轻易地打网前，用打底线球或追身球的机会快速上网主动出击。

（2）接发球方的击球策略

①接发球队员可回击斜线球到对方队员的脚下。

②接发球队员可抽击直线球尝试穿越。

③接发球队员挑高球到后场，打乱对方的战略部署。

④接发球队员抓住二发无力的时机，回击深球，快速上网占据主动。

（3）接发球方的阵型

①接发球双方上网阵型。抓住二发无力的时机，回击深球，快速上网占据主动。

②接发球双底线阵型。对方发球很有威胁，网前又非常活跃时，用双底线阵型可以有效地接起截击球，使其不能马上得分。

③接发球前后站位阵型。这是最常见的阵型。

思考题：

1. 网球运动握拍的方法有几种？
2. 网球运动的上网步法有几种？
3. 网球运动基本战术有哪些？

网球比赛基本规则

第六章　武术

武术是以中华文化为理论基础，以技击方法为基本内容，以套路、格斗、功法为主要运动形式的传统体育。武术在我国有着悠久的历史，是中华优秀传统文化的有机组成部分和独特表现形式。

第一节　五步拳

五步拳是中国武术优秀拳种之一，属于查拳入门，拳套也是学习国标武术入门之基本拳术组合套路，是中国青少年学习武术的初级必学套路，包含了武术中最基本的弓、马、仆、虚、歇五种步型和拳、掌、勾三种手型及上步、退步步法和搂手、冲拳、按掌、穿掌、挑掌、架打、盖打等手法。练习五步拳可以增进身体协调能力，掌握动作与动作之间的衔接要领，提高动作质量，为进一步学习武术打下基础。

预备势

并步抱拳（图 6–1）。

五步拳

一、弓步冲拳

左弓步；左手向左平搂收回腰间抱拳，冲右拳；目视前方（图 6–2）。

二、弹腿冲拳

重心前移，右腿向前弹踢；同时，冲左拳，收右拳；目视前方（图 6–3）。

图 6–1

图 6–2

图 6–3

三、马步架打

右脚落地，向左转体 90°，下蹲成马步；同时，左拳变掌，屈臂上架，冲右拳；目视右方（图 6–4）。

四、歇步盖冲拳

左脚向右脚后插步；同时，右拳变掌向左下盖，掌外缘向前，身体左转 90°，收左拳；目视右掌（图 6–5）。

不停，两腿屈膝下蹲成歇步；同时，冲左拳，收右拳；目视左拳（图 6–6）。

图 6–4

图 6–5

图 6–6

五、提膝仆步穿掌

两腿起立，身体左转；随即左拳变掌，顺势收至右腋下，右拳也变掌，由左手背上穿出，手心向上；同时，左腿屈膝提起；目视右手（图 6–7）。

不停，左脚落地成仆步；左手掌指朝前，沿左腿内侧穿至左脚面；目视左掌（图 6–8）。

六、虚步挑掌

重心上起，右脚向前上步成右虚步；同时，左手向后划弧成勾手，右手顺右腿外侧向上挑掌；目视前方（图 6–9）。

收势

左脚向右脚并拢成并步；同时，左勾手和右掌变拳，回收抱于腰间；目视前方（图 6–10）。

图 6–7

图 6–8

图 6–9

图 6–10

第二节　初级长拳

初级长拳第三路是武术长拳类中最基础的套路之一，深受广大人民群众特别是青少年学生的喜爱。学习初级长拳要注意做到“姿势准确、劲力顺达、节奏鲜明、精神饱满、呼吸得法”。

初级长拳

预备动作

预备势

两脚并步站立，两臂自然垂于体侧，目平视前方（图 6–11）。

一、虚步亮掌

①右脚向右后方撤步成左弓步。右掌向右、向上、向前划弧，掌心向上；左臂屈肘，左掌提至腰侧，掌心向上。目视右掌（图 6–12）。

②右腿微屈，重心后移。左掌经胸前从右臂上向前穿出伸直；右臂屈肘，右掌收至腰侧，掌心向上。目视左掌（图 6–13）。

③重心继续后移，左脚稍向右移，脚尖点地，成左虚步。左臂内旋向左、向后划弧成勾手，勾尖向上；右手继续向后、向右、向前上划弧，屈肘抖腕，在头前上方成亮掌（横掌），掌心向前，掌指向左。目视左方（图 6–14）。

图 6–11

图 6–12

图 6–13

图 6–14

【要点】

三个动作必须连贯。成虚步时，重心落于右腿上。左腿微屈，脚尖点地。

二、并步对拳

①右腿蹬直，左腿提膝，脚尖里扣，上肢姿势不变（图 6–15）。

②左脚向前落步，重心前移。左臂屈肘，左勾手变掌经左肋前伸；右臂外旋向前下落于左掌右侧，两掌同高，掌心均向上（图 6–16）。

③右脚向前上一步，两臂下垂后摆（图 6–17）。

④左脚向右脚并步。两臂向外、向上经胸前屈肘下按，两掌变拳，拳心向下，停于小腹前。目视左侧（图 6–18）。

【要点】

并步后挺胸、塌腰。对拳、并步、转头要同时完成。

图 6–15

图 6–16

图 6–17

图 6–18

第一段

一、弓步冲拳

①左脚向左上一步，脚尖向斜前方；右腿微屈，成半马步。左臂向上、向左格打，拳眼向后，拳与肩同高；右拳收至腰侧，拳心向上。目视左拳（图 6–19）。

②右腿蹬直成左弓步。左拳收至腰侧，拳心向上；右拳向前冲出，高与肩平，拳眼向上。目视右拳（图 6–20）。

【要点】

成弓步时，右腿充分蹬直，脚跟不要离地。冲拳时，尽量转腰倾肩。

二、弹腿冲拳

重心前移至左腿，右腿屈膝提起，脚面绷直，猛力向前弹出伸直，高与腰平。右拳收至腰侧；左拳向前冲出。目视前方（图 6–21）。

【要点】

支撑腿可微屈，弹出的腿要有爆发力，力点达于脚尖。

图 6–19

图 6–20

图 6–21

三、马步冲拳

右脚向前落步，脚尖里扣，上体左转。左拳收至腰侧，两腿下蹲成马步；右拳向前冲出。目视右拳（图 6–22）。

【要点】

成马步时，大腿要平，两脚平行，脚跟外蹬，挺胸、塌腰。

四、弓步冲拳

①上体右转 90°，右脚尖外撇向斜前方，成右弓步。右臂屈肘向右格打，拳眼向后。目视右拳（图 6–23）。

②左腿蹬直成右弓步。右拳收至腰侧；左拳向前冲出。目视左拳（图 6–24）。

【要点】

与前左弓步冲拳动作相同，唯左右相反。

图 6–22

图 6–23

图 6–24

五、弹腿冲拳

图 6–25

重心前移至右腿，左腿屈膝提起，脚面绷直，猛力向前弹出伸直，高与腰平。左拳收至腰侧，右拳向前冲出。目视前方（图 6–25）。

【要点】

与前弹腿冲拳动作相同，唯左右相反。

六、大跃步前穿

①左腿屈膝，右拳变掌内旋，以手背向下挂至左膝外侧，上体前倾。目视右手（图 6–26）。

②左脚向前落步，两腿微屈。右掌继续向后挂，左拳变掌，向后、向下伸直。目视右掌（图 6–27）。

③右腿屈膝向前提起，左腿立即猛力蹬地向前跃出。两掌向前，向上划弧摆起。目视左掌（图 6–28）。

④右脚落地全蹲，左脚随即落地向前铲出成仆步。右掌变拳抱于腰侧，左掌由上向右下划弧成立掌，停于右胸前。目视左脚（图 6–29）。

【要点】

跃步要远，落地要轻，落地后立即接做下一个动作。

图 6–26

图 6–27

图 6–28

图 6–29

七、弓步击掌

图 6–30

右腿猛力蹬直成左弓步。左掌经左脚面向后划弧至身后成勾手，左臂伸直，勾尖向上，右拳由腰侧变掌向前推出，掌指向上，掌外侧向前。目视右掌（图 6–30）。

八、马步架掌

①重心移至两腿中间，左脚脚尖里扣成马步，上体右转。右臂向左侧平摆，稍屈肘；同时左勾手变掌由后经左腰侧从右臂内向前上穿出；两掌心均朝上。目视左手（图 6–31）。

②右掌立于左胸前；左臂向左上屈肘抖腕亮掌于头部左上方，掌心向前。目右转视（图 6–32）。

【要点】

马步同前。

图 6–31

图 6–32

第二段

一、虚步栽拳

①右脚蹬地，屈膝提起；左腿伸直，以前脚掌为轴向右后转体 180°。右掌由左胸前向下经右腿外侧向后划弧成勾手；左臂随体转动并外旋，使掌心朝右。目视右手（图 6–33）。

②右脚向右落地，重心移至右腿，微屈蹲成左虚步。左掌变拳下落于左膝上，拳眼向里，拳心向后；右勾手变拳，屈肘向上架于头右上方，拳心向前。目视左方（图 6–34）。

【要点】

虚步重心控制好，栽拳有力。

图 6–33

图 6–34

二、提膝穿掌

①右腿稍伸直。右拳变掌收至腰侧、掌心向上，左拳变掌由下向右、向上划弧盖压于头上方，掌心向前（图 6–35）。

②右腿蹬直，左腿屈膝提起，脚尖内扣。右掌从腰侧经左臂内向右前上方穿出，掌心向上，左掌收至右胸前成立掌。目视右掌（图 6–36）。

【要点】

支撑腿与右臂充分伸直。

三、仆步穿掌

右腿全蹲，左腿向左后方铲出成左仆步。右臂不动，左掌由右胸前向下经左腿内侧，向左脚面穿出。目随左掌转视（图 6–37）。

【要点】

右腿全蹲，两臂、左腿伸直。

图 6–35

图 6–36

图 6–37

四、虚步挑掌

①身体上起，右腿蹬直，重心前移至左腿，成左弓步。右掌稍下降，左掌随重心前移向前挑起（图 6–38）。

②右脚向右前方上步左腿微屈半蹲，成右虚步，身体随上步左转 180°。同时，左掌由前向上、向后划弧成立掌，右掌由后向下、向前上挑起成立掌，指尖与眼平。目视右掌（图 6–39）。

【要点】

上步要快，虚步要稳。

图 6–38

图 6–39

五、马步击掌

①右脚落实，脚尖外撇，重心稍升高并右移，左掌变拳收至腰侧；右掌俯掌向外掳手（图 6–40）。

②左脚向前上一步，以右脚为轴向右后转体 180°，两腿下蹲成马步。左掌从右臂上成立

掌向左侧击出；右掌变拳收至腰侧。目视左掌（图 6–41）。

【要点】

右手做掳手时，先使臂稍内旋、手腕伸直，手掌向下、向外转，接着臂外旋，掌心经下向上翻转，同时抓握成拳。收拳和击掌动作要同时进行。

图 6–40

图 6–41

六、叉步双摆掌

①重心稍右移。同时，两掌向下、向右摆，掌指均向上。目视右掌（图 6–42）。

②右脚向左腿后插步，前脚掌着地。两臂继续由右向上、向左摆，停于身体左侧，均成立掌，右掌停于左肘窝处。目随双掌转视（图 6–43）。

【要点】

两臂要划立圆，幅度要大，摆掌与后插步配合一致。

图 6–42

图 6–43

七、弓步击掌

①两腿不动。左掌收至腰侧，掌心向上；右掌向上、向右划弧，掌心向下（图 6–44）。

②左腿后撤一步，成右弓步。右掌向下、向后伸直摆动，成勾手，勾尖向上；左掌成立掌向前推出。目视左掌（图 6–45）。

【要点】

左腿后撤要伸直，右掌与右臂呈 90°摆正。

图 6–44

图 6–45

八、转身踢腿马步盘肘

①两脚以前脚掌为轴向左后转体 180°。同时，左臂向上、向前划半立圆，右臂向下、向后划半立圆（图 6–46）。

②不停，两脚不动，右臂由后向上、向前划半立圆，左臂由前向下、向后划半立圆（图 6–47）。

图 6–46

图 6–47

③不停，右臂向下成反臂勾手，勾尖向上；左臂向上成亮掌，掌心向前上方。右腿伸直，脚尖勾起，向额前踢（图 6–48）。

④右脚向前落地，脚尖里扣。右手不动，左臂屈肘下落至胸前，左掌心向下。目视左掌（图 6–49）。

⑤上体左转 90°，两腿半蹲成马步。同时，左掌向前、向左平搂变拳收至腰侧，右勾手变拳，右臂伸直，由体后向右、向前平摆，至体前时屈肘，肘尖向前，高与肩平，拳心向下。目视肘尖（图 6–50）。

【要点】

两臂抡动时要划立圆，动作连贯。盘肘时要快速有力，右肩前倾。

图 6–48

图 6–49

图 6–50

第三段

一、歇步抡砸拳

①重心稍升高，右脚尖外撇。右臂由胸前向上、向右抡直；左拳向下、向左，使臂抡直。目视右拳（图 6–51）。

②不停，两脚以前脚掌为轴，向右后转体 180°。右臂向下、向后抡摆，左臂向上、向前随身体转动（图 6–52）。

③紧接着，两腿全蹲成歇步。左臂随身体下蹲向下平砸拳，拳心向上，手臂微屈；右臂

伸直向上举起。目视左拳（图 6–53）。

【要点】

抡臂动作要连贯完成，划成立圆。歇步要两腿交叉全蹲，左腿大、小腿靠紧，臂部贴于左小腿外侧，膝关节在右小腿外侧，脚跟提起，右脚尖外撇，全脚着地。

图 6–51

图 6–52

图 6–53

二、仆步亮拳

①左脚由右腿后抽出，前上一步，左腿蹬直，右腿半蹲，成右弓步，上体微向右转。左拳收至腰侧，右拳变掌向下经胸前向右横击掌。目视右掌（图 6–54）。

②右腿蹬地屈膝提起，上体右转。左拳变掌从右掌上向前穿出，掌心向上，右掌平收至左肘下（图 6–55）。

③右脚向右落步，屈膝全蹲，左腿伸直平铺，成仆步。左掌向下、向后划弧成勾手，勾尖向上，右掌向右、向上划弧微屈，抖腕成亮掌，掌心向前。头随右手转动，至亮掌时，目视左方（图 6–56）。

【要点】

仆步时，左腿充分伸直，脚尖里扣，右腿全蹲，两脚脚掌全部着地。上体挺胸塌腰，稍左转。

图 6–54

图 6–55

图 6–56

三、弓步劈拳

①右腿蹬地立起，左腿收回并向左前方上步。右掌变拳收至腰侧，左勾手变掌由下向前上经胸前向左做搂手（图 6–57）。

②右腿经左腿前方向左绕上一步，左腿蹬直成右弓步。左手向左平搂后再向前挥摆，虎口朝前（图 6–58）。

③在左手平搂的同时，右拳向后平摆，然后再向前、向上做抡劈拳，拳高与耳平，拳心

向上，左掌外旋接扶右前臂。目视右拳（图 6–59）。

【要点】

左、右脚上步稍带弧形。

图 6–57

图 6–58

图 6–59

四、换跳步弓步冲拳

①重心后移，右脚稍向后移动。右拳变掌，手臂内旋，以掌背向下划弧挂至右膝内侧；左掌背贴靠右肘外侧，掌指向前。目视右掌（图 6–60）。

②右腿自然上抬，上体稍向左扭转。右掌挂至体左侧，左掌伸向右腋下。目随右掌转视（图 6–61）。

③右脚以全脚掌用力向下震跺，同时左脚急速离地抬起。右手由左向上、向前掳盖而后变拳收至腰侧，左掌伸直向下、向上、向前屈肘下按，掌心向下。上体右转，目视左掌（图 6–62）。

④左脚向前落步，右腿蹬直成左弓步。右拳向前冲出，拳高与肩平；左掌藏于右腋下，掌背贴靠腋窝。目视右拳（图 6–63）。

【要点】

换跳步动作要连贯、协调。震脚时腿要弯曲，全脚掌着地，左脚离地不要过高。

图 6–60

图 6–61

图 6–62

图 6–63

五、马步冲拳

上体右转 90°，重心移至两腿中间，成马步。右拳收至腰侧，左掌变拳向左冲出，拳眼向上。目视左拳（图 6–64）。

【要点】

大腿与地面保持水平、拳面要平，速度要快。

六、弓步下冲拳

右腿蹬直，左腿弯屈，上体稍向左转，成左弓步。左拳变掌向下经体前向上架于头左上方，掌心向上，右拳自腰侧向左前斜下方冲出。目视右拳（图 6–65）。

图 6–64

图 6–65

七、叉步亮掌侧踹腿

①上体稍右转。左掌由头上方下落于右手腕上，右拳变掌，两手交叉成十字。目视双手（图 6–66）。

②右脚蹬地并向左腿后插步，以前脚掌着地。左掌由体前向下、向后划弧成勾手，勾尖向上，右掌由前向右、向上划弧抖腕亮掌，掌心向前。目视左侧（图 6–67）。

③重心移至右腿，左腿屈膝提起，向左上方猛力蹬出。上肢姿势不变，目视左侧（图 6–68）。

【要点】

插步时上体稍向右倾斜，腿、臂的动作要一致。侧踹高度不能低于腰，大腿内旋，着力点在脚跟。

图 6–66

图 6–67

图 6–68

八、虚步挑拳

①左脚在左侧落地。右掌变拳稍后移，左勾手变拳由体后向左上挑，拳背向上（图 6–69）。

②上体左转 180°，微含胸前俯。左拳继续向前、向上划弧上挑，右拳向下、向前划弧挂至右膝外侧，同时右膝提起。目视右拳（图 6–70）。

③左脚向左前方上步，重心落于左腿，左腿微屈蹲成右虚步。左拳向后划弧收至腰侧，拳心向上，右拳向前屈臂挑出，拳眼斜向上，拳与肩同高。目视右拳（图 6–71）。

图 6–69

图 6–70

图 6–71

第四段

一、弓步顶肘

①重心上起，右脚踏实。右臂内旋向下直臂划弧，以拳背下挂至右膝内侧，左拳不变。目视前下方（图 6–72）。

②左腿蹬直，右腿屈膝上抬。左拳变掌，右拳不变，两臂向前、向上划弧摆起。目随右拳转视（图 6–73）。

③左脚蹬地起跳，身体腾空，两臂继续划弧至头上方（图 6–74）。

④右脚先落地，右腿屈膝，左脚向前落步，以前脚掌着地。同时，两臂向右、向下屈肘停于右胸前，右拳变掌，左掌变拳，右掌心贴靠左拳面（图 6–75）。

⑤左脚向左上一步，屈左腿，右腿蹬直成左弓步。右掌推左拳，以左肘尖向左顶出，高与肩平。目视前方（图 6–76）。

【要点】

交换步时不要过高，但要快。两臂抡摆时要成圆弧。

图 6–72

图 6–73

图 6–74

图 6–75

图 6–76

二、转身左拍脚

①以两脚前脚掌为轴向右后转体 180°。随转体，右臂向上、向右、向下划弧抡摆，同时左拳变掌向下、向后、向前上抡摆（图 6–77）。

②左腿伸直向前上踢起，脚面绷平。左掌变拳收至腰侧，右掌由体后向上、向前拍击左脚面（图 6–78）。

【要点】

右掌拍脚时手掌稍横过来，拍脚要准而响亮。

三、右拍脚

①左脚向前落地。左拳变掌向下、向后摆，右掌变拳收至腰侧（图 6–79）。

②右腿伸直向前上踢起，脚面绷平。左掌由后向上、向前拍击右脚面（图 6–80）。

【要点】

与前转身左拍脚动作相同，唯左右相反。

图 6–77

图 6–78

图 6–79

图 6–80

四、腾空飞脚

①右脚落地（图 6–81）。

②左脚向前摆起，右脚猛力蹬地跳起，左腿屈膝继续向前上摆。同时，右拳变掌向前、向上摆起，左掌先上摆而后下降拍击右掌背（图 6–82）。

③右腿继续上摆，脚面绷平。右手拍击右脚面，左掌由体前向后上举（图 6–83）。

【要点】

蹬地要向上，不要太向前冲，左膝尽量上提。击响要在腾空时完成，右臂伸直成水平。

图 6–81

图 6–82

图 6–83

五、歇步下冲拳

①左、右脚先后相继落地。左掌变拳收至腰侧（图 6–84）。

②身体右转 90°，两腿全蹲成歇步。右掌抓握、外旋变拳收至腰侧；左拳由腰侧向前下方冲出，拳心向下。目视左拳（图 6–85）。

图 6–84

图 6–85

六、仆步抡劈拳

①重心上升，右臂由腰侧向体后伸直，左臂随身体重心升高向上摆起（图 6–86）。

②以右脚前脚掌为轴，左腿屈膝提起，上体左转 270°。左拳由前向后下划立圆一周；右拳由后向下、向前上划立圆一周（图 6–87）。

③左腿向后落一步，屈膝全蹲，右腿伸直平铺，脚尖里扣成右仆步。右拳由上向下抡劈，拳眼向上；左拳后上举，拳眼向上。目视右拳（图 6–88）。

【要点】

抡臂时一定要划立圆。

图 6–86

图 6–87

图 6–88

七、提膝挑掌

①重心上起前移成右弓步。同时，右拳变掌由下向上抡摆，左拳变掌稍下落，右掌心向左，左掌心向右（图 6–89）。

②左、右臂在垂直面上由前向后各划立圆一周。右臂伸直停于头上，掌心向左，掌指向上，左臂伸直停于身后成反勾手。同时，右腿屈膝提起，左腿挺膝伸直独立。目视前方（图 6–90）。

【要点】

抡臂时要划立圆。

八、提膝劈掌弓步冲拳

①下肢不动。右掌由上向下猛劈伸直，停于右小腿内侧，用力点在小指一侧；左勾手变掌，屈臂向前停于右上臂内侧，掌心向左。目视右掌（图 6–91）。

②右脚向右后落地，身体右转 90°。同时左掌变拳收至腰侧，右臂内旋向右划弧做劈掌（图 6–92）。

③不停，左腿蹬直成右弓步。右手抓握变拳收至腰侧，左拳由腰侧向左前方冲出。目视左拳（图 6–93）。

图 6–89

图 6–90

图 6–91

图 6–92

图 6–93

结束动作

一、虚步亮掌

①右脚扣于左膝后。两拳变掌，两臂右上左下屈肘交叉于身体左前方。目视右掌（图 6–94）。

②右脚向右后落步，重心后移，右腿半蹲，上体稍右转。同时，右掌向上、向右、向下划弧停于左腋下；左掌向左、向上划弧停于右臂上与左胸前，两掌心左下右上。目视左掌（图 6–95）。

③左脚尖稍向右移，右腿下蹲成左虚步。左臂伸直向左、向后划弧成反勾手；右臂伸直向下、向右、向上划弧抖腕亮掌，掌心向前。目视左方（图 6–96）。

图 6–94

图 6–95

图 6–96

二、并步对掌

①左脚后撤一步。同时，两掌从两腰侧向前穿出伸直，掌心向上（图 6–97）。

②右脚后撤一步。同时，两臂分别向体后下摆（图 6–98）。

③左脚后退半步向右脚并拢。两臂由后向上经体前屈臂下按，两掌变拳，停于腹前，拳心向下，拳面相对。目视左方（图 6–99）。还原两臂自然下垂，目视正前方（图 6–100）。

图 6–97

图 6–98

图 6–99

图 6–100

第三节　二十四式太极拳

太极拳，是以中国传统儒、道哲学中的太极、阴阳辩证理念为核心思想，集颐养性情、强身健体、技击对抗等多种功能为一体，结合易学的阴阳五行之变化，中医经络学，古代导引术和吐纳术形成的一种内外兼修、柔和、缓慢、轻灵、刚柔相济的中国传统拳术。

二十四式太极拳

二十四式太极拳是 1956 年国家体委组织专家，在传统杨式太极拳的基础上，按由简入繁、循序渐进、易学易记的原则，选取二十四个经典动作编创而成的套路。

预备势

身体自然直立，两腿自然伸直，两脚脚尖向前；胸部放松，不要故意挺胸收腹；两臂自然下垂，两手放在两腿外侧，手指微屈；头颈正直，下颌微回收，口微闭，上齿轻叩下齿，舌抵上腭，面部表情自然，眼平看前方，精神集中，全身放松（图 6–101）。

图 6–101

一、起势

①两脚开立。

②两臂前举。

③屈膝按掌。

这是起势的定势（图 6–102）。

图 6–102

文字详解　　视频演示

二、左右野马分鬃

1. 左野马分鬃

①抱球收脚。

②转体迈步。

③弓步分手。

2. 右野马分鬃

①后坐跷脚。

②抱球跟脚。

③转体迈步。本动与“左野马分鬃”第②动相同，唯左右相反，且转体幅度稍小些。

④弓步分手。本动与“左野马分鬃”第③动相同，唯左右相反。

3. 左野马分鬃

①后坐跷脚。本动与“右野马分鬃”第①动相同，唯左右相反。

②抱球跟脚。本动与“右野马分鬃”第②动相同，唯左右相反。

③转体迈步。本动与“左野马分鬃”第②动相同。

④弓步分手。本动与“左野马分鬃”第③动相同。

这是“左野马分鬃”的定势（图 6–103）。

图 6–103

文字详解　　视频演示

三、白鹤亮翅

①跟步抱球。

②后坐转体。

③虚步分手。

这是“白鹤亮翅”的定势（图 6–104）。

图 6-104

文字详解

视频演示

四、左右搂膝拗步

1. 左搂膝拗步

①转体落手。

②转体收脚。

③迈步屈肘。

④弓步推搂。

2. 右搂膝拗步

①后坐跷脚。

②转体跟脚。

③迈步屈肘。本动与“左搂膝拗步”第③动相同，唯左右相反。

④弓步推搂。本动与“左搂膝拗步”第④动相同，唯左右相反。

3. 左搂膝拗步

①后坐跷脚。本动与“右搂膝拗步”第①动基本相同，唯左右相反。

②转体跟脚。本动与“右搂膝拗步”第②动基本相同，唯左右相反。

③迈步屈肘。本动与“左搂膝拗步”第③动相同。

④弓步推搂。本动与“左搂膝拗步”第④动相同。

这是“左搂膝拗步”的定势（图 6-105）。

图 6 -105

文字详解

视频演示

五、手挥琵琶

①跟步松手。

②后坐挑掌。

③虚步合臂。

④目视左手。

这是“手挥琵琶”的定势（图 6–106）。

图 6–106　　文字详解　　视频演示

六、左右倒卷肱

1. 左倒卷肱

①转体撤手。

②提膝屈肘。

③退步推手。

④虚步推掌。

2. 右倒卷肱

①转体撤手。

②提膝屈肘。本动与“左倒卷肱”第②动相同，唯左右相反。

③退步推手。本动与“左倒卷肱”第③动相同，唯左右相反。

④虚步推掌。本动与“左倒卷肱”第④动相同，唯左右相反。

3. 左倒卷肱

①转体撤手。本动与“右倒卷肱”第①动相同，唯左右相反。

②提膝屈肘。本动与“左倒卷肱”第②动相同。

③退步推手。本动与“左倒卷肱”第③动相同。

④虚步推掌。本动与“左倒卷肱”第④动相同。

4. 右倒卷肱

①转体撤手。本动与“右倒卷肱”第①动相同。

②提膝屈肘。本动与“左倒卷肱”第②动相同，唯左右相反。

③退步推手。本动与“左倒卷肱”第③动相同，唯左右相反。

④虚步推掌。本动与“左倒卷肱”第④动相同，唯左右相反。

注意：第④动在退右脚时，右脚尖外撇的角度要略大一些，以便接做“左揽雀尾”的动作。

这是“右倒卷肱”的定势（图 6–107）。

图 6–107　　文字详解　　视频演示

七、左揽雀尾

①转体撤手。
②抱球收脚。
③迈步分手。
④弓腿绷。
⑤转体伸臂。
⑥转体后捋。
⑦转体搭手。
⑧弓腿前挤。
⑨后坐收掌。
⑩弓步按掌。
这是“左揽雀尾”中的“按势”，也是“左揽雀尾”的定势（图 6–108）。

图 6–108

文字详解　　视频演示

八、右揽雀尾

①转体扣脚。
②抱球收脚。
③迈步分手。本动与“左揽雀尾”第③动相同，唯左右相反。
④弓腿掤臂。本动与“左揽雀尾”第④动相同，唯左右相反。
⑤转体伸臂。本动与“左揽雀尾”第⑤动相同，唯左右相反。
⑥转体后捋。本动与“左揽雀尾”第⑥动相同，唯左右相反。
⑦转体搭手。本动与“左揽雀尾”第⑦动相同，唯左右相反。
⑧弓腿前挤。本动与“左揽雀尾”第⑧动相同，唯左右相反。
⑨后坐收掌。本动与“左揽雀尾”第⑨动相同，唯左右相反。
⑩弓步按掌。本动与“左揽雀尾”第⑩动相同，唯左右相反。
这是“右揽雀尾”中的“按势”，也是“右揽雀尾”的定势（图 6–109）。

图 6–109

文字详解　　视频演示

九、单鞭

①转体扣脚。

②勾手收脚。

③转体迈步。

④弓步推掌。

这是“单鞭”的定势（图 6–110）。

图 6–110

文字详解　　视频演示

十、云手

1. 云手之一

①转体扣脚。

②转体撑掌。

③转体云手。

④撑掌收步。

2. 云手之二

①转体云手。

②撑掌出步。

③转体云手。本动与“云手之一”第③动相同。

④撑掌收步。本动与“云手之一”第④动相同。

3. 云手之三

①转体云手。本动与“云手之二”第①动相同。

②撑掌出步。本动与“云手之二”第②动相同。

③转体云手。本动与“云手之一”第③动相同。

④撑掌收步。本动与“云手之一”第④动相同，只是在最后右脚收近左脚落地时，脚尖微里扣，便于接做“单鞭”的弓步。

这是“云手”的定势（图 6–111）。

图 6–111

文字详解　　视频演示

十一、单鞭

①转体勾手。

②转体迈步。本动与前“单鞭”第③动相同。

③弓步推掌。本动与前“单鞭”第④动相同。

这是“单鞭”的定势（图 6–112）。

图 6–112

文字详解　　视频演示

十二、高探马

①跟步松手。

②后坐翻掌。

③虚步推掌。

这是“高探马”的定势（图 6–113）。

图 6–113

文字详解　　视频演示

十三、右蹬脚

①穿掌提脚。

②迈步分手。

③弓步抱手。

④跟步合抱。

⑤提膝分手。

⑥蹬脚撑臂。

这是“右蹬脚”的定势（图 6–114）。

图 6–114

文字详解　　视频演示

十四、双峰贯耳

①收腿落手。
②迈步分手。
③弓步贯拳。
这是“双峰贯耳”的定势（图 6–115）。

图 6–115　　文字详解　　视频演示

十五、转身左蹬脚

①转体扣脚。
②收脚合抱。
③提膝分手。
④蹬脚撑臂。
这是“转身左蹬脚”的定势（图 6–116）。

图 6–116　　文字详解　　视频演示

十六、左下势独立

①收腿勾手。
②蹲身仆步。
③转体穿掌。
④弓腿起身。
⑤提膝挑掌。
这是“左下势独立”的定势（图 6–117）。

图 6–117　　文字详解　　视频演示

十七、右下势独立

①落脚勾手。

②蹲身仆步。

③转体穿掌。本动与“左下势独立”第③动相同，唯左右相反。

④弓腿起身。本动与“左下势独立”第④动相同，唯左右相反。

⑤提膝挑掌。本动与“左下势独立”第⑤动相同，唯左右相反。

这是“右下势独立”的定势（图 6–118）。

图 6–118

文字详解 视频演示

十八、左右穿梭

1. 左穿梭

①落脚坐盘。

②抱球跟脚。

③迈步滚球。

④弓步推架。

2. 右穿梭

①后坐跷脚。

②抱球跟脚。

③迈步滚球。本动与“左穿梭”第③动相同，唯左右相反。

④弓步推架。本动与“左穿梭”第④动相同，唯左右相反。

这是“左右穿梭”的定势（图 6–119）。

图 6–119

文字详解 视频演示

十九、海底针

①跟步松手。

②后坐提手。

③虚步插掌。

这是“海底针”的定势（图 6–120）。

图 6–120　　文字详解　　视频演示

二十、闪通臂

①提手收脚。

②迈步分手。

③弓步推撑。

这是“闪通臂”的定势（图 6–121）。

图 6–121　　文字详解　　视频演示

二十一、转身搬拦捶

①转体扣脚。

②坐身握拳。

③踩脚搬拳。

④转体旋臂。

⑤上步拦掌。

⑥弓步打拳。

这是“转身搬拦捶”的定势（图 6–122）。

图 6–122　　文字详解　　视频演示

二十二、如封似闭

①穿掌翻手。
②后坐收掌。
③弓步按掌。
这是“如封似闭”的定势（图 6–123）。

图 6–123　　文字详解　　视频演示

二十三、十字手

①转体扣脚。
②弓腿分手。
③坐腿扣脚。
④收脚合抱。
这是“十字手”的定势（图 6–124）。

图 6–124　　文字详解　　视频演示

二十四、收势

①翻掌前撑。
②分手下落。
③收脚还原。
这是“收势”的定势（图 6–125）。

图 6–125　　文字详解　　视频演示

第四节　散打

散打，又称散手，是两人按照一定的规则，并运用踢、打、摔、拿等攻防技法的徒手对抗的格斗项目，它是中国武术的重要组成部分。分为古传散手、现代散打。现代散打就是常见的以直拳、摆拳、抄拳、鞭拳、鞭腿、蹬腿、踹腿、摔法等技法组成的以踢、打、摔结合的攻防技术。散打没有套路，只有单招和组合，见招拆招。

散打基本技术包括拳法、腿法和摔法。

一、拳法技术

拳法技术主要包括直拳、摆拳、勾拳。

（一）直拳技术

以正架左直拳为例。从戒备势开始，左脚和左手在前，右脚蹬地，重心微向左脚移动，同时左拳直线向前冲击，力达拳面（图 6–126）。

图 6–126

（二）摆拳技术

以正架左摆拳为例。从左戒备势开始，左拳由身体左侧向前、向右并稍向下击出。左肘关节向左斜上方借腰部转动发出外收力，左拳心略向左斜下方，臂微屈。右拳护于右腮，拳心朝内（图 6–127）。右摆拳的技术与左摆拳基本相同。

图 6–127

（三）勾拳技术

以左勾拳为例。从戒备势开始，上体稍向左侧倾，重心略下沉，左拳由下向上曲臂勾击，上臂与前臂夹角约 90°，拳心朝里，力达拳面。施法时，上体向右疾拧，左肩腰内转，收尽时拳腕内转至拳眼向上，肘沿臂曲向外，拳臂形如勾状，拳劲发自肩腰动力，重心由右脚控制，右拳自然回收于颌前（图 6–128）。右勾拳向上勾起，上臂与前臂夹角约在 90°~110°，发劲原理与左勾拳相同（图 6–129）。

图 6–128

图 6–129

二、腿法技术

腿法技术包括蹬腿、踹腿、鞭腿、转身旋扫腿、扫腿、勾腿、截腿、弹腿、劈腿等。

（一）蹬腿

蹬腿是典型的直线性攻击腿法，能充分应用身体之力发动攻击，直接、快速、凶猛、渗透性强，不易防范。其上、中、下段都可攻击，以中段攻击力最强。攻击目标为头部、心窝、腹肋、裆部、膝部。

【技术要领】

支撑腿微屈，另一腿蹬地屈膝上抬脚尖微勾起，展髋向正前方猛蹬伸（图 6–130），同时，上体微后倾，送髋，在脚触及目标瞬间，全身肌肉绷紧，力达足跟，再次发力用前脚掌点踏。

图 6–130

（二）踹腿

散打中踹腿的威力重大，杀伤力最强，这种腿法攻击距离远，利用步法（如垫步）的移动，增加惯性冲击力。侧踹腿是侧身直线攻击的典型代表腿法，可分为上、中、下三段攻击其技术简捷，易发易收，便于与各种招法连接，是散打中运用率最高，攻击距离最远、最强劲的动作，可攻可守。攻击目标为头部、躯干。

【技术要领】

由左前格斗势开始，身体重心移向后脚（右脚），左腿屈膝提起．沿直线踢向目标，枕关节充分伸展，同时将身体后倾（图 6–131）。支撑腿保持稳固，充分运用能部发力，踢击中要注意自身平衡及腿击的渗透力。

图 6–131

（三）鞭腿

鞭腿是散打中最实用、最有攻击力的腿法，可分为低鞭腿和高鞭腿。但由于弧形横摆路线长、幅度大，较易被对手察觉和防守，因此，以低鞭腿攻击腰以下部位，高鞭腿攻击肋、头、腹、颈等部位，或绕过对手的正面防守，攻击其侧面为宜。攻击目标：低鞭腿，攻击大小腿的内外侧；中鞭腿，攻击腹肋、腰背部；高鞭腿，攻击头部、颈部。

【技术要领】

从戒备势开始，提右膝、左膝外展，上体左转，以腰为轴，展腹送髋，大腿带小腿屈伸，踝关节绷直，力达脚背至小腿下端，击打后快速收回（图 6–132）。

图 6–132

（四）转身旋扫腿

转身旋扫腿通常作为一种防守反击战术使用，同时配合拳法和腿法组合使用，攻击中远距离而防守差的对手，由于转身旋扫腿在瞬间背对对手，而且运行的路线长，在这一刻很容易错判对手位置，因而动作易失败，需要出其不意，才能给予重击。攻击部标：头部、上体。

【技术要领】

由戒备势开始，左脚支撑，上体向右转 360°，右腿屈膝，随转体伸直，顺力横扫，脚面绷直，力达脚掌。目视击打目标（图 6–133）。

图 6–133

（五）扫腿

扫腿包括前扫腿和转身后扫腿，以前后脚实施，专门攻击对方重心腿、踝关节，破坏对手的稳定性，可结合其他技法使用。在对手高腿进攻时及时扫截，能产生更好的效果。攻击目标：下肢踝关节处。

【技术要领】

以转身后扫腿为例。左腿屈膝全蹲，以脚前掌为轴，两手扶地向右后方转体一周展髋，带动右腿向左后方弧线擦地直腿后扫（图 6–134），脚掌内扣并勾紧，力达脚后跟至小腿下端背面。

图 6–134

（六）勾腿

勾腿是近距离破坏对手平衡的常用动作，动作小巧灵活，运用机会较多，常与拳法配合，形成踢摔动作，也能为其他技法创造机会，用于防守前踢攻击。还可以在缠抱时攻击下盘使对方失去重心而倒地。攻击目标：脚跟、踝、膝窝、小腿。

【技术要领】

从戒备势开始，以右勾腿为例。左腿变屈，膝外展，身体左转 180°收腹合胯，带动右腿直腿勾脚向前，向左弧线擦地勾踢，脚背屈紧并内扣（图 6–135），力达脚弓内侧。

图 6–135

（七）截腿

截腿兼有进攻和防守的双重作用，用于进攻时主要是正面直线进攻对方小腿颈背面，用于防守时封堵对方腿法，用力由上向下。攻击目标：小腿、膝。

【技术要领】

从戒备势开始，左腿弯曲支撑以右截腿为例，右腿由屈至伸勾脚并外翻，使脚弓内侧朝前向前下方截击，力达脚掌（图 6–136）。

图 6–136

（八）弹腿

弹腿主要攻击身体中线的要害部位。其动作幅度小、速度快、变化多、收发自如，易控制动作，而且可虚可实，适用于中、近距离攻守反击，是散打中最主要的快招腿法，可配合其他技法使用。攻击目标：裆、腹、肋、心窝、下颌。

【技术要领】

由戒备势开始，以右腿为例，右腿蹬地提膝，大腿带动小腿屈伸收力，脚面绷直（图 6–137），发力时送髋，上体展以腹后仰放长击远，发力要求顺畅。

图 6–137

（九）劈腿

动作幅度大，有一定的杀伤力，能出其不意绕过侧面防守从中部给予攻击，可与其他招法配合使用。多用在对手体力不支或受到攻击而防守慌乱时。攻击目标：面部、胸腹。

【技术要领】

由戒备式开始，以正架左腿为例。左腿蹬地，提膝收至胸前，伸小腿，直腿从内向外向上划弧，借助身体力量加速下落，下压劈打对方（图 6–138），力达脚跟，目视前方。动作完成后迅速恢复戒备式。

图 6–138

三、摔法技术

摔法技术包括抱腿前顶、抱腿别腿、穿臂过背、抱腿过胸、抱单腿涮、抱腿上托、接腿勾踢、穿腿靠摔等。

（一）抱腿前顶

【技术要领】

甲出左拳攻击乙头部时，乙下潜至左部，两手抱甲双腿并用力回拉，同时，右肩顶甲大腿及下腹部，将甲摔倒（图 6–139）。

图 6–139

【要点】

下潜要快，抱腿与顶肩紧密配合。

（二）抱腿别腿

【技术要领】

甲出右腿或右拳攻击乙时，乙将甲右腿抱住，并迅速向其两腿之间上右步、上体左转用右腿别甲左腿，且乙用胸下压甲腿，将甲摔倒（图 6–140）。

【要点】

抱腿要准确、有力，转体与压腿配合紧密。

图 6-140

（三）穿臂过背

【技术要领】

甲用右直拳攻击乙头部时，乙左格挡，右手臂从甲右臂下穿过，上抱其上臂至肩上，同时，身体左转上右步，左手握其前臂，两腿屈蹲，然后发力蹬直、弓腰、低头将甲过背摔倒（图 6-141）。

图 6-141

【要点】

绕抱对手要快、转身、蹬腿、俯身低头、协调连贯。

（四）抱腿过胸

【技术要领】

两人成戒备势，甲用右直拳攻击乙头部，乙下潜，上左步，屈膝弓腰，两手抱甲的双腿，蹬腿挺腹将甲抱起向后仰头后倒，将甲摔倒（图 6-142）。

图 6-142

【要点】

下潜上步要快，抱腿与顶肩后仰发力及时、顺达。

（五）抱单腿涮

【技术要领】

甲用左蹬腿攻击乙胸部时，乙立即用双手抓住甲左脚，两手向下、向右上弧形摆动，将甲摔倒（图 6–143）。

图 6–143

【要点】

抓握要及时、准确，双手弧形摆动，要突然连贯。

（六）抱腿上托

【技术要领】

甲用左腿拟攻击乙胸部时，乙两手立即抓住其右踝，屈臂上抬，两手用力尽量向上托，并向上方推送，使其失去平衡而摔倒（图 6–144）。

图 6–144

【要点】

抓脚要准，托推有力而突然。

（七）接腿勾踢

【技术要领】

甲用右边腿攻击乙头部、肋部时，乙立即用左手抱住甲右小腿，右脚向前上步抬起，勾踢甲踝关节处，右手由甲左肩上穿过，下压其颈部将其摔倒（图 6–145）。

图 6–145

【要点】

接抱腿要准确，压颈、勾踢协调突然。

（八）穿腿靠摔

【技术要领】

从戒备势开始，当甲用拳攻击乙时，乙迅速向甲右腿外侧上左步，别其腿，同时沉身以左臂向甲两腿间插入，右臂配合左臂，上体随即向后仰，屈膝前顶，将甲摔倒（图 6–146）。

图 6–146

【要点】

当对方冲拳时，用左前臂格挡并蹲身，下潜要快，重心下沉。右手插入对手裆部要快，插入后夹裆牢固，低头、两腿的配合协调有力，使对手不能及时做出反应。

第五节 跆拳道

跆拳道是一项利用拳和脚进行搏击的对抗性运动，它通过竞赛、品势和功力检验等运动形式，使练习者增强体质，掌握技术、战术，并培养其坚韧不拔的意志品质。

跆拳道的本意由三个方面组成：跆是表示以脚踢；拳是以拳头击打；道是一种精巧的艺术方法，同时，也是对练习者在道德修养方面有一定的要求。传统的跆拳道包括套路（品势）、兵器、擒拿、摔锁、对练自卫术和其他基本功夫。现代竞技跆拳道是传统跆拳道的一部分，它技术动作简单、实用、易学，寓搏击、规范、教育于一身，不需要花费太多的时间就能达到健身、防身、修身的效果，是一项在全世界都受欢迎的格斗对抗运动项目。

一、初级阶段

（一）基本姿势

1. 标准姿势

左脚在前称为左势，右脚在前称为右势（以下以左势为例）。

动作规格：两脚前后开立与肩同宽，前脚尖 45°斜向右前方，后脚跟抬起，膝关节微屈，重心落在两脚中间；上身自然直立 45°斜向右前方，双手握拳，拳心相对，两臂弯曲置于胸前；头部直立向前，目视正前方。

2. 侧向姿势

动作规格：身体完全侧向，前后脚在一条直线上。其他部位同标准姿势。

（二）基本站位

1. 开式站位

指和对方体前相对应的站位，即自己的身体前面相对对方的身体前面。包括左势对右势和右势对左势两种形式。

2. 闭式站位

指和对方的体前侧不相对应的站位，即自己的体前对应对方的体后。包括左势对左势和右势对右势两种站位形式。

(三) 基本步法

跆拳道是一种以腿法为主的武技，实战中步法的灵活运用对保证充分发挥腿的威力、取得实战的胜利具有极其重要的意义。腿法多以后腿进攻，因此，跆拳道的步法具有鲜明的特点，即重心落在两脚之间或偏于前脚，而且身体姿势大都以侧向站位，以便保护身体和正面要害部位，使后腿通过拧腰转髋发力，增加击打的力量和速度。常用的基本步法包括以下几种。

1. 前进步

由标准实战姿势开始，两脚成斜马步，两手握拳置于胸前。前进时，后脚蹬地向前迈步，身体侧转成另一侧斜马步，可连续进行。这是前进步中的一种上步，注意拧腰转髋。前进时，后脚蹬地，前脚向前滑行称为前滑步；后脚蹬地，前脚向前跳跃称为前跃步。前滑步和前跃步都属于前进步，是主动进攻时采用的步法。也可用于假动作，配合两手臂的动作进行，便于快速接近对方。

2. 后退步

由标准实战姿势开始，前脚掌用力蹬地，后脚先退后一步，前脚随即后退，两脚以及身体仍保持原来姿势。若前脚掌蹬地后，后脚沿地向后滑行一步，前脚随即同样向后滑行一步，两脚以及身体仍保持原来姿势，叫作后滑步退。这种步法可以拉开和对手的距离，避开对方的进攻，准备做反击动作。

3. 后撤步

由标准实战姿势开始，以后脚前脚掌为轴，前脚抬起向后，经后脚内侧向后撤一步，形成和原来相反的实战姿势。后撤步可根据实战需要左右变化，调整与对方的相对距离，准备进行攻击或反击。

4. 跳换步

由标准实战姿势开始，两脚同时蹬地使身体腾空，空中两脚前后交换，同时转体；落地时身体姿势成另一侧的准备姿势。跳换步的腾空不宜高，略离地即可；换步时，要拧腰转髋，迅速敏捷，目的是干扰对方的攻防思路，选择适于自己进攻的方位和转换自己身体的得分部位，使对方不能得分。

(四) 跆拳道基本进攻技术

跆拳道的基本进攻技术主要包括拳法和脚踢法。

1. 拳法

拳法是跆拳道中最基本而又非常重要的技术。出拳的基本原则是从腰间发力将拳击出，抱拳于腰间时，拳心向上，拳击的过程中要做手臂的内旋动作，拳击至最远端时手臂伸直，拳心向下，击打目标后放松收回。

2. 脚踢法

跆拳道以其变幻莫测、优美潇洒的腿法闻名于世，被世人称为踢的艺术，这是跆拳道区别于其他格斗术的一个重要特点。跆拳道的腿法讲究变化多样和灵活多变，对人体的柔韧性，大脑反应的灵敏性，身体运动的稳定性都有很高的要求，是对人体机能和体能的综合考验。

（1）前踢

实战姿势开始（图 6–147）。右脚蹬地，髋关节向左旋转，双手握拳置于体侧；同时，右腿以髋关节为轴屈膝上提（图 6–148）；当大腿抬至水平或稍高时，髋关节向前送，向前顶，小腿以膝关节为轴快速向前上方踢出，力达脚尖，整条腿踹直（图 6–149）；踢击后迅速放松，右腿沿原路线弹回，将右脚放置在左脚前面，仍成实战姿势。

【练习方法】

采用分解教法，先练提后腿，同时向前送髋；再练弹出小腿；完整练习前踢动作并能熟练使用。

图 6–147

图 6–148

图 6–149

（2）侧踢

实战姿势开始（图 6–150）。右脚蹬地，右腿以髋关节为轴屈膝提起，两手握拳置于体侧（图 6–151）；随即左脚以前脚掌为轴外旋 180°，髋关节向左旋转，右腿以膝关节为轴向前蹬伸，右脚快速向右前上方直线踢出，力点在脚跟（图 6–152）。发力后沿起腿路线收腿、放松，重心落下（原处或向前均可），再次回到实战姿势。

图 6–150

图 6–151

图 6–152

【练习方法】

先练习提腿转髋动作；再练习平蹬腿动作；完整练习侧踢动作。

（3）劈腿

实战姿势开始（图 6–153）。右脚蹬地，重心前移至左脚；同时，右腿以髋关节为轴屈膝上提，两手握拳置于胸前（图 6–154）；随即充分送髋，上提膝关节至胸部，右小腿以膝关节为轴向上伸直，将右腿伸直举于体前，右脚过头（图 6–155）；然后放松向下以右脚后跟（或脚掌）为力点劈击，一直到地面，成实战姿势。

图 6–153

图 6–154

图 6–155

【练习方法】

开始练习时可先练提腿、提膝和上举腿动作，再练习下劈腿的动作。可先扶物，动作熟练后，再进行徒手练习。

（4）推踢

实战姿势开始（图 6–156）。右脚蹬地，右脚以髋关节为轴提膝前蹬，用右脚脚掌向前蹬推脚掌，推力向正前方（图 6–157）。

图 6–156

图 6–157

二、高级阶段

（一）横踢

【动作方法】

实战姿势开始。右脚蹬地，重心前移至左脚，右脚屈膝上提，两拳置于胸前；左脚前脚掌碾地内旋，髋关节左转，左膝内扣；随即左脚掌继续内旋至 180°，右腿膝关节向前抬至水平状态，小腿快速向左前横向踢出；击打目标后迅速放松收回小腿，右腿落回原地成实战姿势（图 6–158）。

图 6–158

【练习方法】

先练前踢，待熟练后再练横踢；熟练后可练习横踢击打头部（高横踢）。

（二）后踢

【动作方法】

实战姿势开始，转身后，腿后撤背对对方（图 6–159）。重心后移至左脚，右脚蹬地后屈膝提起，右脚贴近左大腿，两手握拳置于胸前（图 6–160）；随即左脚蹬地伸直，右脚自左大腿内侧向后方直线踢出，力达脚跟（图 6–161）；踢击后右脚按原路线快速收回，回到实战姿势。

图 6–159

图 6–160

图 6–161

【练习方法】

开始练习时可手扶支撑物，体会后蹬的感觉；练习转身同时练习提关节的动作；进行完整的后踢动作练习，可采用踢打固定靶练习。

（三）后旋踢

【动作方法】

实战姿势开始。两脚以两脚掌为轴均内旋约 180°，身体随之右转约 90°，两拳置于胸前；上身右转，与双腿拧成一定角度，右脚蹬地，将蹬地的力量与上身拧转的力量合在一起，右腿向后上，以髋关节为轴直腿摆起，右脚继续向右后旋摆鞭打，同时上身右转，带动右腿弧形摆至身体右侧，右腿屈膝回收落地（图 6–162）。

【练习方法】

支撑脚前脚掌着地转动，转身同时向后蹬伸腿，随后右腿向后摆动；后旋踢应先练习身体原地转动 360°；右腿开始摆动时不要求高度，以后再逐渐升至摆动高度。

图 6–162

第六节　健身气功·八段锦

传统体育养生是中国古代养生学说与强身健体锻炼方法相结合的宝贵民族体育文化遗

产。《健身气功·八段锦》是国家体育总局健身气功管理中心组织创编的一套科学的养生、健身功法。其普及度较高，动作简单易学，深受习练者的喜爱。是中国传统体育养生的重要组成部分。

一、八段锦概述

八段锦是由八种不同的动作所组成，故名“八段”；因为这种功法可健身益寿、祛病除疾，又展示给人们一幅绚丽多彩的锦缎，故称为“锦”。八段锦术式简单，运动量适中，不受环境场地的限制，随时可做。

八段锦在长期的流传过程中，其动作名称和锻炼方法也有诸多变化，如锻炼时有坐式、站式、马步式三种方法，又有南派北派之分，还有文八段锦与武八段锦的区别等。不过，万变不离其宗，以肢体动作为主，结合一定的呼吸吐纳功夫是八段锦的基本特点。

二、健身气功·八段锦基本动作

（一）两手托天理三焦

【预备势】

①自然站立。两脚平行开立与肩同宽，两手自然下垂。

②双手如捧物（掌心向上，手指相对）由腹前提至胸前，翻掌，掌心向下，然后双手上托，同时两前臂向内旋转，双手上托至头上，两臂分展如托天状，同时提起脚跟吸气。

③两臂外旋转，掌心向内，顺体前下落至体侧，同时脚跟落地呼气。如此重复3遍。

（二）左右开弓似射雕

①左脚向左迈出一步成马步，两前臂胸前交叉，左臂在内，右臂在外，两手变拳，左手食指朝上翘起，拇指与食指成八字分开，接着左臂向右推出伸直，眼看左手指，同时右手向右侧平拉，如拉弓射箭状。

②两拳变掌经体侧划弧收回，同时收回左脚并恢复成预备势。

③右脚向右迈出一步成马步，其余动作同①，左右相反。

④同②，左右相反。

（三）调理脾胃须单举

①双手捧至胸前，左掌上举成单臂托天状（掌心向上，指尖向右），同时右掌翻掌下按于右跨旁（掌心向下，指尖向前）。

②左臂外旋，左掌心向后顺利下落，右手顺体上穿，两手臂经胸前交叉（右手臂在里），右手臂上举成托天状，左手臂按停于左胯旁（动作要求同上式）。

③如此重复进行，左右手臂各举一次为一遍，共做6遍，配合呼吸，手臂有胸前上举时吸气，手臂下落时呼气。

④结束时两手由胸前交叉同时下落至体侧复原。

（四）五劳七伤往后瞧

①头慢慢向右后转，眼向右后看同时吸气。

②转头还原同时吸气。

③同①，左右相反。

④同②，左右相反。

（五）摇头摆尾去心火

①马步蹲裆势，两手扶膝，虎口向里，上体正直。

②上体级头前俯深屈，随即在左前方尽量做弧形摇转，同时尾部相应右摆，左腿及左臂适当伸展，以辅助摇摆，同时吸气。

③转正复原，同时吸气。

④同①，左右相反。

⑤同③，左右相反。

⑥如此重复3遍。

（六）两手攀足固肾腰

①立正站立。

②上体缓缓向前伸、屈，直膝垂臂同时两手攀握足尖，头略抬起同时吸气。

③还原同时吸气。

④双手低腰脊两侧，上体慢慢向后仰，同时继续呼气。

⑤还原，同时吸气。

⑥如此做3遍，如呼吸配合困难，可先采用自然呼气的方法进行练习，逐步过渡到本式要求。

（七）攒拳怒目增气力

①马步蹲裆，两拳抱于腰侧（拳心向上）。

②右拳慢慢地旋臂前冲拳（拳心向上）瞪眼视前方同时呼气。

③旋臂手右拳于腰侧（拳心向上）瞪眼视前方同时吸气。

④同②，左右相反。

⑤同③，左右相反。

⑥如此重复3遍，恢复立正姿势。

（八）背后七颠百病消

①两脚跟提起，头向上顶同时吸气。

②两脚跟落地还原同时呼气。

③如此重复6遍，恢复立正姿势。

三、健身气功·八段锦练习要求及注意事项

①练习健身气功·八段锦时如果忽视意念和呼吸的配合，则称之为“空架子”。动作、意念和呼吸三者结合才能提高练功效果。

②初学健身气功·八段锦应先练好姿势，逐步增加呼吸和意念的配合。

③练习时松静自然贯穿始终，要“意气相随”“外动内静”，以达内外兼练的效果。

④健身气功·八段锦功法练完之后，最好意守丹田片刻。

思考题：

1. 简述五步拳的基本技术。
2. 武术对人的健康有什么作用？
3. 掌握二十四式太极拳的基本技法。
4. 简述散打的拳法、腿法和摔法技术。

跆拳道竞赛规则

第七章　游泳运动

现代竞技游泳运动起源于英国。1896 年在希腊雅典举办第一届现代奥运会时，游泳就被列为竞赛项目。1908 年在英国伦敦举办第四届奥运会时，成立了国际业余游泳联合会，审定了各项游泳世界纪录，并制定了国际游泳比赛规则。1912 年在瑞典斯德哥尔摩举行的第五届奥运会上，增设了女子项目。竞技游泳包括自由泳、仰泳、蛙泳、蝶泳、个人混合泳和接力共 6 类。

第一节　游泳运动基本技术

一、基础练习

（一）水中行走

水中行走练习的目的主要是掌握在水中站立和行走时如何维持身体平衡，熟悉水性。熟练后可加快行走速度，并练习跑、转身、跃起、下沉等动作。

（二）呼吸

游泳主要用口吸气，用鼻呼气或口鼻一齐呼。练习主要是单人扶边（图 7–1）或在同伴帮助下进行，用口吸气后闭气，慢慢下蹲把头全部浸入水中，停留片刻后起立换气。

图 7–1

（三）浮体与站立

深吸气后闭气下蹲，低头抱膝团身，使身体漂浮在水中。在水中闭气的时间应尽可能地长。站立时，两臂前伸向下按压水并抬头，以脚触池底站立（图 7–2）。

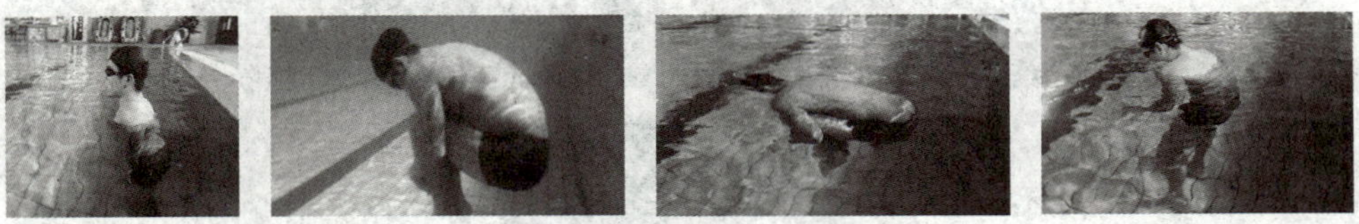

图 7–2

（四）滑行

蹬池壁（图 7–3）或蹬池底并使身体成流线型的动作。滑行时臂和腿要并拢伸直，头夹于两臂之间，身体成流线型。

图 7–3

二、蛙泳

蛙泳是人体俯卧水面，两臂在胸前对称直臂侧下屈划水，两腿对称屈伸蹬夹水，似青蛙游水的一种泳姿。蛙泳较省力，易持久，实用价值大，常用于渔猎、泅渡、救护、水上搬运等，是游泳初学者容易掌握的泳姿。

（一）身体姿势

在一个动作周期（1 次蹬腿 1 次划手）结束后，有一个短暂的相对稳定的滑行瞬间。此时臂腿并拢伸直，身体较水平地俯卧于水面，头略微抬起，身体纵轴与水平面呈 5°~10° 角。身体保持一定的紧张度，以保持较好的流线型。当划水和抬头吸气时，头抬出水面，肩部上升，加上开始收腿动作，这时身体与水平面的夹角增大，约为 15°（图 7–4）。

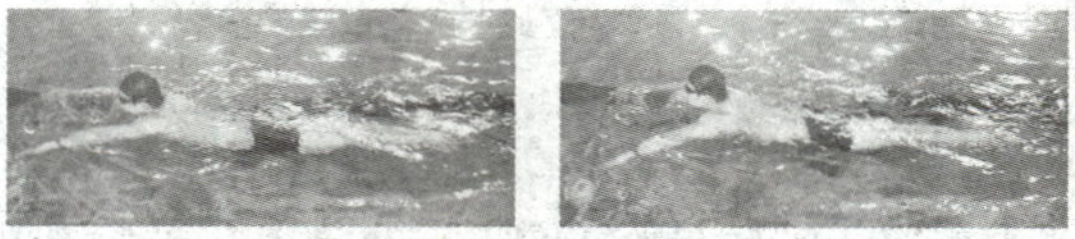

图 7–4

（二）腿部技术

腿的动作可分为 4 部分，即收腿、翻脚、蹬腿和滑行（图 7–5）。

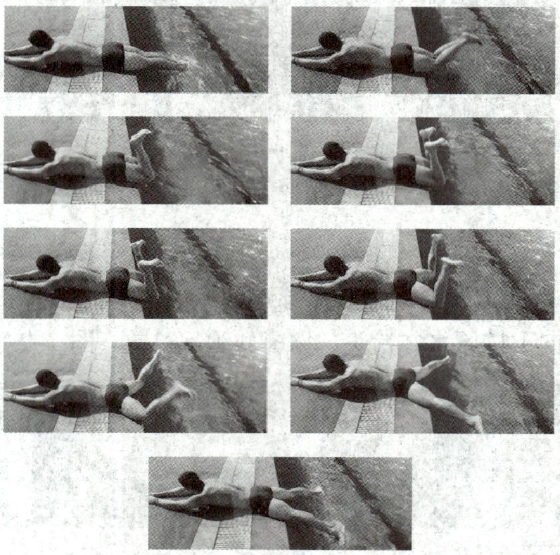

（侧面）

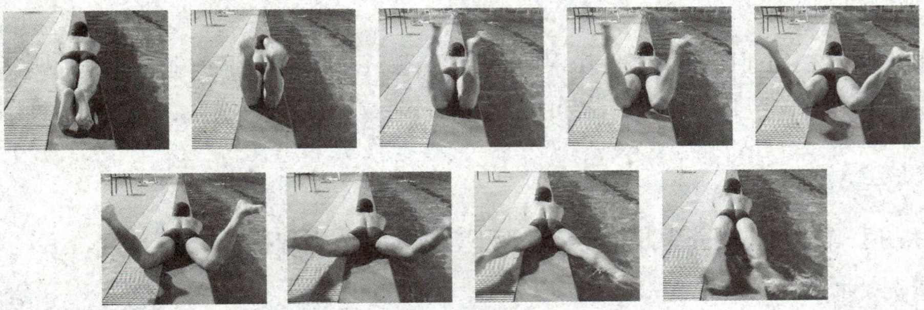

（后面）

图 7–5

1. 收腿

开始收腿的同时屈膝、屈髋，边两膝慢慢分开，边向前收腿，小腿和脚应跟在大腿和臀部的后面，以较慢的速度和较小的力量使脚后跟向臀部靠拢，以减小阻力。收腿结束后，大腿与躯干之间呈 130°~140° 角，大腿与小腿之间呈 40°~50° 角（图 7–6）。

图 7–6

2. 翻脚

翻脚对蛙泳时腿的效果起着重要的作用。但翻脚并不是一个独立的动作阶段，而是在收腿没有完全结束时就开始了。通过向外翻脚，使脚尖朝外，增大脚对水的接触面积，并使脚和小腿内侧对准蹬水的方向。翻脚结束时，两脚之间的距离要大于两膝之间的距离。

3. 蹬腿

蹬腿也叫“蹬夹水”或“鞭状蹬水”。先伸展髋关节，从大腿发力向外后方蹬水，小腿和脚掌做向下和向后的鞭水。腿在向后蹬的同时向中间夹紧，蹬腿结束时两腿应并拢伸直，踝关节伸直（图 7–7）。

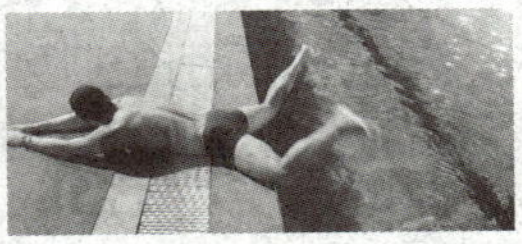

图 7–7

4. 滑行

蹬腿结束后，由于蹬腿的惯性作用两腿有一个短暂的滑行阶段。这时两腿应尽量伸直并拢，腿部肌肉和踝关节自然放松，为下一个动作周期做好准备。

（三）手臂技术

蛙泳的手臂部动作可分为开始姿势、滑下、划水、收手和移臂 5 部分。

1. 开始姿势

蹬腿缩束时，两臂前伸，与水平面平行，掌心向下，身体保持流线型（图 7–8）。

图 7–8

2. 滑下

两肩和手臂前伸，手腕向前、向外、向下方勾手。抓水结束时，两臂分开到约呈 45° 角（图 7–9）。

3. 划水

划水是产生推进力的主要部分。划水开始时，两手继续外分，手臂向外旋转，同时屈肘、屈腕，保持高肘划水。划水时手臂同时向外、向下和向后运动（图 7–10）。

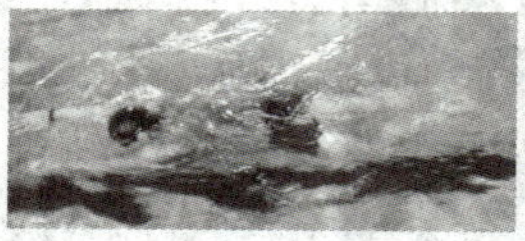

图 7–9

图 7–10

划水的整个过程应加速并始终保持高肘姿势完成，肘关节弯曲的角度随划水的进行不断减小，到划水即将结束时，肘关节屈至约 90° 角，手位于肩的前下方。

4. 收手

划水结束后，手臂向外旋转，手同时向内、向上和向前快速运动，开始收手过程。收手时，两掌心相对。收手结束时，肘的位置低于手，肘关节弯曲成较小的锐角（图 7–11）。

5. 移臂

移臂是在收手的基础上完成的。通过向前伸肩和伸肘，两臂前移至开始姿势。移臂时，掌心可以向下，也可以先向内，在即将结束时再转为向下（图 7–12）。

图 7–11

图 7–12

（四）呼吸及完整配合技术

蛙泳的呼吸一般在一次动作周期中吸一次气。臂、腿、呼吸的配合多采用 1:1:1 配合。蛙泳呼吸利用抬头吸气（图 7–13），有早吸气和晚吸气两种配合形式。早吸气是在手臂刚开始划水时抬头吸气，吸气时间相对较长，收手和移臂时低头呼气。这种配合方法易于掌握，可以利用划水时的下压产生升力，有助于使上身浮起，抬头吸气。晚吸气是指划水结束收手时吸气，吸气时间较短，移臂时低头呼气。这种技术虽有一定难度，但由于抬头时间短，身体重心和浮心推动平衡的时间短，因而阻力小，所以常被高水平运动员所采用。

蛙泳臂腿配合技术较为复杂。正确的配合技术是：手臂划水时，腿自然放松伸直；收手时腿自然屈膝；开始移臂时收腿，并快速蹬腿。

图 7–13

三、自由泳

自由泳的动作结构比较合理、省力、阻力小，是当前速度最快的一种游泳姿势。

（一）身体姿势

身体俯卧尽量保持水平，头部和躯干在一条直线上，两眼看池底。手臂和腿伸展且尽量不要分开太大，身体平稳，不要有明显的左右摇摆，保持流线型（图 7–14）。

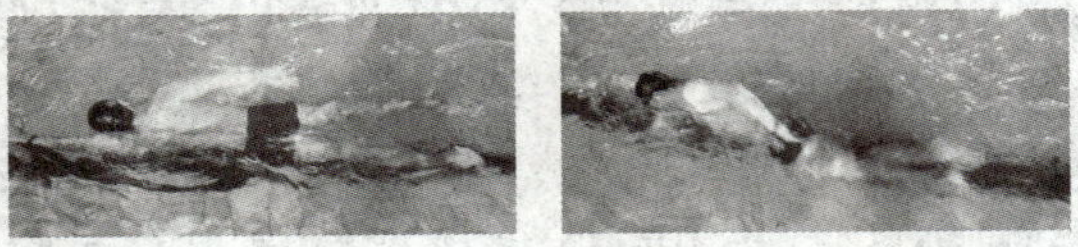
图 7–14

（二）腿部技术

以直腿开始向上打，脚接近水面时屈膝，小腿上抬，使脚掌露出水面后向下打水。大腿动作由髋部发力，大腿带动小腿，做鞭状打水动作，并保持流线型（图 7–15）。

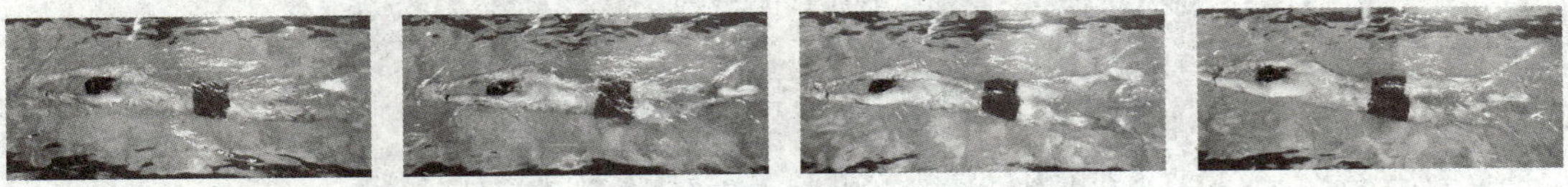
图 7–15

（三）臂部技术

自由泳时臂部动作分为入水、抱水、划水、出水和空中移臂。

1. 入水

完成空中移臂后，手在控制下自然放松入水。手的入水点一般在身体纵轴和肩关节的前后延长线之间。入水时手指自然伸直并拢，手指首先触水，然后前臂、上臂自然插入水中（图 7–16）。

图 7–16

2. 抱水

臂入水后，在积极向下方插入的过程中，手掌从向斜外下方转向斜内后方并开始屈腕、屈肘，肘高于手，以便能迅速过渡到较好的划水位置。抱水结束，整个手臂像抱着一个大圆球似的为划水做准备（图 7–17）。

图 7–17

3. 划水

划水是发挥最大推进作用的主要阶段，其动作过程可分为拉水和推水两个部分。紧接抱水阶段进入拉水，这时要保持抬肘，并使上臂内旋。同时继续屈肘，使手的动作迅速赶上身体的前进速度，拉水至肩的垂直平面后，即进入推水部分。上臂在保持内旋姿势时，带动前臂，用力向后推水。同时，使肩部后移，以加长有效的划水路线。向后推水有一个从屈臂到伸臂的加速过程，手掌从内向上、从下向上的动作路线加速划至大腿旁。整个抱水和划水动作，手的轨迹始于肩前，继而到腹下，最后到大腿旁，呈 S 形（图 7–18）。

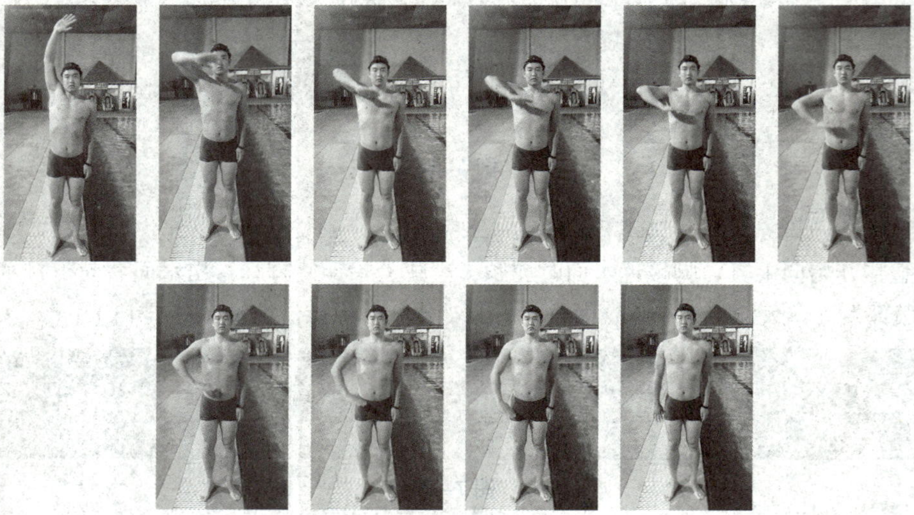

图 7–18

4. 出水

划水结束时，掌心转向大腿，小指向上，手臂放松，肘微屈。由上臂带动，肘部向外上方提拉，带前臂和手出水面，掌心转向后上方。出水动作必须迅速而不停顿，同时应该放松。

5. 空中移臂

紧接出水不停顿地进入空中移臂。移臂时，肘高于手，手掌和前臂放松。

（四）两臂配合与呼吸技术

自由泳一臂入水时与另一臂形成的交叉位置有前交叉、中交叉和后交叉 3 种类型。前交叉是指一臂入水时，另一臂在肩前方与平面呈 30°左右。前交叉有利于初学者掌握自由泳动作和呼吸，但动作不连贯，速度的平均性差。中交叉是指一臂入水时，另一臂处在肩下与水平面呈 90°。后交叉是指一臂入水时，另一臂划至腹下，手与水平面呈 150°左右。后交叉配合容易破坏身体平衡，会有头重脚轻的感觉。

自由泳中呼吸动作与身体转动应同时进行，要掌握正确的呼吸时机。以向右侧吸气为例，右手入水后用口和鼻缓缓呼气，身体向右侧加大转动幅度。当左手入水，右手划水时，头随着身体向右侧转动。右臂即将出水时，头随身体向右转动使嘴露出水面吸气。右手移臂时，头随身体向左转动，复原到水中位置（图 7–19）。

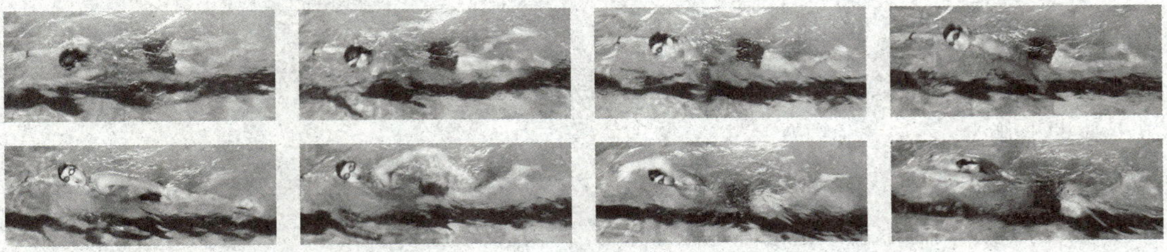

图 7–19

第二节　游泳安全知识与救护

一、自救和水上救护基本知识

（一）自我救护

首先，尽可能地不要去野外游泳，野外游泳有淤泥（陷入后难以自拔）、尖石（潜入时头破血流）、暗流（误入则猝不及防）、水草（被缠住则难以脱身）四大危险。其次，不要独自一人去游泳，遇到危险，无人相救，极其危险。下面对晕水、呛水、抽筋的自我救护进行介绍。

1. 晕水

初学游泳者，下水后出现心跳加快、头晕眼花、站立不稳等状况时要镇静，在池边逐渐熟识水性，练习多次后这种现象会消失。如果因空腹游泳出现晕水，可在下水前适当补充能量。

2. 呛水

呛水是游泳呼吸时水从鼻孔或口腔吸入呼吸道。遇呛水时要保持镇定，先将头露出水面，调整呼吸或将呼吸道的水咳出来，再靠近池边调整和休息一会儿。

3. 抽筋

抽筋主要是身体过于疲劳、水温过低或动作过分紧张、蹬腿用力过猛等原因所造成的。一般采用牵引拉长抽筋部位肌肉的方法来解除，并用揉捏抖动等办法使抽筋肌肉逐渐放松。抽筋是危险的信号，应立即就近上岸休息，擦干身体，按摩抽筋部位，并注意保暖。

（二）间接救护技术

间接救护技术是救护者利用救生器材对较清醒的溺水者施救的一种技术。常见的水上救生器材有救生圈、竹竿、绳子、木板等。

①救生圈：最好在救生圈上系一条绳子，当发现溺水者时，可将救生圈掷给溺水者。

②竹竿：溺水者离岸（船）较近时，可用竹竿拖至岸（船）边。

③绳子：在绳索的一头系一漂浮物，救护者握住绳子的另一端，然后将绳子掷在溺水者的前方，使溺水者握住绳子上岸。

④木板：将木板掷给溺水者，亦可扶木板游向溺水者，然后将溺水者拖带上岸。

（三）直接救护技术

直接救护技术是救护者不借助任何救生器材，徒手对溺水者施救的一种技术。一般包括以下救护步骤。

①入水前的观察。

②入水时从离溺水者最近的陆地下水。

③游近溺水者，但不可从正面靠近，要从背面或侧面靠近。

④拖运，拖溺水者头部或腰部游向池（岸）边。

⑤上池（岸）。

⑥抢救，将溺水者俯卧控水，做心肺复苏。

二、游泳锻炼卫生常识

游泳锻炼时应注意以下卫生常识。

（一）游泳前进行身体检查

主要是防止患病者游泳时发生事故，同时也避免疾病的相互传染。凡心脏病、高血压、癫痫、肺结核、传染性肝炎、皮肤病、红眼病、精神病、中耳炎、感冒、发烧、开放性创伤病患者，以及月经期妇女，都不宜游泳。

（二）饮酒、饱食后和饥渴、过度疲劳时不宜游泳

饮酒能刺激中枢神经系统使之处于过度兴奋或抑制状态，酒后游泳容易发生溺水事故。饱食后游泳会减少消化器官的血液供应，使消化器官功能降低，影响食物的消化和吸收。饥渴时人体血糖含量下降，游泳时易发生头晕或四肢无力现象，甚至有昏厥的可能。在剧烈运动或大强度体力劳动后，身体已经疲劳，肌肉的收缩及反应减弱，易发生溺水事故。

（三）预防眼、耳疾病

由于水中有杂质和细菌，游泳者要预防眼病。游泳后可使用氯霉素眼药水或金霉素眼药膏，以防结膜炎等眼病。游泳时若有水进入耳内，常常会伴有刺痒、耳鸣等不适感，可把头偏向进水耳朵一侧，并用同侧的脚连续震跳，使水从耳朵内流出来。也可到医院诊治，排出

耳中积水，以防中耳炎。

（四）游泳前要做好准备活动

准备活动可有利于身体更好更快地适应游泳运动的需要，对防止抽筋、拉伤也有积极作用。游泳前的准备活动，一般可做广播操、跑步、游泳动作模仿及各种拉长肌肉和韧带的练习。

（五）游泳时要量力而行，并严禁打闹

下水时，初学者应在浅水区域活动。游泳过程中出现头晕、头痛、胃痛、恶心或呕吐时，应立即上岸，擦干身体，待身体恢复后再下水。在游泳过程中要避免一切危险动作，如在浅水区跳水、互相打闹、过长时间地憋气潜水，以及在湿滑的池边奔跑追逐等。

（六）遇到危险时要镇定自救和求救

遇险不要慌张，发现周围有人时立即呼救。放松全身，让身体漂浮在水面上，将头部浮出水面，用脚踢水，防止体力丧失，等待救援。身体下沉时，可将手掌向下压。如果在水中突然抽筋，又无法靠岸时，立即求救；如周围无人，可深吸一口气潜入水中，伸直抽筋的那条腿，用手将脚趾向上扳，以解除抽筋症状。

思考题：

1. 竞技游泳包括哪些项目？
2. 如何熟悉水性？
3. 自救和水上救护需要掌握哪些要点？
4. 简述游泳锻炼的卫生常识。

游泳竞赛规则

第八章　休闲体育

一般来说，休闲体育指人们在闲暇时以增进身心健康、丰富和创造生活情趣、完善自我为目的的身体锻炼活动。特点是具有自由性、文化性、非功利性和主动性等。项目形式不拘一格，对场地设施要求不高，强调娱乐休闲、运动乐趣、放松身心，对增进健康、强健体魄，预防疾病与康复，提高文化素养与精神文明建设，丰富生活内容与加强人际关系，及促进人的社会化与个性形成等都有重要意义和作用。

第一节　瑜伽

瑜伽起源于印度，流行于世界。它是东方最古老的强身术之一，是人类智慧的结晶。瑜伽是运用易于掌握的技巧，改善人们生理、心理、情感和精神方面的能力，达到身体、心灵与精神和谐统一的运动。瑜伽的八大体系为昆达里尼瑜伽、哈他瑜伽、巴克帝瑜伽、坦多罗瑜伽、曼陀罗瑜伽、王瑜伽、智瑜伽、业瑜伽。

一、瑜伽的呼吸法

人的呼吸是架起人与身体之间的桥梁，将人与人的身体连接起来。呼吸不只是人与身体间的桥梁，也是瑜伽修炼的灵魂。

呼吸法一般分为 3 种，即腹式呼吸、胸式呼吸和完全式呼吸。在练习瑜伽的过程中所说的呼吸一般是指腹式呼吸。

（一）腹式呼吸

仰卧，左手或者右手轻轻地放在肚脐上。吸气时，把空气直接吸向腹部。如果吸气正确，手会随着腹部向上隆起；吸气越深，腹部隆起越高。接着呼气，腹部就会向内、向脊梁骨的方向收缩，把所有废气从肺部全部呼出来。

（二）胸式呼吸

仰卧或者直背坐着，深深地吸气，但不要让腹部向外扩张，代替腹部扩张的是胸腔，把空气直接吸入到胸部区域。在做胸式呼吸时，吸气，胸部会向外扩张，腹部一直保持平坦，没有上下起伏。呼气，胸部会向里收缩。

（三）完全式呼吸

完全式呼吸是把胸式呼吸与腹式呼吸结合起来完成的。这是一种自然的呼吸方式，略加练习后，这种呼吸方法就会在全部日常的练习和生活中自动地进行，习以为常。瑜伽的这种完全呼吸有许多益处：由于增加氧气供应，血液得到了净化；肺部组织健壮，增强了抗病能力；胸腹活力和耐力均有增长；心灵也变得更清澈。

二、瑜伽的体位法

瑜伽体位法的梵文为 Asana，其意义为在某一个舒适的动作或姿势上维持一段时间。瑜伽体位法包括瑜伽站姿、瑜伽坐姿、站立类瑜伽体位、坐类瑜伽体位、跪类瑜伽体位、俯卧类瑜伽体位、仰卧类瑜伽体位、冥想、拜日式和瑜伽基本体位。

（一）瑜伽站姿

1. 山式

两脚并拢站立，脚掌紧贴地面。膝部绷直，膝盖向上提升，收紧臀部，提拉大腿后部肌肉。收腹，挺胸，脊椎向上伸展，颈部挺直，双臂放于体侧（图 8–1）。

2. 站立后仰

双手胸前合掌，吸气双手高举过头顶，呼气肩膀放松，再次吸气，胸腔上提，髋部前推，上体后仰（图 8–2），感觉脊柱的拉伸，保持 3~5 秒呼吸、吸气，上体还原直立，呼气双手收回体侧。

图 8–1

图 8–2

（二）瑜伽坐姿

1. 简易坐

坐姿，将右小腿弯曲，放在左大腿之下；将左小腿弯曲，放在右大腿之下。双手放于两膝之上，头、颈、躯干保持在一条直线上（图 8–3）。

2. 莲花坐

坐姿，屈左膝，左脚跟抵住腹部，脚背贴于右大腿上；再屈右膝，右脚跟抵腹部，脚背贴于左大腿上，两膝尽量下沉。双手放于两膝之上，头、颈、躯干保持在一条直线上（图 8–4）。

3. 金刚坐

双膝跪地，小腿胫骨和脚背平放于地面。两膝靠拢，两脚掌稍重叠，使两脚跟向外。伸直背部，将臀部放落在两脚跟之间。两臂自然放松，两手分别放于大腿处。双目平视（图 8–5）。

4. 至善坐

坐姿，两腿并拢并同时向前伸展。弯曲左小腿，用左脚的脚跟紧紧顶住会阴部位。弯曲右小腿，将右脚放在左脚踝之上。右脚跟靠近耻骨，右脚掌则放在左腿的大腿与小腿之间。背、颈、头保持直立（图 8–6）。闭上双眼，内视鼻尖处，保持若干分钟后交换两腿位置。

图 8–3

图 8–4

图 8–5

图 8–6

（三）站立类瑜伽体位

1. 三角转动式

左脚向左，右脚内扣，保持两膝伸直。躯干转向左侧，右手掌放至左脚外侧；眼睛看向左手指尖（图 8–7）。保持数秒，还原放松，换方向做同样的练习。这个姿势能增加对下脊柱区域的血液供应，强壮背部肌肉群，消除背部疼痛。

2. 半月式

身体前倾，双掌撑地，双臂与地面垂直。吸气，尽量向后向上抬高左腿。呼气，胸、腹部向上翻转，左臂向上伸展，与肩部、右臂呈一条垂直线。身体重心放在右脚和右臀上（图 8–8），保持数秒，身体还原至基本站姿。换方向做同样的练习。练习半月式可使脊椎得到伸展，增加柔韧度，消除腰侧、臀部外侧及大腿外侧过多的脂肪，舒缓背部疼痛。

（四）坐类瑜伽体位

1. 脊柱扭动式

坐姿，挺直腰背，两腿前伸，将左小腿向内收，让左脚掌靠近右边大腿的内侧，右脚要保持平放在地板上，将右脚移过左膝之外，举起左臂放在右膝的外侧，伸直左臂，抓着右脚或右脚踝，右手则尽可能把手背放在左腰上，上身扭转到身体左侧，保持 10 秒。慢慢转回上半身，把右手慢慢抽回躯干前边（图 8–9）。换方向做同样的练习。此练习有助于消除久坐造成的背痛、腰痛及臀部疼痛，可有效地缓解肩颈疲劳。

2. 单腿交换伸展式

坐姿，双腿向前伸直，慢慢吸气，两手上升高过头部，两臂向前伸，身躯略向后靠。慢慢呼气，上体向前弯，两手握住左脚掌，将躯干拉近腿部，两肘向外弯曲。放松颈部，让头部下垂（图 8–10）。保持这个姿势 10 秒或更长久之后，换腿做同样的练习。

图 8–7

图 8–8

图 8–9

图 8–10

（五）跪类瑜伽体位

1. 猫式

两手掌和膝盖、小腿着地，做出爬行姿势，两眼直视前方。吸气时抬头，收缩背部肌肉，脊柱凹下；呼气时拱背，头臀放低并收尾骨（图 8–11）。

2. 骆驼式

两腿与两脚略分开跪在地上，脚趾指向后方。吸气，手放在髋部，脊柱向后弯曲，然后在呼气的同时，把双掌放在脚跟上，并保持两大腿垂直于地面，头向后仰（图 8–12）。将颈向后方伸展，收缩臀部的肌肉，伸展下脊柱区域。保持 30 秒之后，两手放回髋部，慢慢恢复预备姿势。

（六）俯卧类瑜伽体位

1. 坐角式

坐于地面，双腿向前伸直。双腿逐渐向两边打开，两手分别握住同侧脚掌或脚趾（图 8–13）。保持脊柱挺直，扩展肋骨。呼气，身体前屈，把头放在地面上。然后伸展颈部，下颌贴在地面上。保持这个体式一段时间，吸气，用手掌按地面以便将胸抬离地面。

2. 全蝗虫式

俯卧，两臂向后伸直。呼气，抬起头。胸、双腿，双手、双臂收离地面，只有盆骨和腹部区域着地。收缩臀部，使大腿肌肉紧张起来，双臂升离地面向后伸展，帮助上背部肌肉得到锻炼（图 8–14）。接着屈膝，大腿分开，双拳用力向下按，尽量长久地保持这个姿势。

图 8–11

图 8–12

图 8–13

图 8–14

（七）仰卧类瑜伽体位

1. 倾斜桥式

仰卧，屈膝，脚跟距臀部约 10 厘米，两脚间距与髋同宽。吸气，臀部内收，提升背和髋，直到身体从肩至膝形成一条直线（图 8–15）。保持 20 秒后缓慢放下臀部，放松背部。

2. 肩倒立式

仰卧，两腿慢慢抬离地面。当腿垂直于地面时，升起髋部，让两腿伸直在头部之上。接着两手托住腰部两侧，支撑起躯干（图 8–16）。收紧下巴，并使下巴顶住胸部，舒适地呼吸，保持这个姿势至少 1~3 分钟。

（八）冥想

冥想，英文是 meditation，是瑜伽中最珍贵的一项技法，是实现入定的途径。一切真实的瑜伽冥想术的最终目的在于把人引导到解脱的境界（图 8–17）。一名习瑜伽者通过瑜伽冥想来制伏心灵（心思意念），并超脱物质欲念，感受到原始动因（The Original Cause，万源之源）并直接沟通。瑜伽冥想的真义是把心、意、灵完全专注在原始之初之中。

随着科学的发展，西方对冥想体系进行了进一步挖掘，使其告别过去晦涩神化的背景，通过简单的练习，即可帮助人们告别负面情绪，重新掌控生活。

图 8–15

图 8–16

图 8–17

（九）拜日式

拜日式又叫向太阳致敬式，是人们最常做的瑜伽姿势之一。

拜日式由 12 个系列动作组成：

①祈祷式：双脚自然并拢，身体直立，双肩放松，目视前方。双手合十于胸前，正常呼吸。

拜日式

②展臂式：双腿伸直，缓慢地深吸气，将双手上举过头顶，伸直手肘，脊柱向后缓慢弯曲到极限位置。

③前屈式：呼气，双臂带动身体向前弯曲，保持双腿伸直，双手尽量按在地面上，躯干尽量靠近双腿。

④骑马式：吸气，左脚向后一大步，抬起背部，再次吸气，脊柱向后卷起，胸部推向前方。

⑤岳式 / 顶峰式：背部放松，将右脚向后与左脚并拢，吸气，臀部上顶，伸直双膝，脚跟放在地面上，呼气，低头向下，肩背下压，尾骨转向天空的方向。

⑥八体投地式：屈肘，双膝贴于地面，胸部、下颌贴于地面。

⑦眼镜蛇式：吸气，头部带动身体向前向上，伸直肘关节，大腿和耻骨尽量贴于地面，颈部向上扬起，带动脊柱后卷。

⑧顶峰式重复：同⑤。吸气臀部向上顶起。

⑨骑马式重复：同④。吸气，左脚向前一大步，头部抬起，带动脊柱向后卷起。

⑩前屈式重复：同③。收回右脚与左脚并拢，伸直双膝，保持双手放在双脚上。吸气，

躯干靠近双腿。

⑪展臂式重复：同②。吸气，双手臂带动身体慢慢向上、向后，脊柱向后卷起。

⑫祈祷式：同①。呼气，收回手臂，双手合十，放回胸前。正常呼吸。

（十）瑜伽基本体位

1. 摩天式

站立，双脚分开与肩同宽，脚趾指向正前方。双手从体侧向上伸展直至头顶交握，掌心朝上（图 8–18）。自然呼吸，保持 10 秒。

【功效】

强健脊椎、腰和肩部的肌肉及韧带。

2. 英雄式

坐姿，双膝并拢，双脚外展，臀部端坐双脚上，臀部和脚背支撑身体。双手合十向头后上举，将臂肘向两侧外展（图 8–19）。正常呼吸，保持姿势数秒，还原。

【功效】

伸展胸部和脊柱，强健膝、踝关节。

3. 虎式

跪姿，双膝跪地与肩同宽，小腿和脚面贴在地面上，大腿与小腿成直角；俯身向前，双手着地，指尖向前，手臂垂直地面，同时使脊椎与地面平行。脊椎下沉，抬右腿至身体后侧笔直伸展，同时抬头，抬下颌，伸展颈部。把右腿收回，膝关节向头部靠近，抬起脊椎呈拱形；同时低头，收回下颌，膝关节尽量靠近下颌（图 8–20）。配合呼吸，完成动作 5~10 次，换腿练习。

【功效】

强健脊柱、背部、腿部肌肉，缓解腰背部酸痛感。

图 8–18

图 8–19

图 8–20

4. 弓式

俯卧，双膝弯曲，双手握两脚，将上体及两腿向上抬离地板，人体呈“U”形，手臂伸直，头颈后仰，收紧背部（图 8–21）。保持数秒，还原。

【功效】

强健腰部和背部肌肉群及韧带。

5. 双角第一式

山式，双手放在腰间，双腿分开最大限度（图 8–22）。膝盖上提，腿部绷直。手掌放在两腿之间的地板上，与肩部同宽。吸气，抬头，肩部下凹。弯曲肘部，头顶接触地面，重心放在两腿上。四肢和头部在一条直线上。保持 3~5 次呼吸，从原路返回到山立式。

【功效】

强健腿部筋腱和外展肌，促进头部血液循环。

图 8–21

图 8–22

6. 树式

山立式，胸前合掌，双臂慢慢高举过头，保持肩膀下沉（图 8–23）。抬起左脚，重心放在右脚上。左脚掌靠近右腿内侧，脚跟靠近腹股沟，脚趾朝下。保持髋部朝向正前方，左膝朝着左外侧。保持 3~5 次呼吸；左脚还原，合掌回到胸前，两臂放到体侧。换腿练习。

【功效】

强健腿部、背部的肌肉。

7. 蹲式

站姿，双腿伸直并拢，双脚分开呈外八字，脚跟相触。双臂自然垂于体侧，双手于小腹正前方十指相扣（图 8–24）。保持腰背挺直不动，屈膝，身体逐渐向下沉，保持 3~5 次呼吸，脚跟慢慢抬起。继续保持 3~5 次呼吸，起身，还原。

【功效】

强健腿部和臀部的肌肉力量。

8. 战士一式

山立式，右脚尖指向右前方，屈右膝，小腿和大腿呈 90°，成右弓步（图 8–25）。左脚尖转向右方大约 30°，伸直膝关节。躯干转向右方，双手合十从前举至头顶上方，保持肘部伸直。抬头，目视指尖，自然呼吸 30~60 秒。收右腿，两手分开，自然放于体侧。换腿练习。

【功效】

扩张胸部，伸展颈部，消除背部及肩部的肌肉紧张。

图 8–23

图 8–24

图 8–25

9. 叩首式

雷电坐，脊柱向上伸展。保持脊柱的拉伸状态，躯干慢慢从髋部往前弯，把腹部、肋骨的下段放在大腿上。前额触地，与膝盖相隔适当的距离。抬高臀部，让头顶着地，大腿与地面垂直。手臂伸直放在两腿外侧（图 8–26）。保持 3~5 次呼吸，臀部坐回脚跟，两手收回体侧，还原。

【功效】

加强头部、面部血液循环，滋养头皮，防止脱发、断发，增强记忆力。高血压、心脏病、眩晕者，颈部疾病不宜做此练习。

10. 摇篮式

俯卧，屈膝，小腿后侧贴近大腿后侧。抬起上体，手握住脚踝，同时将身体抬离地面。背部在地面上像摇篮一样前后滚动（图 8–27），也可左右滚动。

【功效】

增强腰部和背部的肌肉。

11. 蛇击式

俯卧，躯干保持挺直前倾，双臂弯曲，上体前倾下压至胸部着地，臀部抬起翘高，手肘、脚膝撑在地面上（图 8–28）。双膝保持不动。然后吸气，臀部下落，双臂伸直，呼气，上身向上抬起至腹部着地，头慢慢后仰。

【功效】

增强手臂力量，强健背肌、脊柱，对于患有坐骨神经疾患、脊柱骨盘错位、肋骨和背部疼痛的人群有改善和缓解作用。

图 8–26

图 8–27

图 8–28

12. 犁式

仰卧，双臂放在身体两侧。双腿慢慢抬起与地面垂直，再将双腿伸过头顶，脚趾触及地面，保持双腿伸直（图 8–29）。正常呼吸，保持一定时间后，还原。

【功效】

增强脊柱和肩关节的力量。

13. 转体触趾式

坐姿，两腿分开至最大限度，保持脊柱直立。双臂侧平举。身体向左后方转动到最大限度，同时右手触摸左脚脚趾，左手臂尽量向后方打开（图 8–30）。保持 3~5 次呼吸。松开右手，身体还原于坐姿，换异侧练习。

【功效】

强健腰和背部肌群，减少腰部和腹部赘肉。

14. 船式

坐姿，躯干向后靠，同时双腿从地面抬起，膝关节绷直，腿与地面保持 60°~ 65°，脚高于头部（图 8–31）。用臀部保持身体的平衡。双手前平举，手掌相对。正常呼吸，保持数秒，放下手臂，双腿回到地面上。

【功效】

增强腹部和臀屈肌，促进肠道蠕动，改善消化功能。

图 8–29

图 8–30

图 8–31

第二节　健美操

健美操是一项以有氧运动为基础，以健、力、美为特征，融体操、舞蹈、音乐为一体的身体练习。它既是健身美体、陶冶情操的大众健身方式，又是竞技运动项目。健美操以其自身固有的价值和魅力，风靡全世界，深受广大青年学生及群众的喜爱。

目前，健美操种类繁多，分类方法也各不相同。根据健美操的目的和任务，可以将其分为健身健美操和竞技健美操两大类。

健身健美操也称为“大众健美操”，其主要目的在于健身。由于动作简单易学、活泼流畅、节奏感强，并按一定顺序来锻炼身体的各个部位，颇具实效性和针对性。因此，适合各种年龄和不同层次的人锻炼。

竞技健美操是根据比赛规则与规程的要求组编的具有较高技术难度及艺术性，以竞技为主要目的的健美操。由于动作难度、运动强度和密度较大，技术复杂，且有规定时间和特定动作的要求，因此主要适合青年男女练习。竞技健美操比赛共设 5 个项目：男子单人、女子单人、混合双人、3 人和集体 6 人健美操。

一、比赛场地与着装要求

（一）比赛场地

①赛台：赛台高 80~140 厘米，面积不得小于 14 米 ×14 米，后面有背景遮挡。

②竞赛地板和竞赛区：竞赛地板位于赛台中心，面积为 12 米 ×12 米，其上方以宽度为 5 厘米的黑色标记带圈定竞赛区，标记带是竞赛区的一部分。其中，单人、混双和 3 人健美操的竞赛区面积为 7 米 ×7 米，集体 6 人赛的竞赛区面积为 10 米 ×10 米。

（二）着装要求

运动员须穿适合运动的健美操服和运动鞋，着装整洁、美观、大方，不允许使用悬垂饰物。女运动员的头发须梳系于后，头发不得遮住脸部；允许化淡妆，禁止佩戴首饰。

二、健美操基本动作

健美操基本动作练习是按照人体生理解剖结构分部位进行练习，因此可以有重点地、系统地改善和发展身体的各个部位。掌握基本动作就可以为尽快地掌握复杂动作和成套动作打好基础。

（一）手型

健美操手型主要有掌和拳两种（图 8–32）。

1. 掌（包括分掌和合掌）

①分掌：五指用力分开，手腕保持一定的紧张程度。

②合掌：五指并拢伸直。

2. 拳

五指弯曲紧握，大拇指紧扣食指和中指的第二指节。

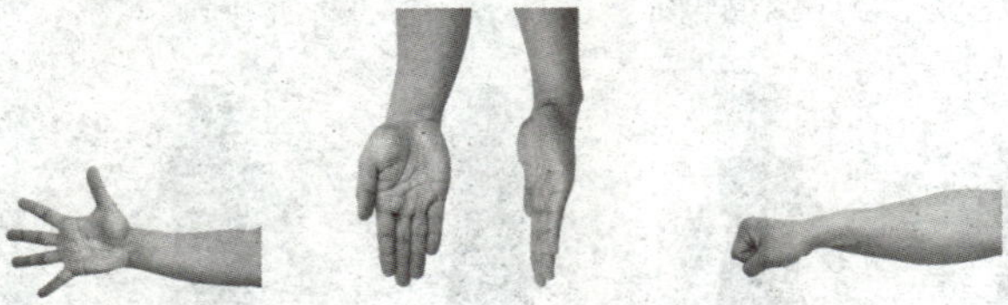

图 8–32

（二）身体各部位基本动作

1. 头、颈部动作

头、颈部动作由屈、转、绕和绕环等动作组成（图 8–33）。

①屈：指头、颈关节的弯曲，包括前、后、左、右屈。

②转：指头、颈部绕身体垂直轴的转动，包括左、右转。

③绕和绕环：指头以颈为轴心的弧形和圆形运动，包括左、右绕和左、右绕环。

【动作要求】

做各种形式头颈动作时，上体保持正直，速度要慢，头颈移动的方向要准确，颈部被动肌群充分伸展。

图 8–33

2. 肩部动作

肩部动作由提肩、沉肩、绕肩、肩绕环和振肩等动作组成（图 8-34）。

①提肩：指肩胛骨做向上的运动，包括单肩、双肩的同时提和依次提。

②练习时，身体远端尽力向外延伸，绕环幅度要大，充分而连贯，速度放慢。

③腰前屈、转时，上体立直。

④绕肩：指以肩关节为轴做小于 360°的弧形运动，包括单肩向前、后绕，双肩同时或依次向前、后绕。

⑤肩绕环：指以肩关节为轴做 360°及 360°以上的圆形运动，包括单肩向前、后绕环，双肩同时或依次向前、后绕环。

⑥振肩：指固定上体，肩急速向前或向后的摆动，包括双肩同时前、后振和依次前、后振。

【动作要求】

①提肩时尽力向上，沉肩时尽力向下，动作幅度大而有力。

②绕肩时上体不能摆动，两臂放松，头颈不能前探；动作连贯，速度均匀，幅度大。

③振肩动作要有速度、力度和弹性。

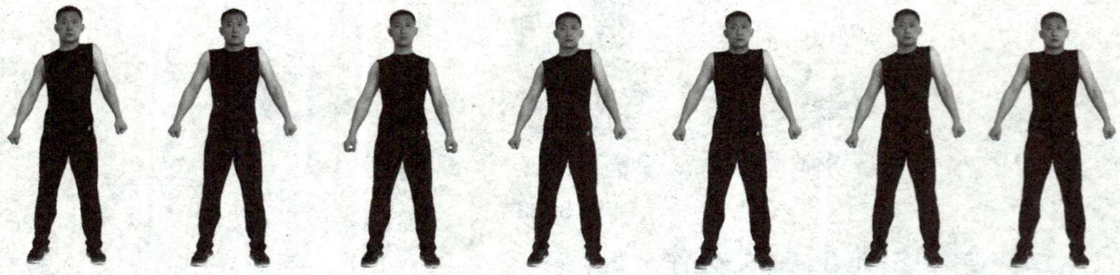

单提肩　双提肩　沉肩　单肩前后绕　双肩前后绕　单肩绕环　双肩绕环

图 8-34

3. 上肢（手臂）动作

上肢（手臂）动作由举、屈、摆、绕、绕环、振和旋等动作组成。

①举：指以肩为轴，臂的活动范围不超过 180°而停止在某一部位的动作，包括单臂和双臂的前、后、侧举，以及不同中间方向的举，如侧上举、侧下举等（图 8-35）。

前举　后举　侧举　侧上举　侧下举　上举

图 8-35

②屈：指肘关节产生了一定的弯曲角度，包括胸前屈、胸前平屈、肩上侧屈、肩下侧屈、肩上前屈、腰间屈、头后屈（图 8-36）。

③摆：指以肩或肘关节为轴，向身体各方向做钟摆式运动（图 8-37a），包括单臂和双臂同时或依次向前、后、左、右摆。

④绕：指双臂或单臂向内、外、前、后做 180°以上 360°以下的弧形运动（图 8-37b）所示为双臂向内外绕。

⑤绕环：指以肩关节为轴，双臂或单臂做 360°及 360°以上的圆形运动，包括向前、向后、向内的绕环（图 8-37c 和图 8-37d）所示为单臂前后绕环和双臂前后绕环。

前胸屈　胸前平屈　肩上侧屈　肩下侧屈　肩上前屈　腰间屈　头后屈

图 8-36

a　b　c　d

图 8-37

⑥振：指以肩为轴，手臂用力摆至最大幅度，包括侧举后振、上举后振和下举后振（图 8-38）。

⑦旋：指以肩或肘为轴做臂的旋内或旋外动作（图 8-39）。

侧举后振　上举后振　下举后振

图 8-38

内旋　　外旋

图 8–39

【动作要求】

①做臂的举、屈伸时，肩下沉。

②做臂的摆动时，起与落要保持弧形。

③上体保持正直，位置准确，幅度要大，力达身体最远端。

4. 胸部动作

胸部动作由含胸、展胸和移胸等动作组成（图 8–40）。

含胸　　展胸　　左右移胸

图 8–40

①含胸：指两肩内合，缩小胸腔。

②展胸：指两肩外展，扩大胸腔。

③移胸：指髋部固定，胸做向左、右水平的移动。

【动作要求】

练习时，收腹、立腰。含、展、移胸要达到最大极限。

5. 腰部动作

腰部动作由屈、转、绕和绕环等动作组成（图 8–41）。

①屈：指下肢固定，上体沿矢状轴和水平轴的运动，包括前、后、左、右屈。

②转：指下肢固定，上体沿垂直轴的扭转，包括左、右转。

③绕和绕环：指下肢固定，上体沿垂直轴做弧形和圆形运动，包括左、右绕和绕环。

【动作要求】

①练习时，身体远端尽力向外延伸，绕环幅度要大，充分而连贯，速度放慢。

②腰前屈、转时，上体立直。

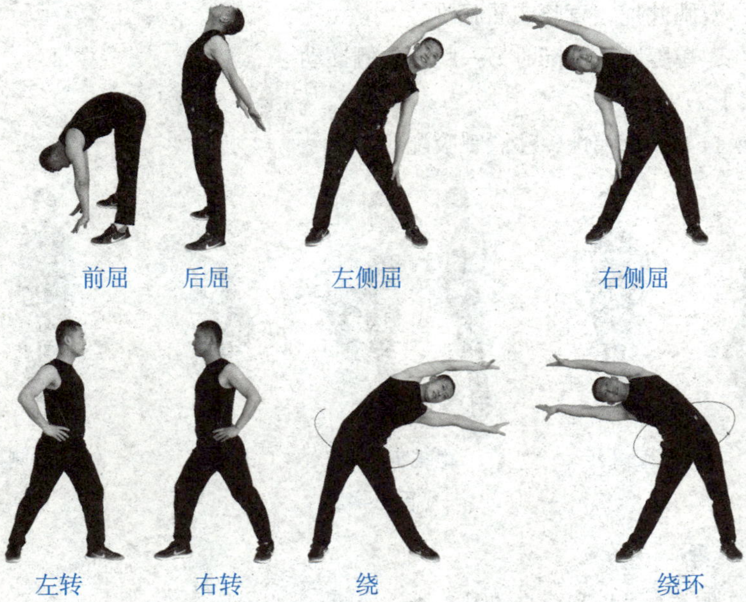

图 8-41

6. 髋部动作

髋部动作由顶髋、提髋、摆髋、绕髋和髋绕环等动作组成（图 8-42）。

①顶髋：指髋关节做急速的水平移动，包括前、后、左、右顶髋。

②提髋：指髋关节做急速向一侧上提的动作，包括左、右提髋。

③摆髋：指髋关节做钟摆式的连续移动动作，包括左、右侧摆和前、后摆。

④绕髋和髋绕环：指髋关节做弧形、圆形移动，包括向左、右绕和绕环。

【动作要求】

髋关节做顶、提、绕和绕环时应平稳、柔和、协调，稍带弹性，上体要放松。

图 8-42

7. 下肢动作

下肢动作由滚动步、交叉步、跑跳步、并腿跳和侧摆腿跳等动作组成（图 8-43）。

①滚动步：两脚同时交替做由前脚尖至全掌依次落地动作。

②交叉步：一脚向另一脚前或后交叉行进。

③跑跳步：两脚交替进行，跑后支撑阶段有一次跳的过程。

④并腿跳：双腿并拢，直膝或屈膝跳。

⑤侧摆腿跳：单腿跳起，同时另一腿向外侧摆动。

【动作要求】

跳跃要轻松自如，有弹性，注意呼吸配合。

滚动步　交叉步　跑跳步　并腿跳　侧摆腿跳

图 8-43

（三）基本站立

基本站立包括立、弓步和跪立（图 8-44）。

直立　开立　提踵立　侧点立　前点立　后点立

前弓步　侧弓步　后弓步　双腿跪立　单腿跪立

图 8-44　基本站立

1. 立

①直立：指头颈、躯干和脚的纵轴保持在一条直线上。

②开立：指两脚左右分开与肩同宽或宽于肩。

③提踵立：指两脚跟提起，用前脚掌站立。

④点地立：指一腿直立（重心在站立脚上），另一腿向各方向伸直，脚尖点地，包括侧点立、前点立、后点立。

2. 弓步

弓步是指一腿向某方向迈出一步，膝关节弯曲成 90°左右，膝部与脚尖垂直，另一腿伸直，包括左、右腿的前、侧、后弓步。

3. 跪立

跪立是指大腿与小腿成直角的跪姿，包括双腿跪立和单腿跪立。

【动作要求】

①站立时，头正直，上体保持挺直、沉肩、挺胸、收腹、收臀、立腰、立背、直膝。

②提踵立时，两腿内侧肌群用力收紧，起踵越高越好。

③弓步时，前弓步和侧弓步的重心在两腿之间，后弓步的重心在后腿。

（四）健美操规则规定的 7 个基本步法

国际体操联合会健美操委员会出版的《竞技性健美操规则》中把健美操的步法分为以下 7 大类：踏步、开合跳、吸腿跳、踢腿跳、弓步跳、弹踢腿跳和后踢腿跳（图 8–45）。

1. 踏步

两脚交替不间断地做屈膝上提然后踏地的动作，包括脚尖不离地的踏步、脚离地的踏步和高抬腿的大幅度踏步。

2. 开合跳

并腿跳至开立，分腿跳至并立。

3. 吸腿跳

单腿跳起，同时另一腿屈膝向前、侧上提。

4. 踢腿跳

单腿跳起，同时另一腿直腿向前、侧方向踢出，包括小幅度和大幅度的踢腿。

5. 弓步跳

并腿跳起，落地时成前（侧、后）弓步。

6. 弹踢腿跳

单腿跳起，同时另一腿经屈膝向前或向侧方向弹踢。

7. 后踢腿跳

两脚交替有短暂腾空过程（类似跑步），小腿向后屈。

【动作要求】

①踏步：落地时，由脚尖过渡到脚跟着地；屈膝时，胯微收。两臂前后自然摆动。

②开合跳：分腿时，两腿自然外开，膝关节沿脚尖方向弯曲；落地时屈膝缓冲。

③吸腿跳：大腿用力上提，小腿自然下垂。

④踢腿跳：踢腿时，须加速用力，上体保持正直、立腰。

⑤弓步跳：跳成弓步时，把握住身体重心。

⑥弹踢腿跳：大腿抬起至一定角度后，小腿自然伸直，膝关节稍有控制。

⑦后踢腿跳：髋和膝在一条线上，小腿叠于大腿。

图 8–45

三、套路

套路示例：健美操大众锻炼标准测试套路（一级）。

健美操

（一）组合 1（4×8×2）

组合 1 动作说明（图 8–46）：

① 8 次踏步。

② 8 次走步。

③ 动作同（2）。

④ 4 次半蹲。

⑤（5）~（8）的动作同（1）~（4）。

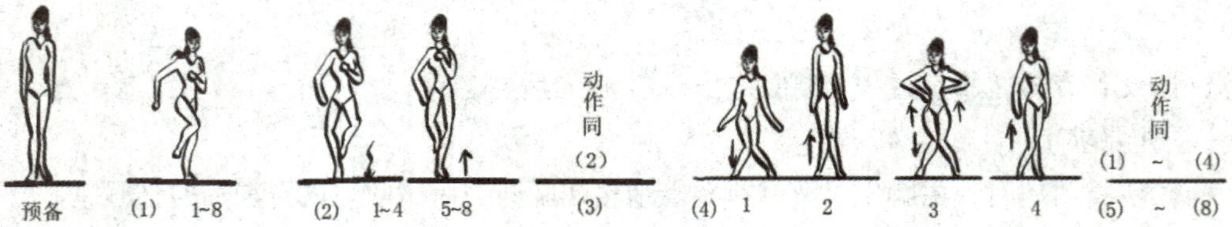

图 8–46

（二）组合 2（4×8×2）

组合 2 动作说明（图 8–47）：

① 4 次侧并步。

② 4 次侧并步。

③ 2 次交叉步。

④ 1~4，1 次交叉步；5~8，2 次迈步后屈腿。

⑤（5）~（8）的动作同（1）~（4），但方向相反。

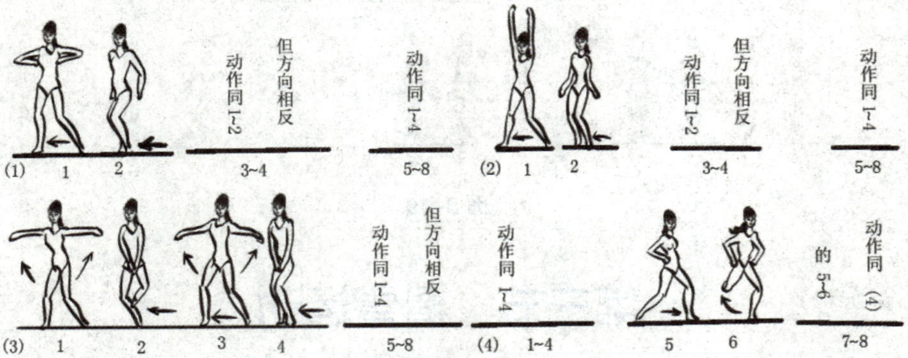

图 8–47

（三）组合 3（4×8×2）

组合 3 动作说明（图 8–48）：

① 2 次一字步。

② 2 次 V 字步。

③ 4 次小马跳。

④ 1~4，2 次迈步侧点地；5~8，1 次半蹲。

⑤（5）~（8）的动作同（1）~（4），但方向相反。

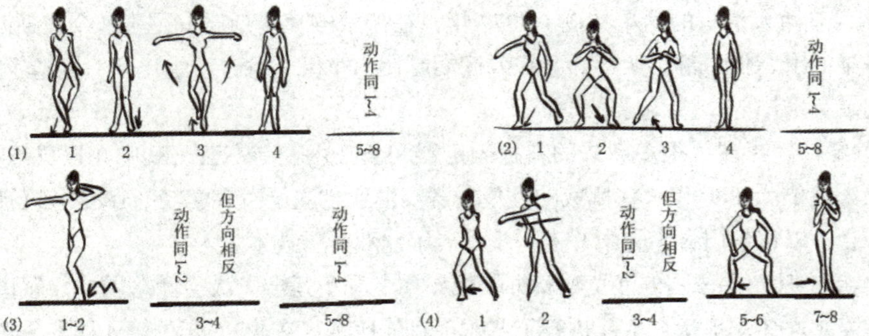

图 8–48

（四）组合 4（4×8×2）

组合 4 动作说明（图 8–49）：

① 8 次跑步。

② 3 次开合跳。

③ 2 次迈步吸腿。

④ 1~4 指 2 次前点地，5~8 指 2 次侧点地。

⑤（5）~（8）的动作同（1）~（4），但方向相反。

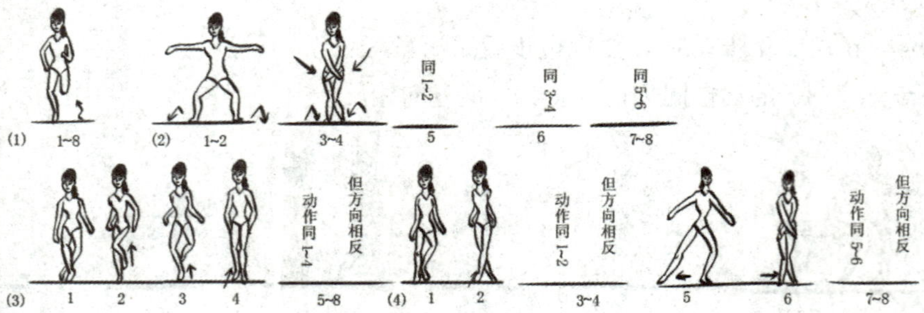

图 8–49

第三节　滑雪运动

滑雪运动是借助滑雪工具在雪地上滑行的运动项目。滑雪有助于增强人们的健康和提高耐寒力，并能培养勇敢、坚毅的品质。现代滑雪运动种类很多，有越野滑雪、高山滑雪（阿尔卑斯滑雪）、跳台滑雪、花样滑雪、现代冬季两项、北欧两项滑雪、冬季高山两项、三项全能、有舵雪橇、无舵雪橇以及与各种不同项目相结合的多项滑雪等。

一、滑雪运动的起源与发展

“滑雪”（skiing）一词始于古挪威语“skith”（“雪鞋”之意）。据考证，早在5000年前，北欧、西伯利亚等地已有人滑雪。在挪威境内的北极圈附近，曾发现4000年以前的一块石刻，上面刻有两人滑雪的简单构图。1877年，在挪威的克里斯蒂安尼亚（今奥斯陆）成立了世界上最早的滑雪俱乐部，两年后又在郊区胡瑟比山举行了跳台滑雪比赛，创造了将近23米的飞跃纪录。

19世纪初期出现了很多新式的雪板固定器和新技术、新方法。其中尤以奥地利为最盛，并处于领先地位。1880年，在挪威的克里斯蒂安尼亚创立了滑雪学校，1883年又成立了挪威滑雪联合会，以霍尔门科伦为中心进一步发展了北欧滑雪技术。

1924年1月，在法国的沙莫尼举办了第1届冬季奥运会。大会闭幕前成立了国际滑雪联合会。在第1届冬季奥运会上，进行了北欧项目的比赛。在1936年的第4届冬季奥运会上增加了高山滑雪比赛项目。世界性的滑雪比赛，除4年1次的冬季奥运会外，还有世界滑雪锦标赛、世界杯滑雪比赛等。

20世纪30年代初期，近代滑雪运动在我国初步开展。1949年后，群众性的滑雪运动得到进一步的发展。从1954年开始，我国东北地区曾几次举办规模较大的地区性滑雪比赛。1957年在吉林省通化市举行了第1届全国滑雪比赛大会。在1961年、1963年，中国人民解放军滑雪队先后两次出国参加滑雪比赛。1980年，中国滑雪队参加了在美国普莱西德湖举行的第13届冬季奥林匹克运动会。

二、滑雪运动技术

图 8–50

现代滑雪技术的发展，与现代场地设备和器材的发展是密切相关的。现代滑雪运动取得优异的成绩，主要是靠运动员高超的技术、充沛的体力和顽强的意志，此外，也靠先进的器材装备。例如越野滑雪，在 20 世纪 60 年代之前，比赛场地复杂，器材较落后，各国普遍采用低姿势、大幅度和用力支撑雪杖的滑行方法。当时，滑行动作种类很多，有的在平地和在缓坡上使用的 2 步和 4 步交替滑行，有的在平地和在缓下坡使用不迈步或迈 1 步、2 步、3 步的同时推进滑行，以及交替滑行和推进滑行相结合的各种联合动作。此外，还有陡坡上使用的开脚登行和下坡滑降、犁式转弯、半犁式转弯等各种制动转弯动作等。而现代越野滑雪比赛使用场地平整机开道，坡道比较平坦，外加使用各种先进的塑料板，促进各国集中使用较单一的两步交替和一步同时推进滑行的技术，在技术风格上形成低姿势、高频率而又省力协调的滑进技术。为了在夏季也能进行滑进技术训练及专项身体素质训练，一般都利用“轱辘雪板”练习（图 8–50）。

又如高山滑雪，因从 20 世纪 30 年代起开始使用金属刃塑料高山板和现代自动脱落器，遂使先进的并膝并板的平行摆动式转弯技术出现了。当时世界上形成了两种转弯技术派别：一种是以上身反转（扭肩）的摆动式转弯为代表的奥地利派；另一种是上体保持不变，以髋膝摆动改变重心的摆动式转弯（滑弧大）为代表的法国派。现代各国高山滑雪转弯技术日趋接近，大都运用以身体外转和前引并用单板蹬跨而重心明显交换这种合理的转弯技术以及快而准确地通过各种门形的战术。现代的滑降比赛中，优秀运动员大多采用深屈膝、以上体与地面平行的流线型姿势，提前起跳，克服陡坡的腾空并以快而不减速的安全转弯动作克服线路上的各种地形；为了用力支撑和减少空气阻力，大多采用 S 状的雪杖。现代高山滑雪的绝对速度已达到每小时 100 公里以上。

三、滑雪运动用具

图 8–51

冬季雪上运动所使用的滑雪板、杖、鞋、各种固定器、滑雪蜡、防寒衣类、盔形帽、有色镜、防风镜、修理工具及其他附属物件等，统称为滑雪用具（图 8–51）。

1. 滑雪板

雪上滑行的工具。由于滑雪运动项目不同，所使用的滑雪板也不一样，大致分为普通滑雪板（综合板）、越野滑雪板、高山滑雪板、跳台滑雪板、花样滑雪板和狩猎用滑雪板等。由于科学技术不断发展，滑雪运动技术不断提高，滑雪板也由过去简单的独木板发展成为塑料和轻金属制成的弹性好、速度快、耐磨力强的现代滑雪板。滑雪板由雪板尖、着鞋部、板尾、滑行面和方向槽等部分组成。

竞赛规则对运动员所使用滑雪板的板尖、板尾的弯曲度、板面的宽度（包括着鞋部）以及雪板上的附属部件，都有明确的规定。高山滑雪板在滑行面的两缘镶有 2 ~ 3 毫米宽的金属边，其作用主要是耐磨、锋利，使滑行者便于转弯和制动。另外，所有滑雪板在滑行面上都刻有方向槽（跳台滑雪板有 3 ~ 5 个），以便帮助控制滑行方向。狩猎用滑雪板为防止蹬山时脱滑，在着鞋部的滑面上贴上一层野猪皮或人造塑料毛。所有的滑雪板都有固定雪鞋的固定器：普通滑雪板（综合板）使用皮带卡式固定器，越野滑雪板使用前压式固定器，高山滑雪板使用脱落式固定器，跳台滑雪板使用弹簧弓子式固定器。规则允许高山滑雪板安装雪板制动器、交叉防止器、体重交换平衡器等。但在竞赛中不允许使用人工装置的机械、化学、电动援助器或其他可能会伤害到他人的危险器械。由于滑雪项目不同，滑雪板的长度也不一样，每个滑行者都要根据自己的身高、体重和技术等不同情况来选择。

2. 滑雪杖

简称雪杖，是滑雪运动的主要工具之一。使用者在滑行时双手各持一支，以便在撑动、推进、制动、转弯时使用（跳台滑雪不使用雪杖）。雪杖由杖杆、杆尖、雪轮、握革等部件装置组成。雪杖同雪板一样，由过去简单的木制或竹竿雪杖发展成为合金铝或玻璃钢制成的弹性强的雪杖。越野滑雪杖的长度一般为使用者身高的 85% 左右。高山滑雪杖一般为使用者身高的 65% 左右，高山滑降运动员用“S”形雪杖，缩小张开角度，以减少风的阻力。

3. 滑雪鞋

由于现代科学技术不断发展，雪鞋的种类也不断增多，质量要求也越来越高，①越野滑雪鞋：鞋底前头稍往前伸出，略呈方形，在鞋底的伸出部分有稳钉孔等，以便与固定器上的稳钉相吻合，然后通过弹簧弓子将它压在固定器上。这种鞋的特点是鞋腰矮，鞋质轻便而柔软，便于滑行中提挪雪板和蹬动。②高山滑雪鞋：以前均用皮革制造，现在使用塑料模压制成硬外壳，然后用塑料泡沫制成内套。这种鞋的鞋底狭窄，鞋腰较高，质硬不能折曲，能够固定踝关节，便于稳定重心、变换方向和提挪。穿着时，通过雪板上的脱落式固定器，把鞋紧紧固定在雪板上，以便做各种动作。脱落装置可根据运动员的滑行项目和体重等不同情况，确定脱落器调节螺杆的松紧，以达到既安全又便于滑行转弯的目的。③跳台滑雪鞋：是用皮革制成的，鞋底宽而硬，鞋底前部为方形，以便将它固定到固定器上，鞋后跟有弹簧弓子的压槽，弹簧的伸展力较强，运动员在跳跃时根据动作要求可以提鞋后跟稍离板面，以帮助身体前倾，易于调整姿式，保持平衡。

4. 滑雪护具

包括盔形帽、脱落式固定器、有色镜、防风镜、手套和服装等，这些都是运动员在高速滑行中保证安全不可缺少的物品。服装要合身，尽量做到既能减少风的阻力，又轻便保温。滑雪竞赛规则特别强调安全。例如，在高山滑雪和跳台滑雪项目中，凡不戴盔形帽者，均不准参加比赛。滑雪护具，尤其是脱落式固定器，是保证安全的重要措施，所以在平时训练中就应养成按规定着装和佩戴各种护具的习惯。

5. 滑雪蜡

滑雪蜡涂于雪板滑行面，以保护雪板和改善滑行性能，由石油副产物、金属粉沫、脂类、松香、蜂蜡和橡胶等几十种原料合制而成。雪蜡按其性能可分为滑蜡、防滑蜡、底蜡和雪板防护蜡等。①滑蜡：是用以减少雪板和雪面的摩擦力，增加滑度，主要用于高山滑雪；在越野滑雪中，涂于雪板的两端和方向槽。②防滑蜡：主要涂于越野滑雪板，其作用是滑行下压蹬动时能使板面与雪面产生静摩擦力，增加后蹬力量，防止雪板脱滑。③底蜡：涂于雪板，有助于增加雪蜡的附着力。④防护蜡：涂于板面，能够防止水浸和锈蚀，便于保存。

第四节　体育舞蹈

体育舞蹈是舞蹈与体育的有机结合，它力求按照美的规律去显示高超的技艺，是一门身体与心灵相融合的艺术。

一、体育舞蹈的起源与发展

舞蹈艺术居艺术之首，它产生于人类的生活、劳动和情感，是一种人体文化，并随着人类的社会演变和文化进程而发展。体育舞蹈的发展过程经历了原始舞蹈—公众舞—民间舞—宫廷舞—社交舞—新旧国际标准交际舞等发展阶段。体育舞蹈的前身是社交舞，也称交际舞、交谊舞，又称国际标准交际舞，共分两大类：一类为摩登舞（现代舞）；另一类为拉丁舞。

1924 年，英国皇家舞蹈教师协会组织欧美舞蹈界人士，在广泛研究传统宫廷舞、交谊舞及拉美国家的各式土风舞的基础上，对当时社交舞的一部分进行了规范和美化加工，并于 1925 年正式颁布了华尔兹、探戈、狐步、快步 4 种舞的步伐，总称摩登舞。此后，此种舞蹈首先在西欧推广并进行了比赛，继而又推广到世界各国和地区，受到了许多国家人民的欢迎和喜爱。摩登舞具有端庄、含蓄、稳重、典雅的风格和绅士风度，舞步流畅，轻柔洒脱，舞姿优美，起伏有序，音乐节奏清晰，舞蹈富于技巧性，是老少皆宜的舞系。

1950 年的世界舞蹈组织（International Council of Ballroom Dancing，ICBD），1994 年更名为世界舞蹈与舞蹈运动理事会（World Dance and Dance Sport Council，WDDSC）在英国主办了首届世界性的大赛“B1ackpool Dance Festival”（黑池舞蹈节），并把规范后的舞蹈命名为国际标准交谊舞。以后每年的 5 月底，都要在英国的黑池举办一届世界性的大赛。摩登舞在世界范围内的不断推广，其自身也得到了发展，如增加了维也纳华尔兹。

1960 年，在对非洲和拉美一些国家的民间舞进行规范和加工后，又增加了拉丁舞的比赛。拉丁舞分为 5 种：伦巴、恰恰、桑巴、牛仔、斗牛。拉丁舞具有热情、奔放、浪漫的风格特点，舞蹈动作豪放粗矿，速度多变，手势和脚步内容丰富，充满激情，音乐节奏鲜明强烈，尤为中青年所喜爱。

1964 年，国标舞又增加了新的表演和比赛项目团体舞。团体舞是摩登舞或拉丁舞的混合舞，由8对选手组成，借助音乐的引导，将5种舞蹈在队形变动中编织出丰富多样的图案。它将音乐、舞姿、队形、图案和选手们的和谐配合融为一体，达到了完美统一，使体育舞蹈的风格特点得到了更为鲜明的体现。摩登舞、拉丁舞、团体舞被称为“现代国际标准舞”，每年在国际上都有不同地区、各种级别、不同规模的多种比赛。

二、体育舞蹈的基本术语

（一）舞程向

在同一舞池中，为避免舞者相碰撞而规定的必须按逆时针方向行进。这一行进方向称舞程向。

（二）舞程线

沿舞程向方向行进的路线叫舞程线，如图8-52所示。

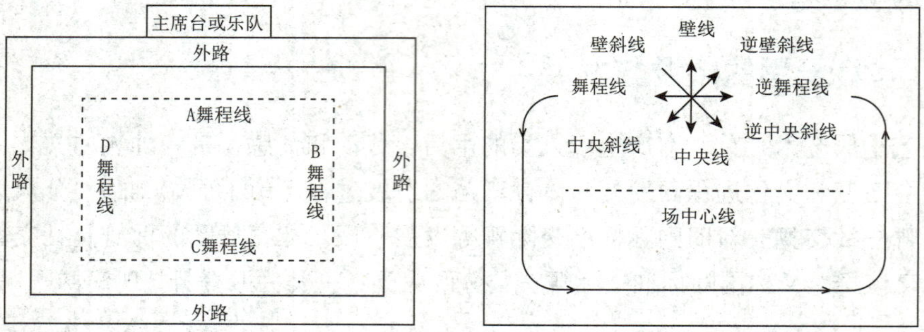

图 8-52

（三）舞姿

舞姿泛指舞者跳舞的姿态。

①合对位舞姿（闭式舞姿）。“合”指男女交手握抱；“对”指男女面对面，泛指男女面对双手扶握的身体位置。

②侧行位舞姿，指男士的右侧与女士左侧身体贴靠，身体的另一侧略向外展开成“V”字形的站立或行进的身体位置。

③外侧位舞姿，指在摩登舞中，男女舞伴的一侧脚向舞伴同侧脚的外侧（右外侧或左外侧）前进所形成的身体位置。

④并肩位舞姿，指拉丁舞中，男女面对同一方向肩臂相并的身体位置。以男士为基准，男士左肩与女士右肩相并叫“左并肩位”，男士右肩与女士左肩相并叫“右并肩位”。

⑤影子位舞姿，指男女舞伴面向同一方向重叠而立，形影相随的身体位置。以女士居前较常见。

三、华尔兹

华尔兹舞亦称圆舞，属于摩登舞，是现代舞中历史最悠久，生命力最强的舞蹈形式。“华尔兹”一词最初来自古德文 Waltz，意思是“滚动”“旋转”或“滑动”。19 世纪初传入美国波士顿，当时为了区别于快的维也纳华尔兹舞，将这种慢节奏的华尔兹舞称为波士顿华尔兹。这种舞在 20 世纪初又重返欧洲，并在英国得到更好的发展和创新，以新的“慢华尔兹”的形式席卷欧洲大陆并延续至今，成为国际标准交际舞的内容之一。

华尔兹的风格特点是舞态雍容华贵，舞步婉转流畅，舞姿飘逸优美，旋转起伏似行云流水，富于抒情浪漫情调。舞蹈时，男伴似王子气宇轩昂，女伴似公主温文尔雅、雍容大方。华尔兹音乐为 3/4 节拍，节奏中等，每分钟 28~30 小节。华尔兹没有快、慢步之分，只有平均的 1、2、3 拍，第 1 拍是重拍。但是，有一些特殊的舞步，如犹豫步每小节 3 拍音乐，但只跳 2 步；并合步或前进和后退步锁步每小节 3 拍音乐，可跳 4 步。

1. 华尔兹舞基本步

练习华尔兹舞基本步时，准备姿势均为合位。

①前进左方步，如图 8–53 所示。

第 1 步　　男：左足前进。()

　　　　　女：右足后退。()

第 2 步　　男：右足旁步稍靠前。

　　　　　女：左足旁步稍靠后。

第 3 步　　男：左足向右足并步。

　　　　　女：右足向左足并步。

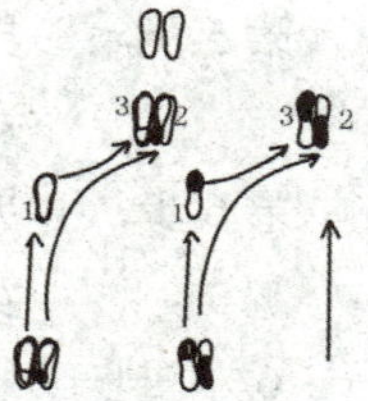

图 8–53

②前进右方步，如图 8–54 所示。

第 1 步　　男：右足前进。

　　　　　女：左足后退。

第 2 步　　男：左足旁步稍靠前。

　　　　　女：右足旁步稍靠后。

第 3 步　　男：右足向左足并步。

　　　　　女：左足向右足并步。

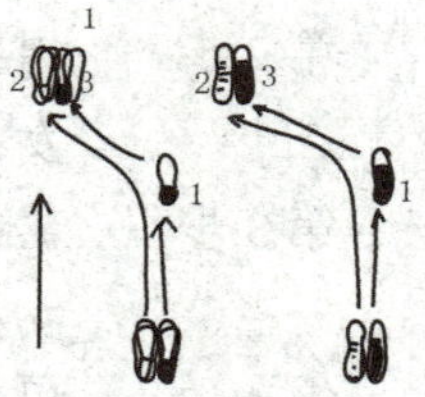

图 8–54

③后退左方步，如图 8–55 所示。

第 1 步　　男：左足后退。

　　　　　女：右足前进。

第 2 步　　男：右足旁步稍靠后。

　　　　　女：左足旁步稍靠前。

第 3 步　　男：左足向右足并步。

　　　　　女：右足向左足并步

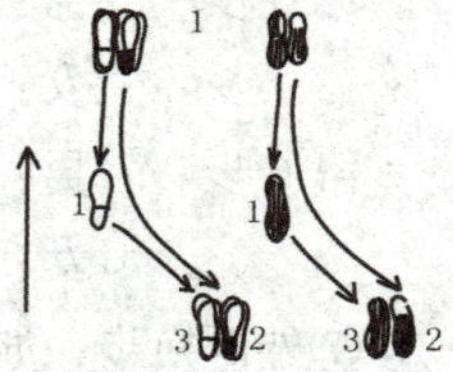

图 8–55

④后退右方步，如图 8–56 所示。

第 1 步　　男：右足后退。

　　　　　女：左足前进。

第 2 步　　男：左足旁步稍靠后。

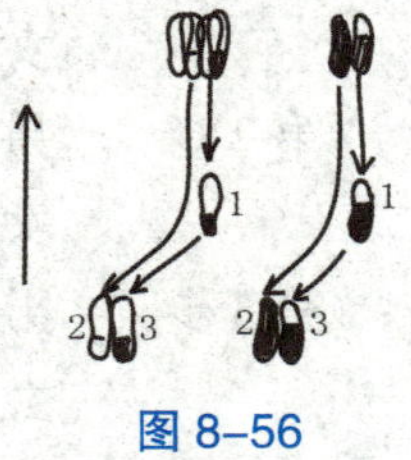

图 8–56

女：右足旁步稍靠前。

第 3 步　男：右足向左足并步。

女：左足向右足并步。

⑤右转步，如图 8–57 所示。

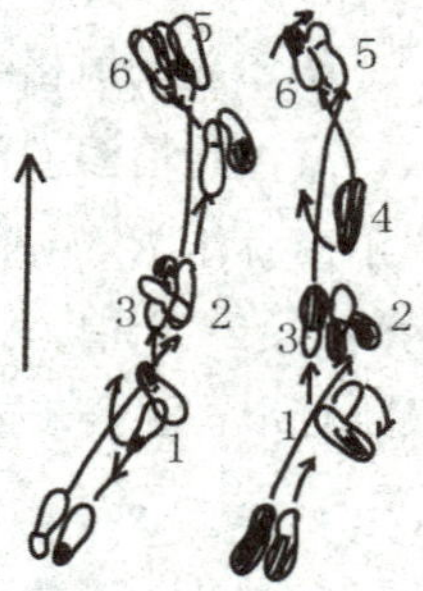

图 8–57

第 1 步　男：右足前进，开始向右转。

女：左足后退，开始向右转。

第 2 步　男：左足旁步，向右转过 1/4。

女：右足旁步，向右转过 3/8。

第 3 步　男：右足向左足并步，继续右转过 1/8。

女：左足向右足并步。

第 4 步　男：左足后退，开始向右转。

女：右足前进，开始向右转。

第 5 步　男：右足旁步，向右转过 3/8，身体转动稍带后。

女：左足旁步，向右转过 1/4。

第 6 步　男：左足向右足并步，身体完成转动。

女：右足向左足并步，继续转过 1/8。

⑥左转步，如图 8–58 所示。

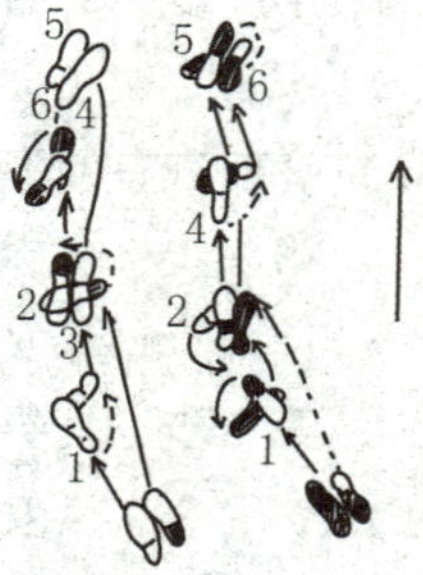

图 8–58

第 1 步　男：左足前进，开始左转。

女：右足后退，开始左转。

第 2 步　男：右足旁步，向左转过 1/4。

女：左足旁步，向左转过 1/4。

第 3 步　男：左足向右足并步，再转 1/8。

女：右足向左足并步，身体完成转动。

第 4 步　男：右足后退，开始左转。

女；左足前进，开始左转。

第 5 步　男：左足旁步转过 3/8，身体转动滞后。

女：右足旁步转过 1/4。

第 6 步　男：右足向左足并步，身体完成转动。

女：左足向右足转动，转过 1/8。

⑦外侧换步，如图 8–59 所示。

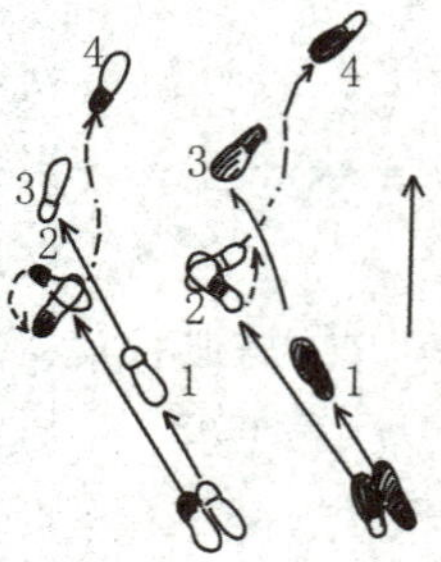

图 8–59

第 1 步　男：左足后退。

女：右足前进。

第 2 步　男：右足后退，开始左转。

女：左足前进，开始左转。

第 3 步　男：左足旁步，稍靠前转过 1/4，身体转动滞后。

女：右足旁步，稍靠后转过 1/4，身体转动滞后。

第 4 步　　男：右足向右外侧前进。

　　　　　女：左足后退。

⑧犹豫步，如图 8-60 所示。

第 1、2、3 步与右转步第 1、2、3 步相同。

第 4、5、6 步如下：

第 4 步　　男：左足后退，开始右转。

　　　　　女：右足前进，开始右转。

第 5 步　　男：右足旁跨一小步（足跟拖动，由足跟—足内缘—全足），转过 3/8。

　　　　　女：左足旁步，转过 3/8。

第 6 步　　男：左足用足尖内缘刷向右足，虚步。

　　　　　女：右足用足尖内缘刷向左足，虚步。

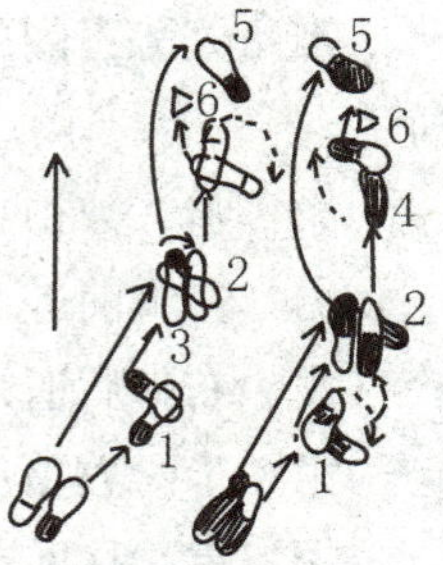

图 8-60

⑨并进并后步，如图 8-61 所示。

第 1 步　　男：右足并进步。

　　　　　女：左足并进步，开始向左转。

第 2 步　　男：左足旁步稍靠前。

　　　　　女：右足旁步转过 1/8。

第 3 步　　男：右足向左足并步。

　　　　　女：左足向右足并步转过 1/8，身体转动滞后。

第 4 步　　男：左足旁步稍靠前。

　　　　　女：右足旁步稍靠后。

第 5 步　　男：右足右外侧前进。

　　　　　女：左足后退。

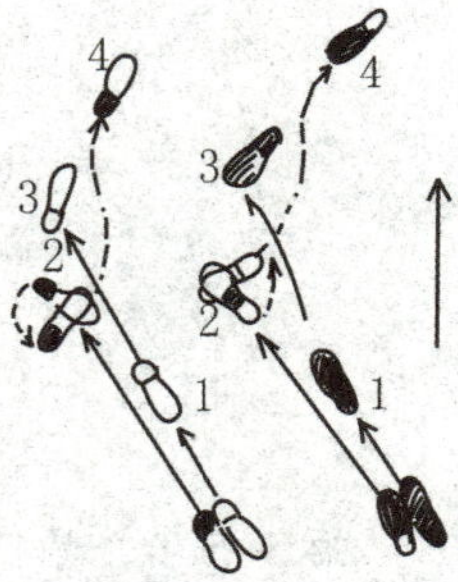

图 8-61

2. 组合练习

①前进右方步—左转步—前进左方步。

②前进左方步—犹豫步—前进左方步。

③右转步第 1、2、3 步—外侧换步—前进右方步。

④前进左方步—犹豫步—前进左方步。

⑤后退韦斯步—并进并合步—右外侧右转步。

四、恰恰舞

恰恰舞起源于古巴，原是模仿企鹅在生活中的各种姿态而创造出来的舞蹈。舞蹈时，男女舞伴好似两只企鹅，高兴时相亲相爱、相对而舞；不高兴时，女伴则“转身而去”，男士则“尾随其后”“表示和解”。因此恰恰舞一反男士领舞常态，而多由女士领舞、男士跟跳，而且两人动作不必整齐划一。恰恰舞的音乐富于切分音，4/4 拍，每分钟 32~34 小节，4 拍跳 5 步。恰恰舞由于名称动听，节奏欢快易记，邦伐斯鼓和沙球的咚咚沙沙声与动作相吻合，舞蹈又有诙谐花哨的风格，所以备受人们的欢迎，是拉丁舞中最流行的舞蹈。

1. 恰恰基本舞步

该舞步共 10 步，音乐 2 小节，数拍：2、3、4 加 1，2、3、4 加 1。

准备姿势：闭面位置开始，男伴脚分开重心在右脚，女伴脚分开重心在左脚，如图 8–62 所示。

第 1 步，数拍：2，如图 8–63 所示。

男：左脚前进，开始左转。

女：右脚后退，开始左转。

第 2 步，数拍：3，如图 8–64 所示。

男：重心移回右脚，继续左转。

女：重心移回左脚，继续左转。

图 8–62

图 8–63

图 8–64

第 3~5 步，数拍：4 加 1，如图 8–65 ~ 图 8–67 所示。

男：右脚到侧旁并稍向后，跳快滑步右左右，继续转动，在第 1~5 步上完成向左 1/8 转（可以做到 1/4 转）。

女：左脚到侧旁，跳快滑步左右左，继续转动，在第 1~5 步上完成 1/8(可以做到 1/4 转）。

第 6 步，数拍：2，如图 8–68 所示。

男：右脚后退，继续左转。

女：左脚前进，继续左转。

第 7 步，数拍：3，如图 8–69 所示。

男：重心移回左脚，继续左转。

女：重心移回右脚，继续左转。

图 8–65

图 8–66

图 8–67

图 8–68

图 8–69

第 8~10 步，数拍：4 加 1，如图 8–70 ~ 图 8–72 所示。

男：左脚到侧旁，跳快滑步左右左，继续转，在第 6~10 步上完成向 1/8 转（可以做到 1/4）。

女：右脚到侧旁并稍向后，跳快滑步右左右，继续转动，在第 6~10 步上完成向左 1/8 转（可以做到 1/4 转）。

图 8–70

图 8–71

图 8–72

2. 扇形步

该舞步共 10 步，音乐 2 小节，数拍：2、3、4 加 1，2、3、4 加 1。

准备姿势：闭面位置开始，脚分开，男伴重心在右脚，女伴重心在左脚，如图 8–73 所示。

第 1~5 步，数拍：2、3、4 加 1，如图 8–74 所示。

男：同基本步的第 1~5 步，左右、左右左，在第 1~5 步上向左 1/8 转。

女：同基本步的第 1~5 步，右左、右左右，在第 1~5 步上向左 1/8 转。

第 6 步，数拍：2，如图 8–75 所示。

男：右脚后退，不转。

女：左脚前进，开始左转。

第 7 步，数拍：3，如图 8–76 所示。

男：重心移回左脚，不转。

女：右脚后退，并稍向侧旁。

第 8~10 步，数拍：4 加 1，如图 8–77、图 8–78 所示，男士左手与女士右手相握持。

男：右脚到侧旁，跳快滑步（右左右）。

女：左脚后退，跳快滑步（左右左），继续转，在第 6~10 步上向左 1/4 转。

图 8–73

图 8–74

图 8–75

图 8–76

图 8–77

图 8–78

3. 阿列曼娜步

该舞步共 10 步，音乐 2 小节，数拍：2、3、4 加 1，2、3、4 加 1。

准备姿势：以扇形位置开始，男伴脚分开重心在右脚，女伴重心在左脚上，如图 8–79 所示。

第 1 步，数拍：2，如图 8–80 所示。

男：左脚前进，不转。

女：右脚靠到左脚，不转。

第 2 步，数拍：3，如图 8–81 所示。

男：重心移回右脚，不转。

女：左脚前进，不转。

图 8–79

图 8–80

图 8–81

第 3~5 步，数拍：4 加 1，如图 8–82 ~ 图 8–84 所示。

男：左脚几乎靠近右脚，跳快滑步（左右左），不转。

女：右脚前进，跳快滑步（右左右），开始右转。

图 8–82

图 8–83

图 8–84

第 6 步，数拍：2，如图 8–85 所示。

男：右脚后退，不转。

女：左脚前进，继续右转。

第 7 步，数拍：3，如图 8–86 所示。

男：重心移回左脚，不转。

女：右脚前进，继续右转，在第 6~7 步上右转 1/2 周。

第 8~10 步，数拍 4 加 1，如图 8–87 ~ 图 8–89 所示。

男：右脚几乎靠到左脚，跳快滑步（右左右），不转。

女：左脚前进，跳快滑步（左右左），继续右转，在第 8~10 步上完成 1 转。

图 8–85

图 8–86

图 8–87

图 8–88

图 8–89

4. 三个恰恰步

该舞步共 9 步，音乐 3 小节，数拍：4 加 1、2 加 3、4 加 1，如图 8–90 ~ 图 8–92、图 8–68 ~ 图 8–71、图 8–74 ~ 图 8–78 所示。

图 8–90

图 8–91

图 8–92

三个恰恰快滑步可以在某个方位上渐进地跳。

①向前跳（前进步）：在闭面位置上——在基本的第 1~7 步之后（在 9 个步子右左右、左右左、右左右、上下转或渐渐地弯向左，直到 3/8 段转）女伴是左右左、右左右、左右左，后面跟随以基本步。

②向后跳（后退步）：在闭面或开面位置上——在基本步的第 2 步之后（不转或渐渐的向右或向左拐弯达到 3/8 转）左右左、右左右、左右左；女伴右左右、左右左、右左右。当不转动时后面用基本步的第 6~10 步接跳；当向左拐弯时，用扇形步的第 6~10 步跟随。

5. 舞步组合

基本步—扇形步—阿列曼娜—三个恰恰前进步—基本步—三个恰恰后退步。

第五节　定向运动

定向越野的雏形源于 1918 年瑞典童子军组织的一次“寻宝游戏”活动，在经济全球化、世界一体化浪潮的推动下逐渐发展成为融知识性、趣味性、娱乐性、实用性于一体的新兴体育项目，风靡欧洲、澳洲及北美地区。自 20 世纪 80 年代定向越野首次以军事体育的身份传入我国以来，契合了人们陶冶身心，回归自然的需求，在经济相对发达地区的大、中专院校及中、小学校蓬勃发展，显示出强大的生命力。

定向越野是参与者借助地图和指北针，以徒步越野跑的形式，按顺序到达地图上所标示的各个检查点，以最短的时间完成规定赛程的体育运动项目。其比赛的成败全在于个人的识图用图，野外定向和奔跑能力的强弱，适于各种年龄、性别的人参加。

定向越野的形式和比赛方式多种多样。按场地的不同可分为野外定向、公园定向、校园定向、军营定向等；按比赛时间的不同，可分为日间定向、夜间定向、多日定向等；按比赛性质的不同，可分为个人赛、接力赛和团队赛；按比赛距离的不同，可分为短距离赛、中距离赛、长距离赛等。

一、定向越野的基本工具与装备

良好的运动装备不仅能保护参与者的安全，也能帮助其更好地学习和掌握运动技能。定向越野的基本工具和装备包括以下几种。

（一）地图

定向越野地图是建立在地形图基础之上的，根据国际定向联合会制定的《国际定向运动图制图规范》绘制成的运动地图。与其他地图相比，它是一种更为清晰、易读，更适合在野外行进中使用的专用地图。一张标准的定向越野地图上标有比例尺、等高线、磁北线、地貌、地物等各种符号、图例说明等内容。

（二）指北针

定向越野实用的指北针分两类：基板式和拇指式（图 8–93）。

指北针一般都是用装有磁针的透明有机玻璃盒为主体，盒内装有起稳定作用的特殊液体，能够增加磁针的稳定性，特别适宜在奔跑中使用。

（三）点标旗

点标旗由 3 面 30 厘米 ×30 厘米的正方形标志旗连接组成。每面标志旗沿对角线分开，左上部为白色，右下部为橙黄色（图 8–94）。点标旗应悬挂在图上标明的检查点的实际地形中的位置，通常距地面 80~120 厘米。

（四）打卡器

打卡器是与点标旗配合而用的，打卡器通常要编上代码，以便选手在比赛时根据卡上的代码来判断其是否找到了正确的检查点，它提供给参赛者一个到达位置的凭据。

1. 针孔打卡器

针孔打卡器用弹性较佳的塑料材料制成，一端装有钢针（图 8–95）。每个打卡器钢针的组合图案都不相同，运动员可在记录卡上打孔，也可直接将孔打在地图的记录卡上。这种打卡器价格便宜、使用方便，适用于日常教学与训练以及小型比赛中。

图 8-93

图 8-94

图 8-95

2. 电子打卡计时系统

电子打卡计时系统一般由指卡（SI-Card）、打卡器（SI-Station）和终端打印系统组成（图 8-96）。

图 8-96

在使用电子打卡计时系统的定向比赛中，每个参赛者事先都发有一个统一编号的指卡，它可存贮开始和结束的时间。打卡器存贮参赛者到访时的时间。当将指卡插入打卡器时，打卡器便自动将到访的时间写入指卡。在比赛时，运动员应将指卡佩戴在手指上，并按以下程序进行打卡。

①运动员出发前打“清除”，清除卡中原有的信息。

②出发时打“起点”，比赛开始计时。

③比赛中途按要求找到每一个检查点，并在相应检查点的“打卡器”上打卡。

④回到终点在“终点”打卡，比赛结束。

⑤到主站上打卡，领取个人成绩条。

（五）服装和鞋

对于初学者来说，参加定向运动对服装和鞋并没有特殊的要求。如果是参加校园和公园定向活动，穿着只要舒适、便于活动就可以了；如果要参加野外定向活动，为了自身的安全，最好选专业的定向运动服装和性能优良的专业定向运动鞋。

二、定向越野的基本技术

（一）正确定向，快速行进

以最快的速度寻找目标点是参加定向运动所追求的最终目标。想要获得成功，最重要的事就是要正确定向、快速行进。在这个过程中要认真阅读地图、正确使用指北针。切记永远不要失去与地图及指北针的联系。

1. 按地图行进

按地图行进是定向越野的一项最基本的技术。在奔跑途中，应首先了解前方要通过的方位物，边跑边对照地形。在经过每个岔路口、转弯点、居民地进出口时，应快捷准确地对照地形，随时了解自己在图上的位置，做到“随时标定地图，随时确定站立点在图上的距离，随时对照周围地形，随时保持清醒的头脑”。具体的行进方法如下：

①用拇指辅行法。在运动过程中，不断转动地图，使地图与现地方向一致，手指始终压在站立点上，做到“人在地上走，指在图上移”。

②沿地形地貌行进。这是初学者必须掌握的一项基本技术，线形地貌如河流、栅栏、小路、围墙等，明显的物体如房屋、独立树、石碑等都是很好的参照物，这些地形地貌可以提供安全、快捷的路线。其方法是按所跑路线的顺序，分段、连续或一次性地记住前进方向上经过的地形点、两侧的特征物等内容，使实地的情境能够不断地与记忆中内容“叠影、印证”，做到“人在地上跑，心在图上移”。常用的方法有借线法行进、倍点法行进、水平位移法行进和提前绕行法行进等。

2. 利用指北针行进

利用指北针行进就是利用指北针确定目标的方向，然后按照此方向行进。是一种最简易、最快速的方法，特别适合初学者在特征物少、植被密度低、地形起伏不大的树林中使用。这种技术的关键主要在于对已跑过的距离的正确判断和行进方向的确立与保持。

确定目标点的方向（图 8–97 ~ 图 8–99），具体方法如下：

①将指北针直尺边切于目标方向钱，指北针上的方向尖头指向你所要到达的位置。

②把指北针和地图作为一个整体，水平放置于面前，转动身体，使指北针上的红色指针的指向与地图所示的磁北线方向一致。

③指北针上方向尖头所指的方向即为所要行进的方向。

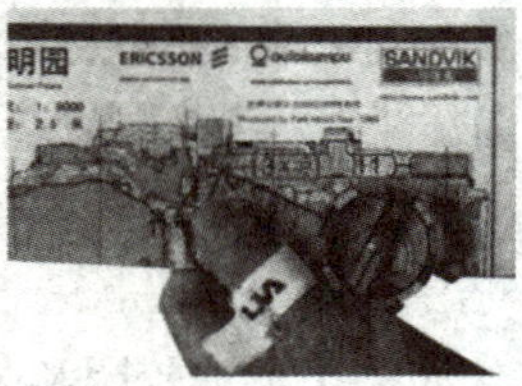

图 8–97

图 8–98

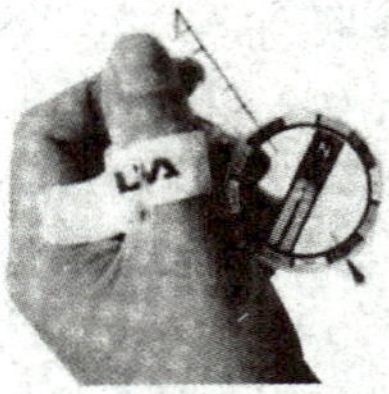

图 8–99

（二）正确估算距离

除正确了解行进的方向外，还必须结合地图，对目标点距离进行判断，对已跑过的实际距离进行估算，才能快速而准确地找到目标点。

1. 图上距离的量算

图上距离的量算通常有直尺读法和估算法。

直尺读法即用直尺在图上量出站立点到目标点间的距离，再根据所给定的该地图的比例尺，计算出实地距离。用直尺量读距离一般只需用带刻度尺的指北针就可以完成。

估算法又叫心算法，要掌握它需要具备较精确的目估图上距离的能力，在图上能够辨别0.5毫米以上尺寸的差异。

2. 实际距离的量算

实际距离的量算通常用步测法和时间法。

步测法是根据步伐的大小计算距离；时间法是根据自己速度的快慢计算距离。它们是实地估算距离的有效方法，但需要经过反复训练才能掌握。

（三）捕捉检查点

当你接近检查点时，应对检查点的实地位置作出准确分析和判断，并考虑采用何种方法捕捉它。通常采用的方法有定点攻击法、偏向瞄准法、距离定点法、地貌分析法等。

1. 定点攻击法

当检查点设在明显高大的地物、地貌点上或一侧，运动时先找到这些明显点的实地位置，然后根据检查点与明显地物、地貌点的相对方位、距离寻找检查点。

2. 偏向瞄准法

当检查点设在线状地物上或一侧且运动方向与线状地物的交角较适宜时，可有意向左（或向右）偏离检查点，以该线状地物为攻击目标。运动到该地物时，再向右（或向左）沿线状地物寻找检查点。

3. 距离定点法

在地势较平坦、无道路、植被较多、观察不便的地域内寻找检查点，一般采用数步测距法。先在地图上量度两点间的距离，然后利用步幅准确地测量要走的路程。

4. 地貌分析法

地貌有一定起伏、检查点设在低小地物附近时，一般采用地貌分析法。根据地图上检查点与地貌的关系位置，分析出实地两者相对应的关系位置，并根据这种关系位置来寻找检查点。

（四）选择定向越野路线

定向地图上各检查点的连线是提供方位的直线。然而沿这条方位直线一般是不可能直接到达的，因此必须依照地图上的各种信息选择行进路线。路线选择的基本标准为省时省力、安全、便于发挥自己的技能或体能优势，且能顺利完成赛程并最终夺取胜利。同时，在选择路线时应遵循“有路不越野”“走高不走低”的基本原则。

三、定向越野的锻炼指导

（一）锻炼前的准备

①去医院检查身体，了解自己的健康状况和体能现状，制订相应的训练计划，以适应高

原、登山的需要。

②准备好指北针和地图。

③带上足够的水和干粮。水的量以当时的气温而定，同时考虑个人饮水需求量的差异。带的干粮应以不易变质、利于保存的食品为主，如大饼、方便面等，适当备些水果和巧克力作为储备。

④带上相应的药品。防蚊虫叮咬药品有红花油、清凉油、风油精、季德胜蛇药等；防中暑药品有藿香正气胶囊、人丹、十滴水等；防腹泻药品有易蒙停、诺氟沙星胶囊等；止血用品有创可贴、绷带、胶布等；防过敏药品有息斯敏等；有特殊疾病者应随身携带相应的急救药品或常服用的药品。

（二）定向越野的体能基础——越野跑

定向越野的水平一般来说是由野外定向和识图用图的能力决定的，但奔跑技术的好坏有助于参赛者发挥最大的体能优势，避免可能发生的危险，从而取得好成绩。定向越野的越野跑是一种长距离的间歇式赛跑。由于在途中常常需要停下来看图和辨别方向，在崎岖的道路上不可能始终保持均匀跑速，所以它总是表现出定、跑、停相交替的间歇跑的特点。而在野外清新环境中的奔跑可以使肌肉的紧张与放松、身体负荷与精神的专注不断交替。同其他长跑项目一样，定向越野的越野跑要求一方面尽可能地减少人体能量的消耗，维持一定的跑速；另一方面又能根据越野路线和地形的情况，具有不断变速的能力。

（三）锻炼中的遇险自救

在野外活动时，由于处在自然环境中，很多事情无法控制，经常会遇到危险。如果在锻炼过程中发生危险，要冷静面对、迅速补救。

1. 迷路

在野外，特别是树林中很容易迷失方向。迷路时，应立即停止前进，并回忆刚才走过的路线，迅速沿原路返回；或者登上高处眺望，辨清方向后再行进。

2. 受伤

在野外，如受轻伤，应稍作休息及简单处理后返回，取消野外活动。不要坚持“轻伤不下火线”的理念，这样会加重伤情，使自己处于进退两难的境地。受重伤时，应尽快与外界取得联系，寻求帮助，让同伴去叫人，等待救援。这种情况下要先安排好伤者，稳定伤势，例如，流血的要及时止血，骨折的要立即将受伤部位固定好，并安置在相对安全、地势较高之处。

3. 遭遇兽、虫、蛇

在野外活动时，遇到猛兽的机会不多，但遇到牛、狗、蜂、蛇等动物还是很可能的。

穿着颜色鲜艳的衣服时，遇牛应提前避开。如是必经之路，应走到牛看不见的地方脱下衣服包好，慢行通过牛的身边，不能用树枝去逗牛玩。

通常狗会先发现你，在听到犬吠声时，应根据吠声传来的方向绕道而行。在你和狗相互看见彼此的情况下，应沉着、正常行进，不能失态、疾跑，否则会遭到攻击。

如果蜂停在你身上，不要用手去赶它，那样它会误认为遭到攻击而伤人。被蜂蛰了不会危及生命，但应立即去就近的医院治疗或用蛇药治疗。

在草丛中行走时，应手拿一根小棍不停地抽打前面的草，发出响声，把蛇吓跑。一旦被蛇咬，应就地休息，减少运动，以防毒素扩散。首先用生理盐水、冷开水、矿泉水冲洗伤口，然后再排毒、吸毒，最后再口服或外用随身携带的蛇药。

思考题：

1. 简述瑜伽的起源以及作用。
2. 掌握健美操的基本步法。
3. 定向越野分为哪几种？
4. 简述定向越野锻炼中遇险的自救方法。

第九章　民间体育

民间体育是指在民间广泛流传的，具有鲜明的民族风俗和地方特色的传统体育形式。

民间体育和人民生活有密切的联系。由于各民族、各地区的生活、历史、风俗习惯以及自然条件的不同而形成了具有明显差异的民间体育形式。中国的民间体育内容丰富，形式多样，地方特色浓厚，简便易行，如拔河、秋千、杠子、皮条、踢毽子、抽陀螺等都颇具特色，是历史悠久的民间体育形式，受到广大人民群众的欢迎和喜爱。

第一节　毽球

踢毽子是一种古老的传统民俗体育活动之一，起源于汉代，由古代蹴鞠发展而来，盛行于南北朝和隋唐，至今已有两千多年的历史了，是一项简便易行的健身活动。

20 世纪 30 年代，踢毽运动一度衰落。新中国成立后，各方大力扶植、发展这一传统运动项目。

自 1984 年，原国家体委发布《毽球竞赛规则》后，踢毽子进入了一个新阶段。规则、竞赛性和可裁判性这些“竞赛三要素”的完善标志着踢毽子成为名副其实的、正规的竞技运动。

最新的踢毽子竞赛方法是于 2009 年 5 月发布的《中国竞技毽》。这一规则的观赏性和竞赛性都要明显高于老式的毽球比赛。在中国民间广泛流传的踢毽子的最具竞赛性的玩法是“对踢”或叫“对打”，这种踢法是踢毽运动中距奥运精神“更快、更高、更强”最近的一种动作，因而受到中国年轻人的普遍喜爱。对踢要求对阵双方以距地面较低的高度（中间最高点约为 90~120 厘米）向对方脚下大力踢毽，高手之间的对踢高度甚至低至 20 厘米。这种“低平毽”的踢法非常接近足球射门动作，被《中国竞技毽》吸收作为极具观赏性和技术性的比赛样式。由此可以看出，《中国竞技毽》是对传统踢毽运动的一项突破性创新，并逐渐成为在全球广为流传的运动竞赛形式。

一、特征种类

（一）制作与分类

毽子种类可分为鸡毛毽、皮毛毽、纸条毽、绒线毽等。

在古代，毽子一般用禽类羽毛和金属钱币做成。发展至今，毽子制作的种类繁多，在沿用古代的制作方法的基础上，现代采用的一般有 4 种：

①用橡胶制作毽座，含毽底和毛筒一次成型，在毛筒上套金属片和塑料片，在毛筒中插上鹅毛或其他禽类羽毛制作的现代工业化生产的羽毛毽。

②用金属片为底，以纸剪成各种花色缨的手工制作的纸毽。

③以各种色布条为缨，以大组扣为底做的手工布毽。

④以塑料做成的各色装饰性毽子。

在一般日常的踢毽活动中所使用的毽子，按照外观尺寸来区分，可以大致分为大毽、中毽、花毽和毽球毽。大毽是供一般初学者和平时娱乐所用。中毽使用范围最广，既可用于娱乐，又可用于比赛。在中国竞技毽的各单项比赛中只使用中毽，而不使用其他尺寸的毽子。花毽的装饰性最强，使用的羽毛品种繁多，包括鹅毛、鸡毛、鸵鸟毛等。毽球毽飞行速度最快，其羽毛短小，高度很低，一般使用鹅毛制作，只在毽球比赛中使用。

（二）中国竞技毽

“中国竞技毽”的比赛所使用的中毽由底座（由毛筒和毽底构成）加 4 支鹅毛，再加活动垫片构成。为了使羽毛能够牢固地附着在底座上，可以在羽毛的根部加上黏结剂。为了进一步增加羽毛的牢固度，还可以使用不同质地的线材或橡皮筋将毛筒的上部扎紧（图 9–1）。

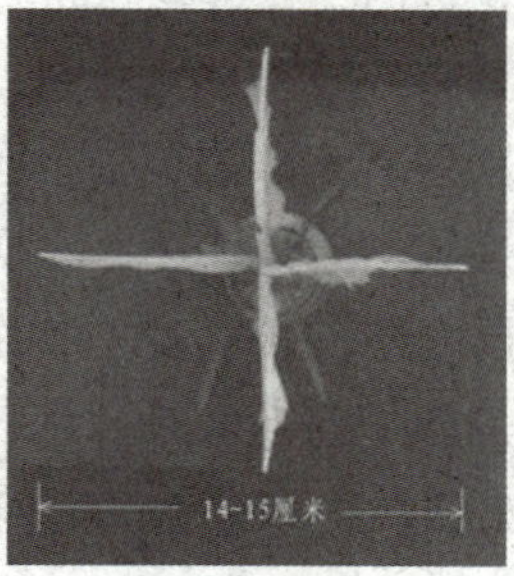

图 9–1

中毽的底座由软塑料或橡胶制成，由空心圆柱型的上部和圆台型的底部构成。底座上部的空心圆柱型部分称为“毛筒”，底座的底部称为“毽底”。毽底的底面有许多等距的圆柱形凸起。毛筒和毽底是融为一体、一次成型的，应尽可能结实耐用。

中毽的 4 支鹅毛的根部插于毛筒中，鹅毛尖端向外，并由胶水或其他黏结剂固定在毛筒中，对立的两支鹅毛的角度成 180°，即置于一条直线上，相邻两支鹅毛的角度各为 90°。4 支鹅毛均为白色。

中毽的垫片在中毽底座的毛筒外侧套有 12 片圆形中间带孔的垫片，其中 9 片为直径比毽底直径稍大的金属垫片，2 片为直径比毽底直径稍大的很薄的塑料垫片，最上面一片是橡胶、塑料或硬纸板做的垫片，并可印有或贴有生产商或销售商的简单广告。垫片自下而上的排列顺序是：塑料薄片、5 片金属垫片、塑料薄片、4 片金属垫片、橡胶垫片。垫片的内孔比毛筒的外直径稍大，使垫片可以套在毛筒外面之后自由地上下运动。出于环保目的，金属垫片可以由废旧金属罐头盒的空壳剪制而成。

中毽的尺寸和重量：中毽的高度为 14~15 厘米，其对立两支鹅毛羽尖外缘的标准宽度为 14~15 厘米。中毽底座的高度包括毽底底面的凸起在内，为 2.6 厘米。毽底的凸起的直径和高度各为 0.1 厘米。毽底的厚度为 0.3 厘米，直径为 3.50 厘米。毛筒的外径为 1.1 厘米，内径为

1 厘米，高度为 2.2 厘米（不包括毽底的厚度在内）。金属垫片的外沿直径为 3.80 厘米，中心孔的直径为 1.80 厘米，金属垫片的厚度为 0.02 厘米。塑料垫片的外沿直径为 4.80 厘米，中心孔的直径为 1.80 厘米，塑料垫片的厚度为 0.01 厘米（图 9–2）。中毽的标准重量为 24~25 克。

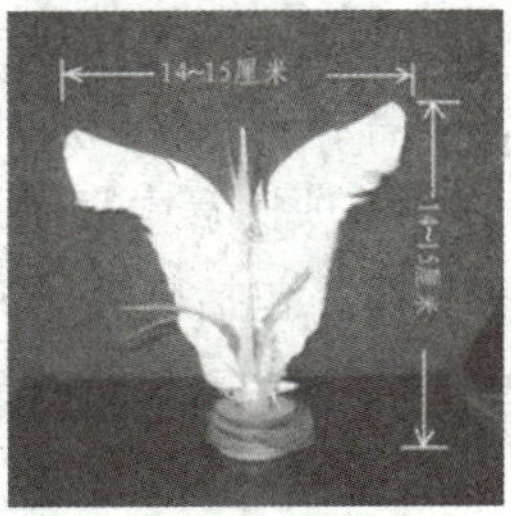

图 9–2

二、比赛场地

传统踢毽子对场地要求不高，只需比较平坦的空地，3~6 平方米即可，越是高技艺比赛对场地要求越宽。场地不受限制，在室内、室外均可进行，只要地面平坦即可，主要根据参赛人数和水平而定。场地设置也可具有地域、文化特色，例如，湘、鄂、渝、黔四省市边境地，盛产桐油和油茶，踢毽水平高的人，站在枯饼上进行比赛或表演。

对抗毽赛比赛场区的主场区、底线与边线如图 9–3 所示，对抗毽赛比赛场区的主场区外沿是一个长 11.88 米、宽 5.18 米的长方形，线宽 4 厘米的标示线包括在内。此场区的宽度与标准羽毛球单打场区的外沿相同，长度与羽毛球双打场区的后发球线的长度相同。长方形的两条短边称为端线，在不同的单项比赛中也称为 11 米线或双踢底线。长方形的两条长边称为边线。

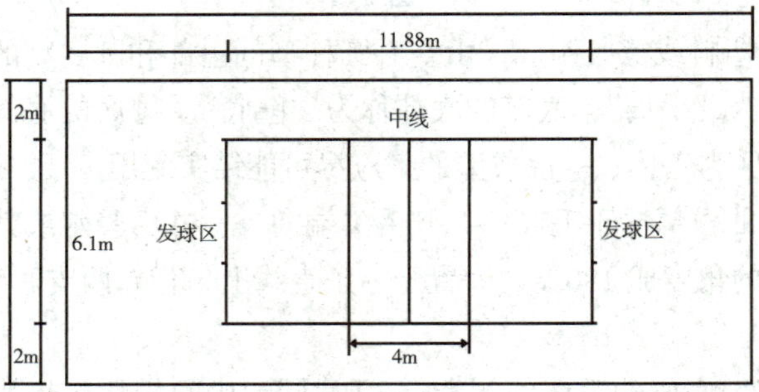

图 9–3

三、基本技法

毽子的基本踢法，主要有“盘、拐、绷、蹬”，用脚内侧踢为“盘”，用脚外侧踢为“拐”，用脚面踢为“绷”，用脚掌踢为“蹬”，用脚趾踢为“挑”，用脚后跟踢为“磕”等。

除双脚同时离地的跳跃动作和其他复杂动作之外，踢毽子的基本动作共有八种，即盘、蹦、拐、磕、抹、背（音“杯”）、勾、踹。因为参与踢毽子的民众广且遍布全国各地，而且踢毽子运动的流传又年代久远，所以对同样的动作形成了各地多达几百种不同的称谓。

（一）叫法

（1）踢法新旧名称对照及介绍

下面以中国北方地区的叫法作为参考，列出踢毽子的 8 种基本动作的传统叫法与现代叫法的对照。

以下介绍新名称在前，旧名称在后（如：新 / 旧），随后是对动作的解释。

①内踢 / 盘踢：用脚内侧在身体前方或侧面踢。

②直踢 / 蹦踢：用脚面在身体前方或侧面踢。

③外踢 / 拐踢：小腿向同侧身体侧后方弯起，用脚外侧或脚后跟在身体侧面或侧后方踢。

④膝击 / 磕踢：膝部向前提起弯曲，用大腿的正面或膝部击毽。

⑤叉踢 / 抹子：一只脚不离地，另一只脚从背后绕至前腿外侧，用脚内侧或脚心踢。

⑥背踢 / 倒打、背（音“杯”）毽：一只脚不离地，另一只脚向身后弯曲，用脚心踢。

⑦倒勾：背对毽子即将运行的方向，在身体前上方用脚面向身后踢。

⑧踹毽 / 踏毽：在身体前方、侧面或身后用脚心或脚外侧踢。

（2）跳跃动作名称及介绍

跳跃动作比一般动作的难度大。对跳跃动作是指换腿作出对称的跳跃动作，难度就更大。

①跳直踢：一条腿向前提起离地，另一条腿单腿起跳腾空，随后离地腿在身体前方用脚面直踢并先落地。

②对跳直踢：用一条腿完成跳直踢且当毽子回落后，立即连续用另一条腿完成与第一次动作。

③跳叉踢 / 单飞燕：一条腿向前弯曲提起，另一条腿单腿起跳腾空，然后用后离地的腿从背后绕至前腿外侧，用脚内侧踢。

④对跳叉踢 / 双飞燕：一条腿完成跳叉踢且当毽子回落后，立即连续用另一条腿完成与第一次动作。

⑤跳跪踢 / 鸳鸯拐：双腿同时蹬地起跳并向身后弯曲，用一只脚的脚外侧踢。

⑥对跳跪踢 / 双鸳鸯拐：完成一次跳跪踢且当毽子回落后，紧接着，立即用另一只脚外侧完成与第一次动作。

⑦跳背踢 / 跳倒打、跳背毽：一条腿先向前抬起离地，另一条腿向后蹬地起跳并向后弯曲，然后用后离地腿在空中完成背踢动作。

⑧对跳背踢 / 双跳倒打、双跳背毽：在用一只脚完成跳背踢之后，立即用另一只脚作出第二次跳背踢。

⑨转体踢：在一个动作完成之后，身体原地旋转 360°，然后在毽子不落地的前提下接续下一踢毽动作。

⑩头击：用头部的任何位置迎击毽子并将毽子送出。

⑪胸腹停 / 卸毽：用胸部或腹部的任何位置使毽子的运动停止并等待毽子自然下落。

⑫停毽 / 卸毽：用身体的任何部位将毽子的运动停止并等待毽子自然下落。但对肩胛骨以下的手臂直至手指尖的停毽动作有特殊规定，即不允许将手臂抬起后接触毽子，否则将被

视为“手毽”，而等同于毽子落地。

(二) 技术

一只脚着地，另一只脚踢。着地的脚可以移动，也可以不移动（俗称“定桩”）；踢的脚可以着地，也可以不着地（俗称“悬”，比赛正式开始前，常用此法定参赛人员出场次序）。参加者可以依次轮换踢，连续踢得多者或先完成任务者为胜方。也可以“加宝塔”，即第一人踢一下，第二人踢两下……依此类推，周而复始，往上加，直到其中一人踢“死”为止。“死者”可向“生者”“抛毛”，即将毽子用手抛给另一人踢，直到另一人没踢到或“死者”接到踢来的毽子为止。比赛再重新开始。

(三) 花样

最常见的是“打跳”，即毽子一抛，双脚同时跳起，用一只脚踢它。可以连续跳，也可以跳了踢，踢了跳。还有“打偷”，即一只脚着地，另一只脚从背后“偷偷”去踢；“打环”，双脚跳起，一只腿弯曲起来，另一只脚踢；“打翘”，双脚跳起，一只腿向前伸直，另一只腿踢；“打剪”，双脚跳起，两腿向前做剪剪子动作，用其中一只脚踢毽子。此外，还可以故意用反脚踢（注意：有人是左撇子，右脚则是反脚），或双脚轮换踢。

(四) 花式踢法

毽子花式踢法有很多种，大致可分为两类：“软的”和“硬的”。“软的”一般比较简单，一只脚离地的同时另一只脚是着地的（双飞、一卯儿除外），正规比赛中大多数“软的”是不计数的（金狮、一卯儿通常会计数），通常只作为连接的动作，高手踢“软的”通常可以几百次甚至上千次而毽不落地（表 9–1）。“硬的”通常是双脚同时腾空跃起（肖蹲儿类的除外），用其中一脚去踢毽子，另一只脚辅助作出各种花式动作。“硬的”比较消耗体力，通常高手踢硬的也可以连续几十次甚至上百次而毽不落地（表 9–2）。

表 9–1

软的	踢法
大脚板儿	用脚内侧踢
外拐	用脚外侧踢
绷鞋	腿脚绷直，用脚背踢
膝膝	膝盖弯曲，用脚背踢
咚咚	用弯曲的膝盖踢
双飞	双脚同时跃起，用脚背踢
剪子	一腿弯曲做迈步状，另一脚从后面用脚内侧踢
金狮	腿绕毽子一圈再将其踢起
一卯儿	一腿先向后抬起，再绕过站立的腿去抽踢毽子
落（lào）	让毽子自然落在脚背上，而不弹起
其他	Busnaiai、Busyeye 等，非正规踢法

表 9-2

硬的	踢法
肖蹲儿	一腿站立，另一腿从后面用脚内侧踢
掏肖	同肖蹲儿，但毽子从两腿之间落入后脚内侧
正程	一条腿盘在另一条腿的前方，用后脚背踢
掏程	同正程，只是毽子从两腿之间落入后脚背
毡子	做迈步状，腾空而起，用后脚内侧踢，踢毽子的脚先落地
掏毡子	同毡子，只是毽子从两腿之间落入后脚内侧
筷子	一腿弯曲靠在另一腿的侧面，跃起，用起支撑脚的内侧踢
掏筷	同筷子，只是毽子从两腿之间落入后面脚的内侧
里掏	动作有点像剪子，做迈步状，只是毽子是从两腿中间落到脚上
拉掏	腾空而起，两腿呈括弧状，前腿从毽子上绕过，用后脚内侧踢
其他	搓板筷子等，非正规的踢法

四、违规动作

（一）手毽

任何将肩胛骨以下直至手指尖抬起脱离自然下垂状态并接触毽子的动作都被视为“手毽”违规，无论参赛者是“有意”或“无意”。双臂和双手在自然下垂状态下，以静止方式停止毽子的飞行，然后任凭毽子自然下落并接续下一个动作，这样的动作不视为手毽，而视为允许的“停毽”。

（二）留毽

导致毽子在身体、鞋或服装任何部位滞留不动的各种动作都称为“留毽”。“滞留不动”是指毽子和与其接触的身体、鞋或服装的相对关系，不是指毽子在空间中的绝对静止状态。为保持比赛的节奏，在中国竞技毽和老式毽球比赛中都禁止留毽。运动员有义务穿适宜的服装和鞋，以避免任何造成留毽。

但在花毽比赛中，对于“留毽”有着完全不同的规则，其中有些动作甚至要求运动员将毽子有意识地停留在身体的某个特定部位，例如，规定动作中的“朝天蹬”，就要求运动员将腿伸直并向上方垂直抬起，以脚心接住并留住毽子在脚心停留不动。

（三）落毽

无论在民间娱乐或是正式比赛中，“落毽”都被视为一种动作失败的结果。但在中国竞技毽或毽球比赛中，如果运动员将毽子踢过中间网并使毽子直接落在对方场区内则不视为“落毽”，而是进攻得分的动作。只要毽子落在本方场区内的地上，无论是因为对方动作的结果还是本方动作的结果，都被视为“落毽”而失分。

五、名词解释

（一）干

“干”指连续踢硬的动作，可以是同一个动作，也可以是不同的动作，中间不带连接也不得夹杂软的动作。

（二）缭

“缭”指自由脚不着地连续地踢软的动作，或用自由脚通过软的动作在各种硬的动作中形成连接，连接过程中自由脚不可落地，否则整套动作宣告失败。

（三）垫

“垫”是“硬的”动作之间的一种连接方法（“软的”动作中只有一卯儿可用此法连接，“硬的”动作大部分可用此法连接），在一只脚落地的同时另一只脚离地，即不断换脚在“硬的”动作间形成连接。

（四）滴溜

“滴溜”是“硬的”动作之间的一种连接方法，其中一只脚总是离地的，用同一只脚不停地踢“硬的”动作。

（五）拉毛吃毛

竞赛中输了的一方将毽子抛起让获胜的一方踢。

通常高手们可以熟练运用各种踢法，并通过自如地连接变幻出无穷的花样踢法，类似平花里面由基本动作连接成的组合。

六、竞赛方法

（一）竞赛规则

依照踢法的不同，传统踢毽比赛可分为记数赛、计时赛、花样赛等几种。

非正式的踢毽子比赛有单人赛与集体赛。单人赛以每人踢毽的次数多少判定胜负；集体赛按个人技术高低分组，以总踢次数多少判定输赢。技艺高超者可连踢数千次而毽不落地。另有一种圈毽的踢法，即一群人共踢一毽，当毽踢到哪位毽友面前，该毽友可任意选择踢法将毽子传踢给其他人，直至毽子落地，毽掉在谁面前谁为负。

1984 年，前国家体委发布《毽球竞赛规则》和《花毽竞赛规则》之后，传统的踢毽运动开始出现正式的“对抗性比赛”（毽球）和“竞争性比赛”（花毽）的竞赛方法。这是中国的体育前辈们最早尝试将竞赛性带入踢毽子这种传统民族体育运动，具有其历史意义和历史贡献。

（二）不足与改进

经过 26 年的长期比赛实践后，毽球比赛的两种比赛方法的不足之处逐渐显露。毽球比赛的不足之处主要有以下几点。

①毽球与早它 20 年由泰国部长于 1964 年发明的“藤球”过于相像。无论是赛制的设置

（单踢、双踢、3 人团体赛）、主要动作（高腿踏毽、外摆脚背倒勾进攻），还是团体赛时的队形、做毽动作和发毽动作，都与藤球过于接近。如果藤球国家指责毽球是“山寨藤球”，毽球的设计者们将很难作出解释。

②中间网过高和技术性过高，影响了毽球比赛的普适性。毽球比赛的中间网高达 1.60 米，导致传统的八种主要踢毽动作中，只有踹（占 80%）和勾（占 20%）这两种高难度动作成为主要进攻方式。基层毽球队中，往往只有 10%~20% 的队员有能力发动进攻。

③攻守不平衡导致观赏性较差，与其他隔网球类比赛（如：网球、排球、羽毛球、乒乓球）的情况相反，毽球比赛越是顶级比赛观众越少。例如，毽球世界锦标赛和全国锦标赛，看台上都是空空如也，根本没有观众。造成这一情况的主要原因在于攻方过强造成的“一回合球”（发球方无法将毽子第二次踢过网）太多，某些场次竟然高达 90%，往往一场比赛的最高回合数只有 3 次。

另外花毽比赛的主要问题是踢毽动作太小，不利在大范围的体育馆内观看。

2009 年 5 月创编的《中国竞技毽》则在上述两种竞赛形式设计上进行了改进，按照奥运精神和国际通行的最新竞赛理论设计比赛，是踢毽运动的一次突破性创新。2009 年 6 月至 2010 年 3 月，中国竞技毽已经在北京的各大公园和体育馆中进行了 1000 场以上的测试赛，并且形成了一支由北京最高水平的毽客和体育竞赛专业人士组成的强有力团队。2010 年 5 月 1 日，10 万字的《中国竞技毽竞赛规则与裁判法》一书出版，踢毽子的这种最新竞赛形式将使这一古老运动焕发青春。

第二节　柔力球

柔力球运动是一项新兴的、具有民族特色的体育运动项目，是把太极拳的一些动作与网球、羽毛球的技术相结合而形成的一种太极式的球类运动。

柔力球运动由运动者手持一种特制的拍子（该拍子由一个拍柄和一个拍框组成，拍框内有一个能起缓冲作用、带风孔的橡胶软面）通过弧形引化的方法将球抛来抛去。它改变了传统的硬性击球方法，从入球到出球是由迎、引、抛 3 个部分组成的连贯、自然流畅、一气呵成的一个弧形引化过程。它可以两人对抛、单人独练、几个人互传或隔网竞技。是一项集健身、娱乐、表演和竞技为一体的运动项目。

柔力球将太极运动完整连贯、圆润柔和、自然流畅、连绵不断的特点充分体现了出来，讲究柔缓、顺遂、刚柔相济、细腻悠长，柔、圆、退、整是柔力球运动的四大特点。迎、引、抛是柔力球运动的三大要素。人们借鉴网球、羽毛球的场地、规则等要素，并融入了太极精髓，“提炼”形成了这项运动。

一、柔力球基本技术

（一）柔力球运动的球拍和球

柔力球球拍由拍框、拍面、拍颈、拍柄 4 部分组成（图 9–4）。拍柄是持拍者握住球拍的部分，拍面是持拍者用于接抛球的部分，拍框界定了拍面的范围。球拍的总重量为 80~160 克，球拍总长（包括拍框、拍颈和拍柄）为 47~54 厘米，拍框高度为 0.8~1 厘米。

柔力球为圆形，是由充气式橡胶或橡塑材料制成的软球，直径为 6.8 厘米 ±0.1 厘米。球的总重量为 54 克 ±2 克，球体重量为 27 克 ±1 克，球体内装有 27 克 ±1 克的沙砾。球面可以是光面、花纹面或带凸起点面。花纹或凸起点的高度不得超过 0.03 厘米。在同一次比赛中的使用球，其圆周、重量、气压、牌号以及颜色等特性都必须是统一的。

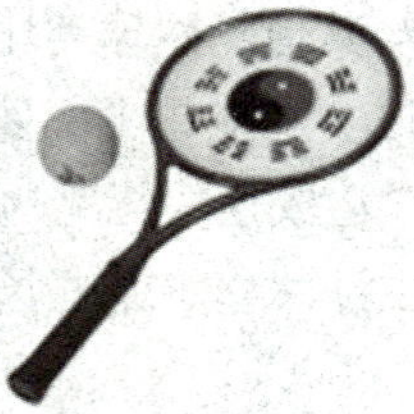

图 9–4

（二）握拍方法

1. 正手握拍法

正手握拍法是用拇指和食指第一指节的指腹部位，相对捏住拍把与拍面平行的两个宽面处，其余手指顺势扣握，拍把的尾部靠在手掌的小鱼际处，掌心要空出，以便球拍在手中自如运转（图 9–5）。

2. 反手握拍法

反手握拍也是用拇指和食指第一指节的指腹部位，相对捏握在拍把与拍面垂直的两个窄面处，其余手指顺势扣握，掌心空出，使球拍能灵活方便地应对各种复杂技术动作的要求（图 9–6）。

图 9–5

图 9–6

3. 基本握拍要求

①握拍时掌指要灵活松弛，运用自如，肌肉放松，不宜过于用力。

②手不要靠上或靠下，掌心要空出，不可大把握住球拍。

③握拍时拇指、食指、中指起主要作用，无名指和小指起辅助作用。

（三）基本动作

1. 基本站位

（1）正手基本站位

正手基本站位是指运动员正手握拍，接抛身体右侧来球的站位方法。要求面向对方，左脚在前，右脚在后，两脚自然开立，略宽于肩，两膝弯曲略内扣，重心在两脚之间，脚跟略微提起，以脚前掌着地，髋关节放松，含胸收腹，上体略向前，平视前方，右手持拍，自然置于身体右前上方（图 9–7）。

（2）反手基本站位

反手基本站位是指运动员反握拍，接抛身体左侧来球的方法。要求面向对方，右脚在前，左脚在后，两脚自然开立，略宽于肩，两膝弯曲略内扣，重心在两脚之间，含胸收腹，注视前方，右手持拍，自然置于身体左前上方（图 9–8）。

图 9–7

图 9–8

（3）易犯错误

①两脚呈八字外张，重心在全脚掌上。

②两腿直立，膝关节不弯曲，上体弯腰前倾。

③全身肌肉紧张，捏拍过紧。

（4）纠正方法

①多进行各种脚步移动练习。体会重心放在前脚掌移动的感觉。

②在基本站位时，强调膝关节弯曲，重心下沉。

③多做放松练习，要求持拍臂自然下垂。

2. 发球

发球是指比赛或对抛开始时把球抛向对手。发球时，必须一只脚支撑地面，并且不得移位和脱离地面，发出的球以其在空中飞行轨迹的不同分为高远球、平快球和网前球 3 种。

发球是一场比赛中每一分的开始，它是柔力球比赛中唯一不受对方制约和限制的技术，可以最大限度地施展自己的战术意图，因此，具有极大的自主性。

（1）发高远球

发球时双脚前后站立，左手拿球，右手持拍，左手将球由身体的前方向后上方抛出，使球在空中有明显的飞行轨迹。在抛球的同时，右手持拍向前迎球。球入拍后，做完整的弧形引化动作，将球顺势抛出。

（2）发平快球

发平快球与发高远球动作相似，但出球时的挥摆动作要以向前用力为主，发出的平快球从接近网口的高度直奔对方后场，发球时用力一定要完整连贯。

（3）发网前球

面对球网，两脚前后站立，自然分开，重心在两脚之间。发球时手臂用力柔和准确，重心的起伏和前后移动较小，发出的球最好贴近球网而过，使球在过网之后，立即坠落。球的落点应在对方场地允许落球的近网处和边角处。

（4）易犯错误

①挥拍动作以手腕和前臂为轴，无完整的弧形引化或引化动作不明显，硬性将球击出。

②发球时为增加威胁，横向挥拍，将球推出球拍。

③为发高远球，出球时利用手腕勾、挑球拍。

④两脚直立，重心没有变化。

（5）纠正方法

①加强专项辅助练习，严格规范每一个发球技术动作。

②多做空拍练习，在练习中注意重心下沉和前后移动的变化。

③自抛自接练习，体会球入球拍时的最佳角度和全身用力将球抛出的感觉以及每个球出球拍时拍框与出球方向的正确位置。

④对墙或对网练习，进一步体会全身完整用力的感觉，杜绝手腕的单独用力。

3. 正、反手接球

（1）正手接球

①正手接抛高球：正手接抛高球是指接球队员以正手握拍法接抛身体右侧前上方来球的方法。接抛球时，根据来球的方向、速度及时调整站位，将接球点置于身体右侧前上方，持拍臂以肩为轴，向右前上方伸出迎球。当球触及球拍后，迅速顺势向后经右后上方、右后下方做弧形引化，从身体的右前下方将球抛出。在球入球拍时，应从球拍的侧框切入，并从入球点对面的侧框抛出（拍），在球出球拍的瞬间，出球点的球拍侧框应与出球方向保持一致，不要让拍头对向出球方向，注意身体要中正，腿和腰要带上力量。

②正手接抛低球：正手接抛低球是指接球队员以正手握拍法接抛身体右侧前下方来球的方法。接抛球时，根据来球的方向、速度及时调整站位，将接球点置于身体右侧前下方，持拍臂以肩为轴，向右前下方伸出迎球，当球触及球拍后，迅速顺势向右侧后45°方向做弧形引化，经右前上方将球抛出。在弧形引化过程中动作要连贯，入球时全身协调拉上力量，在球出球拍的瞬间，球拍的侧框与出球方向一致。

（2）反手接球

①反手正握接抛高球：接球队员以正手握拍方法，在身体左侧按逆时针方向完成弧形引化动作即为反手正握接抛高球法。接抛球时，根据来球的速度和落点及时调整站位，将接球点置于身体左侧前上方，持拍臂以肩为轴，手臂外旋，持拍手拇指在下、四指在上，向左前上方伸出迎球，球拍的边框对着来球。当球触及球拍后，双脚蹬转，使力集中在腰部，由腰带动持拍臂向左侧后下方做弧形引化后，将球由左前下方向前抛出。

②反手正握接抛低球：接球队员以正手握拍方法，在身体左侧按顺时针方向完成弧形引化动作即为反手正握接抛低球法。根据来球的方向和速度及时调整站位，将接球点置于身体

左侧前下方，持拍臂以肩为轴，向左侧前下方伸出迎球，持拍手拇指在上、四指在下。当球触及球拍后，使全身的力量集中在腰部，以腰带动持拍臂向左后上方做弧形引化后，将球由左前上方向前抛出。

③反手反握接抛高球：反手反握接抛高球是指接球队员反手握拍，接抛身体左侧前上方来球，并按逆时针方向完成弧形引化动作的接球方法。接球队员反手握拍，手臂外旋，持拍手的手心向上，持拍臂向左前上方伸拍迎球，球入球拍后以身体的完整力量带动持拍臂向身体的左侧后下方做弧形引化后，将球由左前下方向前抛出。

④反手反握接抛低球：反手反握接抛低球是指接球队员反手握拍，接抛身体左侧前下方来球的方法。接球队员反手握拍，手臂内旋，握拍手的手心向下，向身体的左侧前下方伸拍迎球，球入球拍后，以身体带动持拍臂向左后上方做弧形引化动作，将球由左前上方向前抛出。

（3）基本接球方法

①调整站位要及时、准确。

②注意身体重心要稳，腿部主动蹬转，发力协调，腰要拧转。

③重心随着弧形引化的变化而变化。

④弧形引化动作要连贯、圆顺。

⑤出球时，手腕不要以挑、抖等动作发力。

4. 正、反拉球

（1）正拍右拉球

接球队员正握球拍，将接球点置于体前偏左侧，前臂外旋，向左前下方伸拍迎球，出拍时，拍面与地面垂直，当球入球拍后迅速在体前向右侧做水平弧形引化，并将球在身体的右侧择向抛出（图 9–9）。

（2）正拍左拉球

接球队员正握球拍，将接球点置于体前偏右侧，前臂内旋，向右前下方伸拍迎球，出拍时拍面与地面垂直，拍头侧对地面，当球入球拍后迅速在体前向左侧做水平弧形引化，并将球在身体的左侧择向抛出（图 9–10）。

（3）反拍右拉球

接球队员反握球拍，将接球点置于体前偏左侧，前臂外旋，向左前下方伸拍迎球，拍面与地面垂直，当球入球拍后迅速在体前向右侧做水平弧形引化，并将球在身体右侧择向抛出。

（4）反拍左拉球

接球队员反握球拍，将接球点置于体前偏右侧，前臂内旋，向右前下方伸拍迎球，拍面与地面垂直，当球入球拍后迅速在体前左侧作水平弧形引化，并将球在身体左侧择向抛出。

（5）体前平拉球

体前平拉球是指接球队员在体前用水平弧形引化方法的接抛球技术。体前平拉球可以用正握拍也可以用反握拍，由于它的引化动作是有支撑点而无实体轴的运动，因而动作缺少力量，但是变化非常丰富，落点准确，是竞技比赛中前场常用的小球技法（图 9–11）。

图 9-9

图 9-10

图 9-11

（四）基本套路

1. 预备势

身体直立，两臂自然下垂，目视前方，右手正握球拍，左手持球。

2. 起势

左脚向左横跨步，成两腿开立，重心微微下沉的同时，左手持球由左经头前上方抛至右前上方，重心移至右脚，同时持拍臂迎球将球顺势引化。

3. 左、右摆动

向左摆动：左脚向左横跨步，成两腿开立，重心微微下沉的同时，左手持球由左经头前上方抛至右前上方，重心移至右脚，持拍臂由身体右侧位经体前向左弧形摆动至左侧位，拍尖向前，拍面约与地面垂直，约与肩同高。重心由左脚沉移至右脚，同时持拍臂由身体左侧位经体前向右弧形摆动至右侧位，拍尖向前，拍面约与地面垂直，稍高于肩。

向右摆动：重心由右脚沉移至左脚，同时持拍臂由身体右侧位经体前向左弧形摆动至左侧位，拍尖向前，拍面约与地面垂直，稍高于肩。

4. 左、右小抛

左小抛：左脚向左横跨 1 步，成马步，持拍臂由右向左弧形摆动至左侧位，球拍的左边框向上时，将球沿所划弧线的切线方向抛出（球抛出的高度稍高于头 10~20 厘米）。

右小抛：持拍臂左侧位主动将球沿球拍左边框迎引入拍，由左向右弧形摆动至右侧位，球拍的右边框向上时，将球沿所划弧线的切线方向抛出。

5. 左、右转体

左转体：左脚向左横跨 1 步，两臂张开，右手持拍，由腰带动身体向左转体 180°。右脚随身体转动脚尖踮起，左手掌心向上。目视前方。

右转体：右手持拍。由左向右转体 180°，左脚随身体的转动脚尖踮起，左手掌心向上，目视前方。

6. 正、反绕环

正绕环：左脚向左横跨 1 步，成马步。持拍臂以肩为轴，由右向左在体前顺时针正绕环 1 周，同时左臂随右臂顺时针摆动。

反绕环：左脚向左横跨 1 步，成马步。持拍臂以肩为轴，由左向右在体前逆时针反绕环

1 周，同时左臂随右臂逆时针摆动。

7. 正、反立旋

正立旋：左脚向左横跨 1 步，右手持拍纳球由右向左上步，转体 180°，右手持拍立旋至头上，左脚撤步，右手持拍继续旋转 180°，完成 1 周的立旋。

反立旋：右手持拍纳球由左前方向右后方弧线拉球，左脚向右上步，同时右手持拍向头上弧线拉球，右脚撤步，右手持拍向下顺时针弧线拉球。

8. 腿下抛接

左腿下抛接：左脚向左横跨 1 步，站立两膝微屈，右手持拍由右上向左下方弧形引化。当左腿抬起时，将球由腿下向上抛起。

右腿下抛接：右手持拍由右侧上方向左下方弧形引化，当右腿抬起时，将球由腿下向上抛起（图 9–12）。

9. 背后抛接

背后抛接：右手持拍纳球由右上方向背后弧形引化，同时上左步踮脚尖，将球由背后向左前方抛起（图 9–13）。

图 9–12

图 9–13

10. 8 字绕环

左脚向左横跨 1 步，成马步，持拍臂由身体右侧向前摆至左前侧位，稍向后划弧，再由身体左侧向前摆至右前侧位，稍向后划弧，左臂同右臂双重摆动，连贯动作在体前形成横“8”字。

11. 整理运动

由右向体前弧形摆动，在体前球拍的左边框向上将球沿球拍的边框抛出，左手手心向前接球并缓缓落至身体左侧，同时左脚向右脚移动还原成直立。

柔力球竞赛规则

第三节 跳绳

跳绳是一项极佳的健身运动，能有效训练个人的协调、反应和耐力，有利于保持个人体态健美，达到强身健体的目的。跳绳运动的装备十分简单，只需一条绳、轻便衣服及一双适合的运动鞋便可。此外，跳绳所需的场地也不大，无须特别租借，且参与人数不限，可单独一人或多人进行。

跳绳是把跑步的耐力、跳跃的反应和舞蹈的协调能力完美地结合在一起的一种全身运动。从热量消耗看，跳绳的效率是长跑的 90%，每小时消耗体内热量约 1000cal，并且使人心律维持在与慢跑大致相同的水平，同时可锻炼耐力和体力，尤其能改善双脚的移动能力，强化踝关节的力量，避免因跑步而产生的膝、踝关节疼痛的困扰。双手的旋转运动，又能锻炼肩关节和腕关节。

跳绳的种类很多，有单人、双人和集体跳，原地和跑动中跳，单摇和双摇跳，单脚和双脚跳，计时和随意跳及花样跳等。

一、跳短绳

（一）正、反摇双脚跳

自然站立，双手握绳，两臂自然弯曲，上臂和前臂夹角大于 90°，绳放于体后。两手腕用力一致，配合前臂发力，由体后向前摇绳，称为正摇。绳从身后摇至体前，当绳刚一触地时，两脚立即同时跳起，待绳通过脚下后，两脚同时落地。前脚掌着地时稍屈膝缓冲。如此反复进行。由体前向体后摇绳，为反摇。

（二）正、反摇单脚交换跳

双手各持绳的两端，绳从身后经上、前摇，摇绳时应以肘关节为轴，主要以前臂和手腕的力量摇绳。一脚支撑地面，另一脚微屈膝抬起离开地面，摇绳过脚底后，该脚迅速下落踩地，支撑脚再迅速抬起，每摇 1 次，两脚交换 1 次，循环进行。也可把绳从前向后摇，为反摇。

（三）正、反摇编花跳

正摇跳一次，再摇时，两臂在体前交叉摇绳，即编花摇法。依次一摇一变换跳。两臂交叉时，要交换上下的位置。两臂交叉的时间是跳过绳即可开始。

（四）双摇跳

双脚跳跃一次，摇绳绕周身两回环。

（五）带人跳

分为一人带一人跳（图 9-14）；一人带多人齐跳；一人轮流带两人跳等。

图 9–14　一人带一人跳

二、跳长绳

（一）原地跳长绳

一人或多人，预先站在跳绳位置，摇绳者从静止绳开始摇起。当绳摇至跳绳人脚下时，跳绳的人跳过绳。

（二）上活绳

（1）正绳

当绳摇转向跳绳人时，绳是从上向下转的，称为正绳。上绳方法：上绳位置，一般是跳绳的人站在任一摇绳者体侧，靠近绳端区。乘绳打地之后摇至远离跳绳者一侧之机，快步跑至两摇绳人的中间，当绳摇转到脚下时，跳起使绳通过。

（2）反绳

与正绳方向相反方向上绳。上绳方法与正绳相同，只是要注意上绳的时机。

三、花样跳绳

跳绳变化出很多花样，称为花样跳绳。花样跳绳可以避免只有一种跳法而过于单调，可以保持跳绳者的新鲜感。花样跳绳对练习者的运动素质要求较高，而且需要有扎实的跳绳基本技巧，下面介绍几种简单的花样跳绳。

（一）高抬腿跳绳

一条腿抬高呈直角，左右腿交换着跳。要点是跳时脚尖向下。如果连续换腿跳有困难，可在跳一次后原地轻颠一下调整节奏后再换腿。

（二）向两侧挥动跳绳

双脚并拢跳过绳子后，在摇绳的同时一条腿向一侧张开。绳子即将回到前方时，双脚再并拢跳过。然后换腿重复相同的动作。

（三）张开腿跳绳

双脚并拢跳一次后，双脚用力向外侧张开并挥动绳子。当绳子转回前方时双脚并拢再跳一次。

（四）单脚跳

保持跑步的动作，单腿轮流跳过绳子。练熟后尽量快速地跳。

（五）侧身斜跳

两人一前一后站在跳绳的左右两侧，先侧身单脚跃绳向前跳，然后斜身跳回原位。跳跃时注意用力摆动双臂。

（六）单脚屈膝跳

右腿屈膝，向前抬起。踮起脚尖，单脚跳 10~15 次。然后换左腿重复进行。

（七）分合腿跳

跳跃时双脚叉开，着地时双脚并拢。

（八）绕旋跳

两人跳绳练习：一人叉开两腿蹲下，甩动绳子使跳绳在地上划弧线，另一人则不断地从甩动的绳子上跳过去。速度由慢逐渐加快，1 分钟后两人交替。

四、跳绳注意事项

跳绳运动是一种极安全的运动，极少有运动伤害的发生，即使跳跃失败或停顿，也不会有坠落、跌倒、冲突或被用具所伤的危险。况且跳绳者又能随自己的身体状况、体力及技术水平来自由调节跳绳的速度及次数，因此可安心地练习。以下几点是练习跳绳时应注意的事项。

（一）选择适当的场地

灰尘多或有砂砾的场地及凹凸不平的水泥地应避免，最好选择铺木板的室内体育馆或具弹性的 PU 场地。

（二）穿着适当的服装

跳绳时，最好穿运动服或轻便服装，穿软底布鞋或运动鞋，这样活动起来会感到轻松舒适，也不易受伤。

（三）充分做好准备活动

跳绳是一项比较激烈的运动，练习前一定要做好身体各部位的准备活动。

（四）掌握正确的跳绳方法

掌握正确的握绳、摇绳、跳绳、停绳的方法，是练习好跳绳运动的关键。可以跟老师学习，也可以观看视频及其讲解，多体会、多领悟、不断摸索正确的方法。

（五）练习要循序渐进

开始练习跳绳时，动作要由慢到快、由易到难。先学单人跳绳的各种动作，然后再学较复杂的多人跳或团体跳绳动作。

（六）活动时间

跳绳的时间一般不受任何限制，但要避免引起身体不适，饭前和饭后半小时内不要跳绳。学生可利用课间操、下课时间或课外活动时间练习。

思考题：

1. 毽球的基本踢法有几种？
2. 太极柔力球的运动特点是什么？
3. 太极柔力球运动对身心发展有什么作用？
4. 简述几种简单的花样跳绳。

参考文献

［1］郝光安，冯青山．大学体育教程 [M]. 北京：人民体育出版社，2012.

［2］贾鹏飞，公共体育课教程 [M]. 北京：人民体育出版社，2010.

［3］余启政，冉健，朱斌．大学体育教程 [M]. 北京：人民体育出版社，2017.

［4］王文霞，李金平．大学体育健康理论与实践教程 [M]. 北京：教育科学出版社，2017.

［5］王瑞元，苏全生．运动生理学 [M]. 北京：人民体育出版社，2012.

［6］于振峰．现代篮球战术学练设计 [M]. 北京：高等教育出版社，2013.

［7］苏丕仁．乒乓球运动教程 [M]. 北京：高等教育出版社，2004.

［8］王蒲．乒乓球教程 [M]. 北京：中央广播电视大学出版社，2015.

［9］白红．排球教程 [M]. 北京：北京理工大学出版社，2012.

［10］李明芝，高淑艳，刘积德．乒乓球、羽毛球、网球 [M]. 北京：清华大学出版社，2015.

［11］孙民治．现代篮球高级教程 [M]. 北京：人民体育出版社，2004.

［12］邢琦．大球教程：篮球、排球、足球 [M]. 北京：北京师范大学出版社，2013.

［13］虞重干．排球运动教程 [M]. 北京：人民体育出版社，2009.

［14］文超．田径运动高级教程 [M]. 3 版．北京：人民体育出版社，2013.

［15］蒋宁，等．大学体育与健康教程——西南地区民族传统特色体育项目 [M]. 天津：南开大学出版社，2012.

［16］李伟涛．课堂教学如何选择场地器材 [J]. 中国学校体育，2011（1）：12-13.

［17］曾丹，邓世俊，耿建华．中国校园足球指导员培训教程（试行）[M]. 北京：人民体育出版社，2015.

［18］刘青．网球运动教程 [M]. 北京：人民体育出版社，2012.

［19］陈筑，汪爱平，杨庆辞．跆拳道 [M]. 北京：北京师范大学出版社，2011.

［20］国家体育总局健身气功管理中心．健身气功：易筋经、五禽戏、六字诀、八段锦 [M]. 北京：人民体育出版社，2005.